ALBERT RÖHR

DEUTSCHE MARINECHRONIK

Verlag Gerhard Stalling AG

© 1974 Verlag Gerhard Stalling AG., Oldenburg und Hamburg
Gesamtherstellung Cicero Presse, Hamburg
Schutzumschlagentwurf Thomas Bonnie und Eberhard Wachsmuth
Printed in Germany
ISBN 3–7979–1845–3

Inhalt

Geleitwort

In dem Jahrzehnt seit Erscheinen der 1. Auflage dieses Buches ist die Notwendigkeit, sich mit der See und ihren Problemen zu beschäftigen, nicht geringer geworden. Die Ölkrise 1973 hat die Abhängigkeit der Bundesrepublik von umfangreichen Zufuhren über See sehr deutlich gemacht. Das Atlantische Bündnis, das diese Zufuhren sicherstellt, ist durch mehrere Krisen gegangen. Der Mittelmeerraum ist in ständiger Unruhe, dort und im Indischen Ozean treten russische Seestreitkräfte in immer stärkerem Maße auf. Die Sowjetunion ist deutlich bestrebt, mit den USA an Stärke auch auf See gleichzuziehen. Halbamtliche sowjetische Veröffentlichungen fordern nicht nur eine noch größere Flotte, sondern auch bessere Positionen zur See.
In die Geschichtsschreibung, die sich mit dem deutschen Verhältnis zur See beschäftigt, ist eine starke Tendenz zu soziologischen Betrachtungen hineingekommen. Es ist sicher richtig, die Ergebnisse der Gesellschaftswissenschaften zu berücksichtigen, denn es sind immer Menschen gewesen, die den Gang der Ereignisse bestimmt haben. Bedenklich wird es allerdings, wenn vorgefaßte Meinungen den Ausgangspunkt bilden und die tatsächlichen Ereignisse darüber vernachlässigt werden. Es ist deshalb besonders zu begrüßen, daß dieses Buch neu erscheint, das sich bewußt darauf beschränkt, eine Übersicht über die Tatsachen und die Ereignisse zu geben. Diese aber bilden die unerläßliche Grundlage für alle weiteren historischen Betrachtungen und die daraus zu gewinnenden Erkenntnisse.

Tübingen, im Juli 1974   F. Ruge

Vorwort

Diese Chronik ist die überarbeitete und erweiterte Neuauflage des ersten Teils des 1963 im gleichen Verlag erschienenen Handbuchs der deutschen Marinegeschichte. Sie soll denen, die sich beruflich oder aus privatem Interesse mit der Geschichte der deutschen Seefahrt beschäftigen, eine Übersicht über die militärischen Ereignisse zur See in Krieg und Frieden bieten. In der Deutschen Bundesmarine soll sie als Nachschlagewerk für seekriegs- und marinegeschichtliche Arbeiten, Vorträge und Diskussionen dienen.

Das Buch behandelt das Thema nicht erschöpfend, denn die Geschichte des militärischen Teils der deutschen Seefahrt ist zu umfangreich und zu vielseitig, als daß sämtliche Daten und Ereignisse in einer solchen Chronik erfaßt werden könnten. Die Auswahl aus den Daten des zweiten Weltkrieges basiert im wesentlichen auf dem 1968 im gleichen Verlag erschienenen Buch von Rohwer/Hümmelchen »Chronik des Seekrieges 1939–1945«. Für die eingehende Beschäftigung mit diesem Thema sei auf das vorgenannte umfassende Werk ausdrücklich hingewiesen.

Die Chronik erstreckt sich auf den von deutschen Staatsoberhäuptern gelenkten mitteleuropäischen Raum. Die Niederlande, Dänemark und Skandinavien sind nicht berücksichtigt. Die Marinegeschichte des Habsburger Reiches ist bis zum Friedensvertrag zu Prag 1866 ein Teil der Deutschlands und gehört infolgedessen zum Thema, ebenso wie Österreich-Ungarns Seekrieg 1914–1918, der mit dem des Deutschen Reiches eng verflochten ist. Es erscheint daher zweckmäßig, auch die zwischen diesen Zeitabschnitten liegenden wenigen Jahrzehnte österreichisch-ungarischer Marinegeschichte in die Chronik aufzunehmen.

Der wirtschaftliche Bereich der Seefahrtgeschichte, also der der Handelsschiffahrt, wird, von Ausnahmen abgesehen, nicht behandelt.

Geschichtliche Vorgänge sind häufig unterschiedlich überliefert und lassen Fragen über den tatsächlichen Sachverhalt offen. Ergänzungen und Berichtigungen sind daher willkommen.

Das Literaturverzeichnis enthält ausschließlich Titel über die *ältere* deutsche kriegsmaritime Geschichte. Auf die Erwähnung von Veröffentlichungen über die Zeit von 1914 bis heute ist im Hinblick auf die Vielzahl der Neuerscheinungen der letzten Jahre und auf die künftig zu erwartenden verzichtet worden.

Die Zusammenstellung der Chronik ist mir nur durch die tatkräftige Mitarbeit meiner Frau möglich gewesen. Ihr gebührt in erster Linie mein Dank. Herrn Hauptmann a. D. Friedrich Jorberg, Detmold, bin ich für viele wertvolle Hinweise und Angaben zu Dank verpflichtet. Dem Verleger Herrn Venzky-Stalling danke ich für den Entschluß, sich dieses Themas erneut anzunehmen. Möge das Buch zur Vertiefung des Wissens um die Bedeutung der See in unserem Volk beitragen.

Grünwald/München
April 1974   Albert Röhr

Von der ältesten seekriegsgeschichtlichen Überlieferung bis zum Ende der Herrschaft Hohenstaufen-Kaiser 1256

714	Sächsische und friesische Schiffe greifen vlämische Küstenorte an.
752	Sächsische und friesische Schiffe greifen die flandrische Küste an.
768–814	Karl der Große, dessen Reich an Ostsee, Nordsee, Mittelmeer und Atlantik grenzt, unterhält im Mittelmeer eine Kriegsflotte.
807	Ein kaiserlicher Flottenverband unter dem Befehl von Connetable Burkhard befreit Korsika von den Mauren.
809	Seegefecht kaiserlicher Schiffe unter Pippin, dem Sohn Karls des Großen, gegen byzantinische unter Admiral Paulus in der Adria.
810	Kaiserliche Verbände zu Lande und zu Wasser greifen vergeblich das von den Byzantinern verteidigte Venedig an.
813	Kaiserliche Schiffe unter dem Befehl des Grafen von Ampurias besiegen maurische Einheiten bei Mallorca.
983	Regierungsantritt Kaiser Ottos III. In der Liste der Hofämter ist das eines »Obersten Admirals« aufgeführt.
um 1000	König Ethelred II. von England gewährt den »Kaufleuten des Kaisers, die zu Schiffe nach London kommen«, die gleichen Rechte wie seinen Untertanen. Sie müssen dafür u. a. im Kriegsfalle bei der Verteidigung von Downgate mitwirken.
1047–1049	Armierte Schiffe Kaiser Heinrichs III. unterdrücken einen Aufruhr der Bewohner der Landschaft Holland.
1097	Ein Geschwader friesischer Schiffe nimmt am 1. Kreuzzug teil. Diese Seefahrten nach dem Orient sind nicht nur als reine Transporte zu werten. Auf dem Wege dorthin werden Angriffe von Seeräubern und bewaffneten Einheiten der jeweiligen Gegner abgewehrt.
1102–1110	Kreuzfahrerschiffe vom Niederrhein landen wiederholt an der syrischen Küste.
1126	Vlämische Städte schließen sich zu einem Wirtschaftsbund, einer »Hanse«, zusammen.
1138–1266	*Die Seemacht der Hohenstaufen-Kaiser*
1147–1149	Friesische und niederrheinische Schiffe nehmen am 2. Kreuzzug teil. Militärischer Einsatz bei der Eroberung des von den Mauren besetzten Lissabon.
1165 31. 8.	Kaiser Friedrich I. erläßt gesetzliche Bestimmungen für den Handel der Kölner Kaufleute mit Dänemark und Rußland.
1188 19. 9.	Kaiser Friedrich I. stattet Lübeck mit weitgehenden Rechten

für den Ostseehandel aus. Seinen Sohn Otto ernennt er zum Reichsadmiral.

1189 23. 4. Elf mit Friesen, Bremern und Lübeckern bemannte Schiffe laufen von Blexen/Wesermündung zur Teilnahme am 3. Kreuzzug aus. Unterwegs wirken sie bei der Befreiung der portugiesischen Hafenstadt Silvas von den Mauren mit.

7. 5. Kaiser Friedrich I. erteilt Hamburg einen Freibrief für den Seehandel. Mit diesem Wirtschaftsprivileg schaltet sich die deutsche Schiffahrt in den Ost- und Nordseehandel ein. Damit beginnt aber auch der Jahrhunderte währende Kampf der Hanse und später auch des Deutschen Ordens gegen die skandinavischen Staaten sowie Rußland, England, die Niederlande und Frankreich um die wirtschaftliche Vorherrschaft in jenen Seeräumen.

1190–1197 Kaiser Heinrich VI. vereinigt Deutschland und den größten Teil Italiens unter seiner Herrschaft.

1197 Niederdeutsche Kreuzfahrerschiffe segeln unter Führung des Erzbischofs Hartwich von Bremen nach Palästina.

1200 Bildung einer Vereinigung deutscher Kaufleute, der »Hanse«, unter Führung Lübecks zum Warenaustausch innerhalb Nordeuropas.

1215–1250 Kaiser Friedrich II. vereinigt Sizilien (1208), Deutschland (1215), das Weströmische Reich (1220) und Jerusalem (1228) unter seiner Herrschaft. Sein Hoheitsbereich erstreckt sich von der Ost- und Nordsee bis zum Mittelmeer und der Levante. Haupt-Regierungssitz ist Palermo. Die Aufrechterhaltung des Seeweges nach Palästina und die Notwendigkeit, den unsicheren Landweg durch Italien nach Deutschland auf dem Meere zum umgehen, veranlassen den Kaiser zum Ausbau der schon von den Normannen-Königen geschaffenen sizilischen Flotte zu einer schlagkräftigen Marine, mit festgefügter Organisation (Werften, Ausrüstung, Bemannung, Bewaffnung). Erster Flottenchef ist Reichsadmiral Porcus.

1217–1218 Friesische und rheinische Schiffe mit militärischen Besatzungen segeln nach Palästina.

1220 Ein Flottenverband unter Reichsadmiral von Malta geleitet Truppentransporter nach Ägypten.

1226 Kaiser Friedrich II. bevollmächtigt den Deutschen Orden zur Erschließung der Ostseeländer. Die Menschen- und Materialtransporte erfolgen überwiegend über See und unter militärischem Geleit. Er erhebt gleichzeitig Lübeck zur Freien Reichsstadt.

1228–1229 Ein Flottenverband unter Reichsadmiral Graf von Malta geleitet die Transporter des 5. Kreuzzuges, unter denen sich auch friesische Schiffe befinden.

1231   Kaiserliche Seestreitkräfte greifen in die Kampfhandlungen auf Zypern ein.

1234   Erfolgreiches Seegefecht lübischer gegen dänische und holsteinische Kriegsschiffe vor der Warnow-Mündung zur Abwehr eines Überfalles auf die Stadt mitten im Frieden.

1236   Markgraf Heinrich der Erlauchte von Meißen läßt während der Kampfhandlungen in Preußen auf der Nogat zwei Schiffe, *Pilgrim* und *Friedeland*, bauen, die der Beherrschung des Frischen Haffs durch den Deutschen Orden dienen.

1239–1250   Einsatz der Flottenverbände Kaiser Friedrichs II. unter den Reichsadmiralen Spinola und de Mari im westlichen Mittelmeer und in der Adria gegen den Papst und die aufsässigen italienischen Stadtstaaten. Offensives Vorgehen, Handelskrieg und Küstenschutz.

1248   Land- und Seestreitkräfte der Hanse zerstören die Burg von Kopenhagen als Gegenmaßnahme gegen die widerrechtliche Aufbringung von Handelsschiffen durch dänische Kriegsschiffe.

1250–1254   Der Sohn und Nachfolger Kaiser Friedrichs II., Konrad IV., versucht vergeblich, das Erbe seines Vaters zu Lande und zu Wasser gegen die Angriffe des Papstes und Frankreichs zu verteidigen.

1254–1266   Endkämpfe der letzten Hohenstaufen Konradin und Manfred gegen den Papst und Frankreich unter Einsatz der Flotte.

Vom Beginn des Interregnums bis zum Ende des Dreißigjährigen Krieges 1256–1648

1256–1273   Das Interregnum fördert das Erstarken der deutschen Städte, da diese sich bei dem allgemeinen Unfrieden im Interesse ihrer Sicherheit und ihres Handels zu Bünden zusammenschließen.

1260   Die Hanse hält in Lübeck ihre erste »Tagfahrt« (Versammlung der Vertreter aller Mitglieder) ab. Sie vertritt die Interessen des Reiches in Nord- und Ostsee, erfährt aber von der Reichsgewalt nur spärliche Unterstützung und ist bei der Abwehr ausländischer Angriffe fast immer auf sich selbst gestellt.

1270   Friesische Schiffe nehmen am 7. Kreuzzug und, auf dem Wege nach Palästina, an der Eroberung von Tunis teil.

1274   Kaiser Rudolf I. empfiehlt Lübeck dem Schutz Norwegens, da die Stadt »dem Herzen des Reiches zu weit entlegen« sei.

1283 13. 6.   Die deutschen Städte an der Ostsee schließen mit den Herrschern der Ostseeländer des Reiches ein Bündnis zum Schutz des Land- und Seefriedens in diesem Raum. Sie planen die Bildung einer gemeinsamen »baltischen Reichsflotte«, zu der die Städte die Schiffe und Seeleute, die Länder die militärischen Besatzungen stellen sollen.

1285 3. 7.   Norwegen wird durch eine Getreideliefersperre gezwungen, widerrechtlich beschlagnahmte Hanseschiffe herauszugeben und Schadenersatz zu leisten.

1333   In den innerdeutschen dynastischen Wirren müssen österreichische Truppen die Belagerung von Meersburg aufgeben, da armierte Schiffe der Stadt die Herrschaft auf dem Bodensee ausüben.

1347 Herbst   Schriftliche Niederlegung der Satzungen der Hanse. Einteilung des Bundes in drei räumliche Gruppen: 1) Lübeck mit den Städten an der Nord- und Ostsee, 2) Westfalen und Preußen, 3) Gotland, Livland, Schweden.

1359   Kaiser Karl IV. »gestattet« Hamburg, Seeräuber auf dem Meere und auf der Elbe selbst zu bekämpfen.

1361–1376	*Krieg der Hanse und Schwedens gegen Dänemark und Norwegen.*
1361 27. 7.	Dänemark besetzt und plündert mitten im Frieden die Stadt Wisby auf der Insel Gotland.
1362 8. 7.	Ein Flottenverband der Hanse schlägt die dänische Flotte auf der Reede von Kopenhagen.
18. 7.	Die Belagerung der dänischen Seefestung Helsingborg durch Hanse-Einheiten mißlingt.
1367 Mai	Die Hanse verhängt über Dänemark eine Liefersperre für wichtige Importgüter, da dieses den Waffenstillstand nicht einhält.
1368 12. 5.	Seestreitkräfte der Hanse erobern erneut Kopenhagen und anschließend weitere dänische Häfen.
1369 8. 9.	Kriegsschiffe der Hanse erobern Helsingborg. Damit beherrscht diese den Sund, den wichtigsten Ostsee-Ausgang.
1370 24. 5.	Friedensvertrag zu Stralsund zwischen der Hanse und Dänemark.
1375 Okt.	Die Hanse lehnt Kaiser Karl IV. anläßlich des Besuches in Lübeck direkte Handelsbeziehungen seines Erblandes Böhmen mit den nordischen Staaten ab.
1376 14. 8.	Friedensvertrag zu Kalundborg zwischen der Hanse und Norwegen. Die Hanse hat den Gipfel ihrer Macht erreicht.
1377 Juni	Die Hanse beschließt die Ausrottung der zu einer ernsthaften Gefahr für die Handelsschiffahrt in der Ostsee gewordenen Seeräuber.
1379	Tibein (Duino) fällt als erster Adriahafen durch Vertrag an Österreich. Deutschland grenzt nunmehr auch im Süden an das Meer.
1382	Triest stellt sich unter den Schutz Österreichs, um sich der Übergriffe der Stadtstaaten Venedig und Aquileja gegen seinen Seehandel besser erwehren zu können.
1385 Frühj.	Die Hanse rüstet ein Geschwader *Fredekoggen* zur Bekämpfung der Seeräuber in der Ostsee aus.
1392	Seeräuber erobern die Insel Gotland mit dem Hafen Wisby. Die Schiffahrt in der Ostsee muß teilweise eingestellt werden.
1395	70 deutsche und ein Verband französischer Flußfahrzeuge unterstützen die Operation der ungarischen Donau-Flottille bei den Kämpfen der europäischen Truppen unter Kaiser Sigismund gegen die über den Balkan vordringenden Osmanen und bringen nach der Niederlage bei Nicopolis 1396 die Reste des Heeres in Sicherheit.
1398	Der Deutsche Orden stellt seinen Handel mit England wegen

der Übergriffe auf hansische Kaufleute ein.

18. 3. 80 Schiffe des Deutschen Ordens unter dem Hochmeister Konrad von Jungingen erobern Wisby auf Gotland von den Seeräubern zurück. Die Entkommenen wenden sich nach Friesland, erhalten dort beträchtlichen Zulauf und beunruhigen die Nordsee-Schiffahrt.

1400 Ostern Ein Geschwader von 20 Hanse-Schiffen vernichtet auf der Oster-Ems eine große Zahl Seeräuberschiffe.

1402 Juni Einheiten der Hanse vernichten Seeräuberschiffe bei Helgoland.

1407 Die Hanse zwingt Ostfriesland, die Begünstigung der Seeräuber einzustellen.

1411 Die Hanse geht gegen Oldenburg wegen Unterstützung des Seeräuberunwesens vor.

1422 Ein Hanse-Geschwader erobert die Seeräuberstützpunkte Esumersiel und Dokkum in Friesland.

1426–1435 *Krieg der Hanse gegen die drei nordischen Reiche.*

1426 Dänemark droht, die mit der Hanse geschlossenen Verträge für ungültig zu erklären, erhöht den Sundzoll und befestigt Helsingör, um den Sund sperren zu können. In dem dadurch ausgelösten Krieg nehmen beide Parteien Seeräuber in Dienst.

1427 Die Hanse verheert mit Hilfe ihrer Flotte die dänischen Inseln Moen, Bornholm, Falster und Arö.

21. 7. Ein hansischer Flottenverband vernichtet im Sund einen skandinavischen. Da die Hanse-Kriegsschiffe den Kampfplatz zu früh verlassen, werden 30 ihrer Handelsschiffe, die mit Salz beladen von der Biscaya kommen, Beute der Dänen.

1428 7. 4. 260 hansische Schiffe greifen vergeblich Kopenhagen an, dafür mit Erfolg Seeland, Jütland und Schonen.

1429 31. 3. Ein hansischer Verband von 7 Schiffen erobert Bergen und vernichtet dabei über hundert Fischereifahrzeuge.

4. 5. Ein Verband von 70 dänischen Schiffen verbrennt einen Teil der Stralsunder Flotte, wird aber vier Tage später von einem Geschwader der Hanse vernichtend geschlagen.

1433 Hanse-Einheiten vernichten Seeräuberschiffe vor der ostfriesischen Küste.

1435 17. 7. Die drei nordischen Reiche stellen im Friedensvertrag zu Vordingborg die Rechte der Hanse wieder her.

1437 Kaiser Albrecht II. wird König von Ungarn. Damit übernimmt das Reich den Schutz dieses Landes.

1438–1441	*Krieg der Hanse gegen die Niederlande.*
1438	Niederländische Kriegsschiffe bringen 23 Handelsschiffe der Hanse auf. Daraufhin beginnen deren Kriegsschiffe, alle erreichbaren gegnerischen zu kapern.
1440	Österreich errichtet in Wien ein Arsenal zum Bau von Flußkriegsschiffen.
	Armierte Schiffe der Stadt Zürich üben im Krieg gegen die Urkantone die Herrschaft auf dem See aus.
1441 23. 8.	Abschluß eines zehnjährigen Waffenstillstandes zwischen der Hanse und den Niederlanden.
1442	Die kaiserliche Donauflottille unterstützt die Belagerung von Preßburg. Nach verlustreichen Gefechten gegen ungarische Flußeinheiten gelingt der Entsatz der Stadt.
1443	Das armierte Floß *Schnecke* der Urkantone unterstützt die Belagerung von Zürich und Pfäffikon.
1444 25. 11.	Gefecht zweier armierter Schiffe der Stadt Zürich gegen *Schnecke* bei Pfäffikon.
1445 April	Geleitzuggefecht auf dem Zürichsee.
29. 10.	Gefecht auf dem Zürichsee.
15. 12.	Aufbringung des eidgenössischen armierten Schiffes *Bär* durch Einheiten der Stadt Zürich.
24. 12.	Vernichtung der eidgenössischen Kriegsfahrzeuge auf dem Zürichsee.
1447 18. 5.	Die Hanse erläßt Bestimmungen zum See- und Handelsrecht für die Schiffahrt in der Nord- und Ostsee sowie für ihre Handelskontore. U. a. wird festgelegt, daß jedes hansische Schiff ab ca. 200 NRT 20 Bewaffnete an Bord haben muß.
1454	Österreich unterhält auf dem Bodensee 3 » Jagdschiffe« und 1 »großes Meerschiff«.
1456 12. 5.	Die Hanse und Portugal schließen einen Handelsvertrag.
1458 29. 5.	Ein Verband von 12 englischen Kriegsschiffen überfällt 18 hansische Kauffahrer, wird aber mit Verlust von 6 Einheiten zurückgeschlagen.
1469–1474	*Krieg der Hanse gegen England.*
1469	Danziger Kriegsschiffe unter Bokelmann und Benecke bekämpfen im Kanal englische Schiffe als Repressalie gegen die Beschlagnahme und Plünderung ihrer Londoner Niederlassung »Stahlhof« sowie die Aufbringung von Handelsschiffen

1472–1474	Hansische Schiffe greifen englische Küstenstriche an und versenken eine Anzahl Schiffe.
1474 29. 2.	Die Hanse und England schließen zu Utrecht einen »Ewigen Frieden«.
1477	Während des Krieges gegen Ungarn erleiden die Flußkriegsschiffe Kaiser Friedrichs III. im Kampf gegen die ungarische Donauflottille eine Niederlage.
1482–1487	Die kaiserliche Donauflottille geht in den Kämpfen gegen Ungarn auf der oberen Donau verloren.
1490–1491	Inbesitznahme und Indienststellung eines Teils der ungarischen Donauflottille während der Rückeroberung des von den Ungarn besetzten österreichischen Gebietes.
1499	Schweizerische armierte Schiffe führen auf dem Bodensee Handelskrieg gegen österreichische Transporter.
1503	Die Welser schließen mit Portugal einen Vertrag über die Gründung einer deutschen Handelsgesellschaft, die Importe aus Brasilien auf portugiesischen Schiffen durchführen soll.
1509–1512	*Krieg der Hanse gegen Dänemark und die Niederlande.*
1509	Ein Verband von Hanse-Schiffen erobert Bornholm und Moen.
1510	Hansische Kriegsschiffe kapern im Sund 45 dänische Schiffe und belagern Kalmar.
1511	Triest rüstet 2 bewaffnete Schiffe zur Sicherung seiner Schiffahrt gegen die Venezianer aus.
Juni	Ein dänisches Geschwader zerstört die Hansestadt Wismar.
9. 8.	Siegreiches Seegefecht der Hanse gegen dänische Einheiten bei Bornholm.
11. 8.	Kriegsschiffe der Hanse bringen bei Hela aus einem holländischen Geleitzug 60 Schiffe auf und versenken weitere 100. Zu Hilfe kommende dänische Kriegsschiffe werden am 14. unter Verlusten zum Rückzug gezwungen.
1512	Der deutsche Reichstag beschließt, daß sich kein Deutscher am Handel mit den neu entdeckten Erdteilen und Ländern beteiligen darf.
23. 4.	Friedensvertrag zwischen der Hanse, Dänemark und den Niederlanden zu Malmö.
1518	Kaiser Maximilian I. erteilt Brandenburg das Recht der freien Durchfahrt auf der Elbe durch Hamburg zur Nordsee. Die brandenburgischen Schiffe brauchen nicht mehr wie bisher ihre Waren in Hamburg auszuladen und zum Verkauf zu stellen.

1521	Die um 1500 neu aufgestellte österreichische Donau-Flottille wird beim Verlust Belgrads an die Türken von den eigenen Besatzungen versenkt.
1523–1524	*Krieg der Hanse gegen Dänemark.*
1523 Mai	Ein Flottenverband der Hanse sichert die militärische Besetzung Seelands.
20. 6.	Ein Flottenverband der Hanse erobert Stockholm.
1524 6. 1.	Eine Flotte der Hanse erobert Kopenhagen und Malmö.
Januar	Beendigung des Krieges durch Einsetzung eines neuen dänischen Königs seitens der Hanse.
1525 17. 3.	Schweden verpfändet Bornholm an die Hanse.
1526	Erneute Errichtung einer kaiserlichen Donauflottille nach den Erfahrungen der Schlacht bei Mohacz.
1528	Kaiser Karl V. verpfändet den Welsern die Landschaft Santa Martha in Venezuela zur wirtschaftlichen Ausnutzung.
1529	Die Hanse lehnt die Beteiligung an der Welser-Unternehmung in Venezuela ab. Daher werden für die Transporte spanische Schiffe mit gemischten deutsch-spanischen Besatzungen ausgerüstet.
	Die kaiserliche Donau-Flottille geht in den Kämpfen gegen die türkische verloren. Beginn des Wiederaufbaus noch im gleichen Jahr.
1534–1537	*Krieg der Hanse gegen Dänemark, Norwegen und Schweden.*
1535 9. 6.	Unentschiedenes Gefecht 26 hansischer Schiffe gegen 37 Schwedens und Dänemarks bei Bornholm.
13./14. 11.	Sieg eines Hanse-Geschwaders von 28 Schiffen über einen skandinavischen Verband.
1536 14. 2.	Friedensschluß der Hanse mit Dänemark und Norwegen zu Malmö.
1537	Friedensschluß der Hanse mit Schweden zu Kopenhagen.
	Einheiten der kaiserlichen Donauflottille greifen in die Kämpfe gegen die Türken an der Drau-Mündung ein.
1539	Das Augsburger Handelshaus Fugger, das z. T. die Entdeckungsreisen zur Zeit Kaiser Karls V. finanziert, erhält als Pfand Chile sowie Teile Argentiniens und Boliviens.
1544 23. 5.	Dänemark wird im Vertrag zu Speyer das Recht zur Erhebung des Sundzolls völkerrechtlich zugesichert.
1548 26. 6.	Kaiser Karl V. trennt die Niederlande vom Reich und reißt damit die beiden Schwerpunkte der Hanse auseinander.

20

1550 Die kaiserliche Donauflottille wird auf 150 Einheiten vergrößert, da die Türken nur bei Beherrschung des Stromes wirksam bekämpft werden können.

1552 Die deutsche Landsknechtordnung erhält angesichts der Gefahr türkischer Operationen in der Adria als Anlage eine »Schiffsordnung«.

1556 Errichtung des »Hofkriegsrates« in Wien als militärische Führungsspitze.

13. 4. Der an die Welser verpfändete Teil Venezuelas fällt an Spanien zurück.

1561 Im Kampf zwischen Schweden, Polen und Rußland um die Vorherrschaft in der Ostsee erfolgt die Auflösung des Ordensstaates in Kurland, Livland und Estland.

1563–1570 *Krieg der Hanse und Dänemarks gegen Schweden.*

1563 9. 6. Da Schweden mitten im Frieden 32 lübische Schiffe kapert und den hansischen Seeverkehr nach Rußland unterbindet, erklären Lübeck und das verbündete Dänemark diesem den Krieg.

11. 9. Unentschiedenes Gefecht dänisch-lübischer gegen schwedische Seestreitkräfte bei Öland.

1564 31. 5. Seesieg der vereinigten Dänen und Lübecker über die Schweden zwischen Öland und Gotland.

14. 8. Ein dänisch-lübisches Geschwader besiegt ein schwedisches bei Öland.

1565 4. 6. Ergebnisloses Seegefecht der Lübecker und Dänen gegen Schweden bei Fehmarn.

7. 7. Unentschiedenes Gefecht dänisch-lübischer Seestreitkräfte gegen schwedische zwischen Bornholm und Rügen.

9. 7. Lübische Kriegsschiffe erbeuten beim Angriff auf Reval 30 schwedische Handelsschiffe.

1566 26. 7. Niederlage schwedischer Seestreitkräfte im Kampf gegen dänisch-lübische zwischen Öland und Gotland.

1570 13. 12. Friedensvertrag zu Stettin zwischen Lübeck, Dänemark und Schweden.

1570 Der Reichstag zu Speyer erwägt die Gründung einer Kriegsmarine, die unter je einem Ober- und Unter-Admiral hauptsächlich in der Nordsee eingesetzt werden soll.

1571 Zwei von Kaiser Maximilian II. eingesetzte Kommissionen untersuchen die Möglichkeiten der Küstenverteidigung gegen Seeräuber und der Aufstellung einer Flotte von 20 Einheiten in Nord- und Ostsee unter einem »Obersten Admiral«.

1576	Auf dem Reichstag zu Regensburg wird in Anbetracht der russischen und polnischen Gewaltmaßnahmen in der Ostsee erneut die Aufstellung einer Kriegsmarine diskutiert. Da Kaiser Maximilian II. währenddessen stirbt, wird kein Beschluß gefaßt.
1577	Preußen hat gemäß dem Vertrag mit Polen über die Umwandlung in ein weltliches Herzogtum das Pillauer Tief während der Belagerung von Danzig militärisch zu sichern. Herzog Albrecht läßt drei Schiffe ausrüsten, die aber nicht einzugreifen brauchen. Sie werden Ende September an die Eigner zurückgegeben.
1589 30. 6.	Englische Seestreitkräfte bringen vor Lissabon 60 hansische Schiffe mit der unzutreffenden Begründung auf, die Hanse hätte die spanische Armada durch Materiallieferungen unterstützt.
1598 4. 5.	England beschlagnahmt den Stahlhof der Hanse endgültig und weist die dort ansässigen Deutschen aus.
1594 Sept.	Der größte Teil der österreichischen Donauflottille geht bei Raab an die Türken verloren.
1599 21. 6.	Siegreiches Gefecht der neu aufgestellten österreichischen Donauflottille gegen ein großes türkisches Geleit unterhalb Belgrads.
1601–1602	Das Herzogtum Preußen rüstet zeitweise 2 Hilfskriegsschiffe zur Verteidigung des Pillauer Tiefs gegen etwaige schwedische Angriffe aus.
1605–1626	Da die Gefahr der schwedischen Besetzung von Königsberg besteht, rüstet das Herzogtum Preußen 1 Wachtschiff aus.
1610	Das aus der Landschaft Livland des Deutschen Ordens hervorgegangene Herzogtum Kurland beginnt unter Herzog Jakob mit der Errichtung einer Kriegs- und einer Handelsmarine, die bis zur Auflösung gegen Ende des 17. Jahrhunderts nach und nach auf 44 Kriegs-, 15 Hilfs- und 60 Handelsschiffe gebracht wird.
	Im gleichen Jahre überläßt England dem Herzogtum die Insel Tobago in Westindien.
1615	Dänemark erkennt die Hanse nicht mehr als Körperschaft an und hebt die abgeschlossenen Verträge auf.
1618–1648	*Dreißigjähriger Krieg.*
1618–1645	Kaiserliche, württembergische, französische und schwedische armierte Schiffe operieren zeitweise und mit wechselnden Erfolgen auf dem Bodensee.

1619	Dänemark erbaut an der Unterelbe die Festung Glückstadt zur Störung der Schiffahrt Hamburgs.
1620	2 dänische Kriegsschiffe bringen Hamburger Handelsschiffe auf der Elbe auf.
1624	Das Herzogtum Preußen rüstet 2 Hilfskriegsschiffe zur Verteidigung des Pillauer Tiefs gegen Schweden aus.
1625	Die preußischen Hilfskriegsschiffe werden auf 4 verstärkt.
1626	Die Schweden erobern die 4 preußischen Hilfskriegsschiffe.
1628	Der Gesandte Kaiser Ferdinands II. schlägt auf dem Hansetag in Lübeck gemeinsame militärische Maßnahmen zur Sicherung des Seehandels vor. Die Hanse lehnt den Vorschlag ab, da sie befürchtet, der Kaiser könnte dadurch zu mächtig werden.
21. 4.	Kaiser Ferdinand II. erteilt Wallenstein nach der Belehnung mit dem Herzogtum Mecklenburg das Patent als »Generalkapitän des oceanischen und baltischen Meeres und der aufhabenden Armada«. Unter Leitung des Flottillen-Inspicienten de Roy und des Obristen de Waghy werden Wismar und Rostock Stützpunkte für die angekauften und gecharterten Schiffe. Der Plan, die Schweden zur See zu bekämpfen oder ihren Nachschub zu stören, scheitert jedoch. Die Schiffe werden von den Schweden in Wismar blockiert. Das Flaggschiff *König David* muß sich während einer Unternehmung gegen die schwedische Küste in das neutrale Lübeck zurückziehen.
1629	König Gustav II. Adolf von Schweden fordert Kaiser Ferdinand II. auf, alle Befestigungen an der Nord- und Ostseekürste zu schleifen, keine Kriegsschiffe zu bauen, keine Flotte auslaufen zu lassen und alle ausgerüsteten Schiffe abzutakeln, da »die Herrschaft über die Ostsee von Alters her den Dänen und Schweden gebührt«.
Juni	Wallenstein besichtigt in Wismar seine Flotte, 23 meist kleine Einheiten.
Dezember	Verlustreiches Seegefecht schwedischer Kriegsschiffe gegen kaiserliche bei Wismar.
1630	Letzter Hansetag zu Lübeck. Der Städtebund löst sich auf, da die Aufhebung seiner Privilegien in England, Rußland und Skandinavien, sowie die Verlagerung des Seeverkehrs seine Bedeutung immer mehr zurücktreten läßt. Nur Hamburg und Lübeck halten weiter am Bündnis fest.
1637–1639	Das Herzogtum Preußen hält ein Hilfskriegsschiff zum Schutz Königsbergs gegen einen etwaigen schwedischen Angriff in Dienst.

1643 Dänische Kriegsschiffe greifen Hamburg an, um die Zahlung des Elb- und Sundzolls zu erzwingen.
1645 13. 8. Dänemark verzichtet im Friedensvertrag von Brömsebro auf die Erhebung des Elbzolls bei Glückstadt.
1647 14. 11. Dänemark dehnt die den Niederlanden gewährte Ermäßigung des Sundzolls auf Brandenburg aus.

Die Zeit der brandenburgischen Seegeltung
1648–1701

1651	Friedrich Wilhelm, der Große Kurfürst von Brandenburg, schließt mit Dänemark einen Vertrag zum Ankauf von Tranquebar an der Koromandelküste (Indien). Aus Geldmangel kann er ihn jedoch nicht erfüllen. Kurländische Kriegsschiffe (Heimathafen Windau) gründen auf Veranlassung des Herzogs Jakob an der Mündung des Gambia-Flusses in Westafrika die Niederlassung Jakobsfort.
1654	Das Herzogtum Kurland beginnt mit der Bewirtschaftung der Insel Tobago, doch wird diese schon vier Jahre später von den Niederlanden besetzt.
1655–1660	*Krieg Dänemarks, Deutschlands, Polens und Rußlands gegen Schweden.*
1655	Brandenburg unterhält in Königsberg ein Wachtschiff zur Abwehr eines etwaigen schwedischen Angriffs.
1656 1. 5.	Erste Aufstellung eines brandenburgischen Geschwaders von 3 Kriegsschiffen unter Oberst von Hille in Pillau. Die Erkenntnis, einem über See angreifenden Gegner Seekriegsmittel entgegenstellen zu müssen, veranlassen den Großen Kurfürsten, weitere Handelsschiffe zu chartern und als Kriegsschiffe auszurüsten.
1658 13. 7.	Brandenburgische Kriegsschiffe bringen auf der Reede von Pillau einen schwedischen Transporter auf.
16. 10.	Brandenburgische Kriegsschiffe kämpfen gemeinsam mit Landtruppen die Schanze »Bollwerk« des von den Schweden besetzten Elbing nieder.
Okt./Nov.	Brandenburgische Kriegsschiffe unterstützen die Operationen des Heeres gegen die von Schweden besetzten Befestigungen an der Weichsel- und der Nogat-Mündung.
14. 12.	Brandenburgische Kriegsschiffe sichern den Übergang der verbündeten Truppen nach Alsen.
1659 Mai/ Sept.	Brandenburgische Kriegsschiffe unterstützen Landunternehmungen gegen die Schweden in Raum Danzig/Elbing.
1660 3. 5.	Friedensvertrag zu Oliva.

	13. 5.	Die auf 30 Einheiten angewachsene brandenburgische Kriegs-flotte wird zunächst auf 6, schließlich auf 1 verringert.
1661	21. 7.	Der Versuch des Großen Kurfürsten, die deutschen Fürsten zur gemeinsamen Verteidigung des Reiches zu gewinnen, wobei er auch eine Reichs-Kriegsflotte plant, schlägt fehl. Er geht daher auf maritimem Gebiet eigene Wege und schließt zunächst mit England einen Handels- und Schiff-fahrtsvertrag.
	1667	Gründung der »Orientalischen Handlungs Compagnie« in Wien für den Wirtschaftsverkehr mit der Türkei.
1672–1679		*Krieg Frankreichs und Schwedens gegen die Niederlande und Deutschland.*
	1675	Der niederländische Reeder Benjamin Raule rüstet 10 mit Kaperbriefen des Großen Kurfürsten versehene Schiffe aus, die unter brandenburgischer Flagge in kurzer Zeit 19 schwe-dische Frachter aufbringen.
	1. 8.	Brandenburg chartert von Raule 3 Fregatten und 2 kleine Fahrzeuge.
	Aug.	Der Große Kurfürst läßt mit Zustimmung der Niederlande durch Oberst de Bolsey ein Bataillon von 569 Mann Marine-Infanterie (Mariniers) aufstellen.
	19. 9.	Beginn der vergeblichen Angriffe brandenburgischer Kriegs-schiffe mit Unterstützung der Mariniers auf die schwedische Festung Karlsburg an der Geeste-Mündung.
	10. 11.	Brandenburgische Land- und Seestreitkräfte erobern das schwedische Wolgast, zwei Wochen später Wismar. Sie schnei-den damit Stettin von der Verbindung mit den Nachschub-basen ab.
	1676	Brandenburg chartert von Raule 3 Fregatten und 6 kleinere Einheiten. In Ostpreußen werden 2 Schiffe zum Schutz von Pillau und zum Handelskrieg gegen Schweden ausgerüstet.
	25./26. 5.	2 brandenburgische Fregatten und 1 kleineres Fahrzeug neh-men an der Seeschlacht dänischer und niederländischer Kriegsschiffe bei Bornholm teil. Sie erobern die Fregatte *Leopard* und 1 Brander.
	1. 6.	Siegreiches Gefecht brandenburgisch-dänisch-niederländischer Kriegsschiffe gegen schwedische bei Öland.
	16. 8.	Brandenburgische Land- und Seestreitkräfte erobern das schwedische Stade.
	1677	Brandenburg chartert von Raule 3 Fregatten und 3 kleinere Fahrzeuge. Diese beteiligen sich im Verein mit 6 nieder-

ländischen Kriegsschiffen an der Belagerung von Stettin. Bei Gotland erobern sie die schwedische Galeote *Eichhorn*.

	1. 6.	Seegefecht brandenburgisch-niederländisch-dänischer gegen schwedische Einheiten bei Moen. Die Brandenburger erobern die Fregatte *Mohrian*.
1678	11. 9.	Angriff 5 französischer Kriegsschiffe vor der Elbmündung auf einen von Grönland kommenden Hamburger Geleitzug. Das sichernde Kriegsschiff *Kaiser Leopold I.* unter Kapitän Karpfanger vernichtet zwei Angreifer. Die anderen flüchten.
	23. 9.	Brandenburgische Truppen landen in 360 von Raule gecharterten Booten unter dem Schutz von 7 Kriegsschiffen bei Wittow auf Rügen.
	25. 10.	Brandenburgische Land- und Seestreitkräfte erobern Stralsund.
	16. 11.	Brandenburgische Land- und Seestreitkräfte erobern Greifswald. Damit ist ganz Schwedisch-Pommern in brandenburgischem Besitz.
1679	Frühjahr	4 brandenburgische Kriegsschiffe unter Claus von Bevern kapern zur Eintreibung von Schulden 7 hamburgische Schiffe auf der Niederelbe.
	29. 6.	Brandenburg muß im Friedensvertrag von St. Germain den eroberten Teil Pommerns an Schweden zurückgeben.
	1. 11.	Brandenburg chartert von Raule 8 Fregatten auf sechs Jahre und plant den Bau von 12 Fregatten und 2 Briggs. Pillau wird Kriegshafen und erhält eine Werft.
1680	18. 9.	6 brandenburgische Fregatten und 1 Brander laufen von Pillau nach der Küste der spanischen Niederlande aus, um zur Eintreibung von seit 1674 rückständigen Hilfsgeldern Handelskrieg zu führen. Sie bringen vor Ostende die burgundische Fregatte *Carolus II.* auf und senden sie im Geleit von 2 Einheiten nach Pillau. Die übrigen segeln nach Westindien, kapern dort 2 spanische Frachter und treffen Ende des folgenden Jahres wieder in Pillau ein.
	16. 5.	Der Große Kurfürst ernennt Benjamin Raule zum Generaldirektor der Marine.
1681	20. 2.	2 brandenburgische Kriegsschiffe unter Kapitän Blonck schließen mit 3 Häuptlingen der Eingeborenen am Kap der drei Spitzen in Westafrika Handelsverträge ab.
	30. 9.	Seegefecht 6 brandenburgischer Fregatten gegen ein spanisches Geschwader beim Kap São Vicente. Die Fregatten müssen sich vor der Übermacht nach Lagos zurückziehen.
	13. 11.	Strandung der brandenburgischen Fregatte *Fuchs* bei Anholt auf der Ausreise nach Westafrika.

1682	17. 3.	Gründung der Brandenburgisch-Afrikanischen Compagnie in Berlin mit staatlicher Beteiligung. Sie erhält das Recht, an den freien Küsten von Afrika Handel zu treiben.
	12. 5.	Emden wird durch Vertrag brandenburgischer Marinestützpunkt an der Nordsee.
1683	1. 11.	Die brandenburgischen Fregatten *Mohrian* und *Churprinz* hissen nach entsprechenden Schutzverträgen des Majors von der Groeben mit den Häuptlingen der Eingeborenen am Kap der drei Spitzen die Flagge und legen den Grundstein zum Fort Groß-Friedrichsburg, der ersten deutschen überseeischen Besitzung.
	31. 10.	Die brandenburgische Fregatte *Friedrich Wilhelm* wird auf der Heimreise von Westindien an der marokkanischen Atlantikküste von überlegenen französischen Freibeuterschiffen versenkt.
	Herbst	Wiedererrichtung der Kaiserlichen Donauflottille nach der vernichtenden Niederlage der Türken gegen die europäischen Truppen vor Wien.
1684		Gründung der Brandenburgisch-Ostindischen Compagnie mit staatlicher Beteiligung in Emden.
		Errichtung von Admiralitäts-Kollegien für alle maritimen Belange in Berlin, Königsberg und Emden.
		Die brandenburgische Kriegsmarine erhält in der dem Kurfürsten unmittelbar unterstellten Admiralität in Berlin eine Führungsspitze, der die Marinestation der Nordsee in Emden mit 7, die der Ostsee in Pillau mit 3 Kriegsschiffen, ferner die Admiralitätskollegien unterstehen. Errichtet werden: in Kolberg der Prisengerichtshof, in Emden, Pillau, Berlin, Kolberg und Havelberg Werften. In Rügenwalde wird der Hafen ausgebaut.
	24. 2.	Brandenburg schließt mit dem Häuptling von Accada in Westafrika einen Handels- und Schutzvertrag und baut das Fort Dorotheenschanze.
	28. 8.	Der Große Kurfürst legt in einer Instruktion seine Ansichten über den Wert und die Bedeutung des Überseehandels für sein Land dar. Sie lassen einen Weitblick erkennen, mit dem er dem damaligen kontinentalen Denken in Deutschland weit voraus ist.
1685	29. 1.	Die Stadt Emden überläßt der brandenburgischen Marine das Fleischhaus als Magazin.
	4. 2.	Brandenburg schließt mit den Häuptlingen von Anta und Taccarary in Westafrika einen Handels- und Schutzvertrag und legt eine Befestigung an.

28. 7.	Die Compagnie de marine wird auf ein Bataillon zu 3 Kompanien vergrößert. Neue Bezeichnung: Marine-Bataillon.
24. 11.	Brandenburg schließt mit Dänemark einen Vertrag über die Niederlassung von Kaufleuten auf der Insel St. Thomas (Westindien).
1687	Brandenburg schließt mit den Häuptlingen der Umgebung der Insel Arguin (Westafrika) einen Handels- und Schutzvertrag ab und übernimmt die verlassenen, ehemals spanischen, bzw. französischen, bzw. niederländischen Befestigungen auf der Insel und in Portendiek auf dem Festland.
7. 10.	Niederländische Truppen besetzen widerrechtlich die brandenburgischen Niederlassungen Accada und Taccarary, geben aber Accada auf diplomatischen Protest hin wieder heraus.
1689 6. 2.	Brandenburgische Seestreitkräfte besetzen die herrenlose Krabben-Insel bei St. Thomas. Sie muß infolge britischer und dänischer Einsprüche wieder aufgegeben werden.
1690	Aufstellung eines »Kaiserlichen Schiffsarmements« auf der Donau unter Marquis de Fleury, bestehend aus 12 großen Einheiten.
1693 13. 9.	Erfolgreiche Abwehr eines Großangriffs türkischer Kriegsschiffe auf ein kaiserliches Geleit bei Belgrad.
1694 8. 9.	Erfolgreiches Eingreifen von kaiserlichen Einheiten auf der Donau in die Kämpfe um Peterwardein.
1696 16. 8.	Gefecht der Kaiserlichen Donau-Flottille unter Vizeadmiral de Saint Saphorin gegen überlegene türkische Einheiten an der Theiss-Mündung.
1697	Beträchtliche Vergrößerung der Kaiserlichen Donau-Flottille bis zum Friedensschluß 1699.

Von der Erhebung Preußens zum Königreich bis zum Ende der Befreiungskriege 1701–1815

1701	8. 1.	König Friedrich I. stiftet die preußische Kriegsflagge.
	26. 8.	Das preußische Marinebataillon erhält eine 4. Kompanie.
1711	2. 5.	König Friedrich I. erklärt die Brandenburgisch-Afrikanische Gesellschaft für aufgelöst.

1713–1720 *Krieg Preußens gegen Schweden (Nordischer Krieg).*

1715–1718 *Krieg Österreichs und Venedigs gegen die Türkei.*

1716	5. 8.	Die kaiserliche Donauflottille greift erfolgreich in die Schlacht bei Peterwardein ein.
	17. 8.	Die Festung Belgrad kapituliert vor dem durch die Donauflottille unterstützten Heer des Generalfeldmarschalls Prinz Eugen von Savoyen. Dieser setzt die Flottille vor allem zur Sicherung der Brücken und Ufer, zum Nachschub-Geleitschutz und zur Abwehr der türkischen Donauflottille ein.
1717	2. 6.	Kaiser Karl VI. verkündet die Freiheit der Schiffahrt in der Adria.
	5. 7.	Die kaiserliche Donau-Flottille unter Vizeadmiral von Anderson (10 Einheiten mit 307 Geschützen) greift erfolgreich in die Schlacht bei Semlin ein.
1718	21. 7.	Friedensvertrag zu Passarowitz zwischen Österreich/Venedig und der Türkei.
	1719	Der britische Vizeadmiral Lord Forbes beginnt auf Veranlassung Kaiser Karls VI. mit der Errichtung einer Kriegsmarine, die gegen das Seeräuberunwesen in der Adria und im Mittelmeer eingesetzt werden soll. Er legt 1721 sein Amt nieder.
	18. 3.	Kaiser Karl VI. erklärt Triest und Fiume zu Freihäfen.
1720	20. 2.	Im Friedensvertrag zu Stockholm tritt Schweden Vorpommern bis zur Peene mit den Häfen Stettin und Swinemünde an Preußen ab. Dieser bisher reine Binnenstaat erhält damit an der mittleren Ostsee seine ersten Häfen.
	13. 8.	Preußen übergibt auf Grund eines Kaufvertrages seine westafrikanischen Besitzungen Groß-Friedrichsburg, Accada und Arguin an die Niederlande.

1722 Errichtung einer Kaiserlich-Königlichen Indischen Gesellschaft (Ostender Compagnie) für den Handel von den österreichischen Niederlanden aus mit Ostindien und China. Sie
wird auf ultimative Forderungen Frankreichs, Großbritanniens und der Niederlande 1745 wieder aufgelöst.

1726 Die österreichische Marine erwirbt 3 Linienschiffe und läßt in
Triest 3 weitere, dazu 1 Fregatte und mehrere kleinere Einheiten bauen. Marinekommandant wird der britische Vizeadmiral Deigham.

1728 Errichtung eines Marine-Arsenals in Triest. Einweihung der
Semmering-Straße, die Wien über Triest mit Übersee ver-
bindet.

1730 Kaiser Karl VI. legt ein »Marinereglement« für die Kriegsmarine fest.

1733 Der Genuese Graf Pallavicini wird österreichischer »General
der Galeeren und der übrigen Marina« bis zur Auflösung
der Flotte 1739. Die kaiserliche Donau-Flottille besteht weiter.

1737–1739 *Krieg Österreichs und Rußlands gegen die Türkei.*

1739 22. 7. Die kaiserliche Donauflottille deckt in der Schlacht bei
Grocka die Flußflanke des Heeres, hält die türkischen Ein-
keiten zurück und sichert den Truppenübergang über die
Donau.

23. 7. Österreichisch-türkischer Friedensschluß zu Belgrad.

1744 Ostfriesland mit dem Hafen Emden fällt durch Erbfolge
an Preußen.
Das preußische Marinebataillon wird in eine Garnisontrup-
pe umgewandelt, aber 1757 aufgelöst.

1749 Der preußische Generalfeldmarschall Graf von Schmettau
gibt in Berlin den »Illuminierten Seeatlas« heraus.

6. 4. Preußen stellt für die ostfriesische Küste ein mit 4 Geschützen armiertes Wachtschiff in Dienst.

1750 4. 8. Friedrich der Große genehmigt die Gründung der Octroier-
ten Königlich Preußischen Asiatischen Handelscompanie in
Emden, mit dem Recht, eigene Seesoldaten zu halten.

1751 15. 11. Friedrich der Große erklärt Emden zum Freihafen.

1752 Friedrich der Große schreibt in seinem Testament, seine Lage
und seine Mittel erlaubten ihm keine Zersplitterung der
Kräfte durch den Aufbau einer Flotte neben dem existenz-
notwendigen Heer.

15. 2. Das erste preußische Handelsschiff *König von Preußen* läuft

von Emden nach China aus.

1753   Bildung einer Seeküstenwacht mit einem Wachtschiff in Triest. Beginn der Vermessung der österreichischen Adriaküste.

21. 1.   Gründung der Königlich Preußischen Bengalischen Handelscompagnie in Emden mit dem Recht, eigene Seesoldaten zu halten.

1756–1763   *Siebenjähriger Krieg.*

1756 Okt.   Die preußische Kriegs- und Domänenkammer in Aurich beschließt, keine Hilfskriegsschiffe für den Geleitdienst nach Amsterdam auszurüsten, sondern den Handelsschiffen die Führung neutraler Flaggen zu empfehlen.

1757 5. 6.   Auf dem Kurischen Haff übernehmen einige Fischereifahrzeuge den Vorpostendienst gegen die Russen, bis diese am 5. Juli Memel besetzen.

16. 7.   Friedrich der Große ermächtigt die Behörden von Stettin, den Hafen »mit einiger Defension von Schiffen zu versehen«.

24. 11.   Preußische Truppen erbeuten bei einem Überfall auf die von den Schweden besetzte Insel Wollin 2 in die Dievenow eingedrungene kleine Kriegsschiffe.

1758 12. 4.   Generalleutnant Herzog von Braunschweig-Bevern wird zum Gouverneur der Festung Stettin ernannt. Er läßt 10 Handels- und größere Fischereifahrzeuge (Zeesekähne) für Kriegszwecke ausrüsten, von denen die ersten im Juli einsatzbereit sind.

Dezember   Das mit einem preußischen Kaperbrief versehene Hilfskriegsschiff *Emden* verläßt Emden, bringt bis zum Sommer 1759 8 Handelsschiffe auf, kämpft erfolgreich gegen 2 toskanische Kriegsschiffe, muß den Handelskrieg jedoch wegen der Prisenprozesse aufgeben und wird im September 1761 als seeuntauglich in Barcelona verkauft.

1759   Das österreichische Hilfskriegsschiff *Madonna dell'Assunta* versucht von Triest aus vergeblich, Handelskrieg zu führen.

Sommer   Das preußische Hilfskriegsschiff *Prinz Ferdinand* beginnt im Mittelmeer den Handelskrieg und bringt bis zur Heimkehr im März 1760 14 Schiffe auf.

Das preußische Hilfskriegsschiff *Lissa* kreuzt in der Nordsee und im Kanal. Es bringt bis April 1760 3 schwedische Handelsschiffe auf.

20. 8.   Unentschiedenes Gefecht schwedischer gegen preußische armierte Fahrzeuge auf dem Stettiner Haff.

10. 9.	Schedische Kriegsschiffe greifen am Repziner Haken auf dem Stettiner Haff die unterlegene preußische Flottille an und vernichten sie bis auf 3 Einheiten, die sich nach dem Papenwasser zurückziehen können. Die Schweden verlieren 2 Schiffe.
21. 10.	Gefangene preußische Matrosen und Soldaten aus dem Seegefecht vom 10. 9. überwältigen die Besatzung des schwedischen Kriegsschiffes *Skildpadden,* das sie nach Karlskrona fahren soll. Es gelingt den Preußen, Schiff und Besatzung nach Kolberg einzubringen.
1760 Februar	General der Infanterie Herzog von Braunschweig-Bevern befiehlt die Neuaufstellung der Haff-Flottille.
16. 4.	Ergebnisloses Gefecht von Einheiten beider Haff-Flottillen bei Ziegenort.
1761 5./6. 9.	5 preußische armierte Haffschiffe erobern durch Enterung 2 schwedische Einheiten auf dem Stettiner Haff.
1762 5. 5.	Preußisch-russischer Friedensschluß zu St. Petersburg.
22. 5.	Preußisch-schwedischer Friedensschluß zu Hamburg. Die Schiffahrt auf der Oder wird frei. Die Fahrzeuge der preußischen Haff-Flottille werden für zivile Zwecke aufgebraucht.
1763	Indienststellung eines Wachtschiffes für Emden, das aber schon zwei Jahre später verkauft wird.
1764	Algerien erklärt Österreich den Krieg. 2 neu ausgerüstete österreichische Hilfskriegsschiffe sind zum wirksamen Einsatz zu schwach. 2 neu erbaute Fregatten werden nicht in Dienst gestellt, sondern wegen Geldmangels verkauft.
1765 24. 12.	Friedrich der Große läßt in Stettin die »Oktroyierte Nutzholz-Handelscompagnie« errichten.
1769	Friedrich der Große errichtet in Emden eine Herings-Compagnie.
1772 14. 10.	Friedrich der Große errichtet in Berlin die Seehandlungs-Gesellschaft zur Hebung der überseeischen Ein- und Ausfuhr durch eigene Seeschiffe. Diese, in Stettin beheimatet, fahren nach Frankreich, Spanien, West- und Südafrika, Westindien, Nordamerika und Ostindien. Der Höchstbestand beträgt 14 Einheiten. In Berlin, Havelberg und Emden werden Werften errichtet.
1774	Gründung der Kaiserlichen Ostindischen Handlungs-Compagnie in Triest.
1776 26. 9.	Ausreise des österreichischen Schiffes *Joseph und Theresia* von Triest zur Gründung überseeischer Niederlassungen. Rückkehr Mai 1781.

1777–1784	Bau des Eiderkanals, der bis 1895 einzigen, nur für kleine Schiffe befahrbaren Verbindung zwischen Nord- und Ostsee zur Abkürzung des Weges um Kap Skagen.
1777–1779	Britische Korsaren unter preußischer Flagge schädigen den österreichischen Seehandel.
1777 März	Einrichtung einer österreichischen Niederlassung an der Delagoa-Bucht in Südostafrika.
Ende	Einrichtung einer österreichischen Niederlassung an der indischen Malabar-Küste.
1778 Anfang	Einrichtung einer österreichischen Niederlassung auf den Nikobaren-Inseln (Indien).
1780	Kaiser Joseph II. läßt einen Flottengründungsplan für die Adria ausarbeiten.
1782 9. 12.	Eröffnung der ersten preußischen Navigationsschule in Emden.
1785 2. 5.	Auflösung der Triestiner Ostindischen Handlungscompagnie.
10. 9.	Abkommen Preußens mit den Vereinigten Staaten von Amerika, wonach Kriege nicht gegen Handelsschiffe und nicht zur Unterbrechung des Handels geführt werden dürfen.
1786	Aufgabe der österreichischen Niederlassungen in Übersee.
20. 3.	Kaiser Joseph II. legt die österreichische Kriegsflagge fest, rot-weiß-rot mit golden umrahmten rot-weiß-roten Wappen, überragt von der erzherzoglichen Bügelkrone in weißen Mittelstreifen.
4. 10.	Österreich läßt in Ostende 2 schnellsegelnde Kriegsschiffe mit je 20 Kanonen bauen. Ihr Eintreffen in Triest gilt als Geburtstag der österreichischen Marine, die bis 1866 die deutschen Belange an der Adria schützt.
1787–1791	*Krieg Rußlands und Österreichs gegen die Türkei.*
1788–1789	Österreich armiert einige Handelsschiffe und baut mehrere Kanonenboote. Die Donauflottille wird verstärkt und steht im Einsatz gegen türkische Einheiten und im Geleitschutz.
1789 Mai	Die Garnison von Neufahrwasser stellt einen kleinen Segler, *Peiljolle* genannt, mit der Funktion eines Wachtschiffes in Dienst.
17. 10.	Die kaiserliche Donauflottille unterstützt das Heer bei der Eroberung von Belgrad. Sie erbeutet dabei 65 türkische Fahrzeuge.
1790–1791	Die seit 1786 gebauten österreichischen Kriegsschiffe werden bis auf 3 kleine Einheiten verkauft.

1790 Mai Ein gecharterter Handelssegler wird als preußisches staatliches Wachtschiff für das ostfriesische Küstengebiet zur Be-
aufsichtigung der Schiffahrt, Überwachung der staatlichen
Austernbänke und Verhütung des Strandraubes eingesetzt.

1791 18. 4. Die Gefahr eines Krieges gegen Rußland veranlaßt Preußen
zur Indienststellung einer Schwimmenden Batterie für die
Verteidigung von Pillau. Sie wird 1800 verkauft.

10. 5. Neufahrwasser erhält ein Wachtschiff, genannt *Wachsamkeit*.
Es wird 1799 verkauft.

Juli Fertigstellung einer Schwimmenden Batterie in Berlin für
die Verteidigung von Stettin. Überführung erst 1795, Ver-
kauf 1797.

4. 8. Friedensvertrag zu Sistova zwischen Österreich und der
Türkei.

1793–1797 *Erster Koalitionskrieg gegen Frankreich.*

1793 Österreich stellt einige armierte Schiffe in Dienst, zum Han-
delsschutz in der Adria.
Preußen stellt während des Rheinfeldzuges einige gecharterte
Flußfahrzeuge in Dienst.

1796 Generalmajor von Rüchel arbeitet eine Denkschrift über
Preußens Küstenverteidigung aus. Sie sieht den Bau von
120 Einheiten vor, kommt aber nicht zur Ausführung.

1797 4. 3. Ein Verband österreichischer Kriegsschiffe von 4 kleinen
Einheiten jagt im Golf von Triest weit überlegenen französischen Kriegsschiffen 2 gekaperte Handelsschiffe ab.

26. 3. Wegen des Anmarsches französischer Truppen auf Triest
geleiten österreichische Seestreitkräfte 40 Handelsschiffe nach
Portoré (Istrien). Unterwegs von einem überlegenen französischen Flottenverband angegriffen, laufen die Kauffahrer
zunächst in den istrischen Hafen Quieto ein. Die Kriegsschiffe wehren gemeinsam mit dem venezianischen Linienschiff *l'Eolo* den Gegner ab und führen den Geleitzug sicher
in den Zielhafen.

9. 7. Bildung der österreichischen Gardasee-Flottille. Auflösung
1802.

17. 10. Im Friedensvertrag zu Campoformio zwischen Frankreich
und Österreich erhält dieses im Wege des Gebietsaustausches
Venedig, Istrien und Dalmatien. Es wird damit Großmacht
an der Adria.

1798 Generalleutnant Querini wird österreichischer Marinekommandant.

1799   Wiederholter Einsatz der wenigen österreichischen Kriegs-schiffe an der italienischen Adriaküste zur Unterstützung der Heeresoperationen.

Bildung einer österreichischen Flottille auf dem Lago Maggiore. Auflösung 1802.

Anfang Die Landfront erstreckt sich von der oberitalienischen Tief-ebene durch die Schweiz den Rhein entlang bis zur nieder-ländischen Küste. Auf dem zwischen den kämpfenden Trup-pen liegenden Bodensee behindern französische Wachtboote die Schiffahrt.

März Der österreichische Oberkommandierende Erzherzog Karl befiehlt die Bildung einer Bodensee-Marine. Das Kommando erhält der britische Seeoffizier Freiherr von Williams. Außer österreichischen werden auch ehemalige königlich französische Seeoffiziere eingestellt, die Besatzungen größtenteils aus Triest und Venedig kommandiert. Aus vorhandenen Polizei-booten und armierten Frachtfahrzeugen werden drei, später vier Divisionen mit Stützpunkt Bregenz gebildet.

10.–11. 4. Vernichtung der französischen Flottille auf dem Po durch Kriegsschiffe und Heereseinheiten.

11.–18. 4. 8 österreichische Einheiten zwingen die französische Besat-zung von Konstanz durch Blockierung und Beschießung, die Stadt zu verlassen.

19. 4. 2 österreichische Schiffs-Divisionen beschießen die Strandbat-terien bei Rorschach.

21. 4. 2 österreichische Schiffs-Divisionen überfallen die französi-sche Besatzung von Romanshorn und Arbon und erbeuten deren Geschütze. Anschließend vertreiben alle 4 Divisionen die Franzosen aus Rorschach und erbeuten 11 Geschütze. Auf dem Rückmarsch werden in Altnau, Münsterlingen und Kreuzlingen weitere Geschütze erbeutet.

3. 11. Wegen der Verlagerung der Kampfhandlungen in das Inne-re der Schweiz werden die österreichischen Schiffe auf dem Bodensee größtenteils abgerüstet. 9 von ihnen zerstören fran-zösische Fahrzeuge bei Steinach.

13. 11. Österreichische Kriegsschiffe zwingen den von den Franzosen besetzten Hafen Ancona an der Adria zur Übergabe und erbeuten 3 Linienschiffe.

Dezember Errichtung einer k.k. Flottille in La Spezia zum Küsten-schutz und Geleitdienst an der ligurischen Küste und an der Riviera. Auflösung Mitte 1800.

1800	11. 1.	2 Boote der k.k. Bodenseeflottille kämpfen bei Bottighofen ein gegnerisches Schiff nieder und schleppen es nach Meersburg.
	28. 4.	Eine k.k. Division zwingt französische Einheiten bei Rohrschach zum Rückzug.
	30. 4.	1 k.k. Wachtboot weist den Angriff eines französischen Bootes bei Rohrschach zurück.
	8. 5.	Gefecht der gesamten k.k. Flottille gegen französische Landtruppen bei Immenstaad.
	9. 5.	3 Wachtboote der k.k. Flottille werden bei Langenargen von 14 französischen Einheiten gestellt, durchbrechen aber deren Linie und erreichen Lindau.
		Auf Befehl des übergeordneten Landbefehlshabers werden sämtliche Einheiten abgerüstet und unbrauchbar gemacht, da die österreichischen Truppen die Bodensee-Ufer verlassen.
	1801	Erzherzog Karl wird österreichischer Marineminister, Vizeadmiral l'Espine löst Querini als Marinekommandanten ab.
1802	27. 3.	Ende des zweiten Koalitionskrieges gegen Frankreich.
1803–1805		Ein österreichisches Geschwader schließt einen Schiffahrtsvertrag mit Marokko.
	1803	Festlegung einer Dienstvorschrift für die österreichische Marine.

	1805	*Dritter Koalitionskrieg gegen Frankreich.*
		Einsatz österreichischer Kriegsschiffe in der Adria als Geleitschutz und zu Blockadezwecken. Die wenigen Österreich nach Friedensschluß verbliebenen Kriegsschiffe sind im Geleitschutz eingesetzt.
1806	11. 6.	Großbritannien erklärt Preußen den Krieg, da dieses mit Frankreich die Eingliederung von Hannover und Lauenburg vereinbart, ferner seine Häfen britischen Schiffen verschlossen hat.
		Britische Kriegsschiffe bringen über 300 preußische Handelsschiffe auf.
		Schweden verhängt zur gleichen Zeit die Blockade über die deutschen Ostseehäfen, da es Ansprüche auf Lauenburg erheben zu können glaubt. Preußen rüstet zum Schutz Emdens 2 Hilfskriegsschiffe, zum Schutz Memels 1 Schwimmende Batterie aus. Nachdem Preußen auf Hannover und Lauenburg Verzicht leistet, normalisieren sich die Beziehungen zu Großbritannien und Schweden.

1806–1807   *Krieg Preußens und Rußlands gegen Frankreich.*

1806 21. 11.   Frankreich verhängt die Kontinantalsperre gegen Großbritannien.

1806–1807   5 Königliche Postsegler versehen als einzige preußische Verbindung zum neutralen Ausland den Verkehr zwischen Königsberg/Pr. und Neustadt/Holstein.

1807   Der Kommandant der von den Franzosen belagerten Festung Kolberg setzt 4 bewaffnete Handelsschiffe als Transporter für die Verbindung mit dem unbesetzten Teil Preußens ein. 3 mit Geschützen armierte Fischereifahrzeuge wirken, ebenso wie zeitweise die britische Korvette *Phyleria* und die schwedische Fregatte *af Chapmann* bei der Verteidigung der Festung mit.

Für das von den Franzosen belagerte Danzig werden 5 armierte Handelsschiffe zur Unterstützung der Landtruppen und zur Nachrichtenübermittlung eingesetzt. Britische Kriegsschiffe greifen in die Kampfhandlungen ein und verlieren dabei 1 Korvette. Vor der Kapitulation gelingt es 3 preußischen Einheiten, nach Pillau durchzubrechen.

Auf dem Frischen Haff wird auf Befehl des Generalleutnants von Rüchel eine »Königliche Flottille« aufgestellt. Sie besteht aus 16 armierten Handelsschiffen. Gemeinsam mit Kriegsschiffen der Verbündeten greift sie in die Kämpfe um Elbing, Pillau und Königsberg ein. Danach wird ein Teil auf das Kurische Haff überführt.

Für die Verteidigung von Memel werden 3 Hilfsschiffe und 1 Schwimmende Batterie in Dienst gestellt.

9. 7.   Friedensvertrag zu Tilsit zwischen Preußen und Frankreich.

1808   Nach Friedensschluß findet in Preußen lediglich noch eines der 3 Memeler Hilfsschiffe, die Brigg *Venus*, als Königliches Transportschiff Verwendung, und zwar bis zur Versteigerung 1809.

Das Pillauer Wachtschiff dient als Lotsenkutter weiter, behält aber die Bewaffnung, um Übergriffen französischer Blockadewachtschiffe Widerstand leisten zu können. Auch in Memel und Kolberg werden Schiffe zu diesem Zweck ausgerüstet.

1809   *Krieg Österreichs gegen Frankreich.*

1809   Kampfhandlungen österreichischer armierter Schiffe gegen bayrische und französische auf dem Bodensee.

April	Die österreichische Kriegsbrigg *Delphino* erobert bei Rovigno ein französisches Kanonenboot.
14. 10.	Österreich verliert im Friedensvertrag von Schönbrunn den gesamten Küstenbesitz an der Adria. Damit ist Deutschland im Süden vom Meer abgeschnitten.
1811	Preußen rüstet in Pillau 3 bewaffnete Fahrzeuge gegen Übergriffe französischer Blockadewachtschiffe aus.
5. 9.	Oberstleutnant von Rauch stellt zum ersten Male in der preußischen Geschichte einen Flottengründungsplan auf, der 16 Einheiten vorsieht.
29. 11.	Admiral Prinz Adalbert von Preußen geboren.
1812	Anläßlich des Krieges Frankreichs gegen Rußland rüstet Kolberg ein Festungswachtschiff aus. Die Franzosen beschlagnahmen an der ostpreußischen Küste einige preußische armierte Zollfahrzeuge. Die preußische Regierung läßt zur wirksameren Abwehr der französischen Maßnahmen im Rahmen der Kontinentalsperre 8 als Zollwachtschiffe getarnte bewaffnete Einheiten ausrüsten. Die Kapitäne erhalten »alle Rechte und Befugnisse eines Seekriegs-Befehlshabers«. Die Schiffe haben häufig Gelegenheit einzuschreiten, um Beschlagnahmen staatsnotwendiger Importgüter zu verhindern.
Mai	Der Österreicher Josef Ressel erstellt seine erste Konstruktionszeichnung für eine Schiffsschraube.
1813–1815	*Krieg Preußens, Österreichs und Rußlands gegen Frankreich.*
1813 20. 3.	Preußen hebt die Kontinentalsperre auf.
Nov.	Beginn der Neuaufstellung der österreichischen Marine aus erbeuteten Schiffen.
21. 11.	Die von den Franzosen besetzte Festung Stettin kapituliert. Bei der Niederkämpfung wirken preußische Hilfskriegsschiffe und schwedische Kanonenschaluppen mit.
29. 11.	Die von den Franzosen verteidigte Festung Danzig gibt den Widerstand auf. Die Belagerungstruppen werden durch russiche und britische Kriegsschiffe, sowie durch preußische Hilfsschiffe unterstützt.
1813–1814	Ein französisches mit Niederländern bemanntes Kanonenboot geht nach Emden und stellt sich den Verbündeten zur Verfügung. Es findet bei der Blockade von Delfzyl Verwendung und wird danach an die Niederlande zurückgegeben.
1814	Vizeadmiral de Coninck wird österreichischer Marinekom-

mandant.

März	Erfolgreicher Einsatz der österreichischen Flottille auf dem Gardasee gegen überlegene französische Einheiten.
Mai	Auflösung der österreichischen Gardasee-Flottille.
7.–8. 5.	Gefecht eines österreichischen Kanonenbootes gegen eine schweizerische Heeresabteilung auf dem Lago Maggiore.
Herbst	Alle bis zur Beendigung der Kampfhandlungen in Dienst gestellten preußischen Einheiten werden verkauft oder versteigert.
1815 März	Aufstellung der ersten österreichischen Eskadre, bestehend aus 8 Einheiten, in Venedig. Mitwirkung bei der Blockade des französisch besetzten Ancona.

Vom Ende der Befreiungskriege bis zum Beginn des ersten Krieges um Schleswig-Holstein 1815–1848

1815 Der auf dem Wiener Kongreß im Rahmen der Neuordnung Europas nach Beendigung der Kriege gegen Napoleon I. geschaffene Deutsche Bund grenzt mit Preußen, Holstein und Lübeck an die Ostsee, mit Hannover, Oldenburg, Holstein, Hamburg und Bremen an die Nordsee und mit Österreich an die Adria. Aber nur die beiden Großmächte treten dem Gedanken der militärischen Sicherung ihrer sich neu anbahnenden Seegeltung näher.

Österreich erhält Dalmatien, Istrien, Triest, Venetien und die Lombardei zurück. Die im damals einzigen Kriegshafen Venedig fertigen Kriegsschiffe werden allerdings in Anbetracht der schlechten Finanzlage des Staates größtenteils verkauft, die auf Stapel liegenden nicht fertiggestellt, sondern abgewrackt. Nur wenige Fregatten und Korvetten sowie eine Anzahl kleinerer Einheiten verbleiben dem Marinekommandanten Generalmajor de Coninck für den Neuaufbau der Kriegsmarine. Das Uniform-Reglement legt für Offiziere den Zweispitz, für Mannschaften den runden ledernen Zylinderhut als Kopfbedeckung fest.

Schweden tritt Neu-Vorpommern und die Insel Rügen an Preußen ab. Da die Verträge darüber auch die Ankaufsmöglichkeit des dort vorhandenen Staatseigentums vorsehen, entschließt sich die preußische Regierung u. a. zum Erwerb schwedischer Kanonierschaluppen.

23. 10. Die Kanonierschaluppen »Nr. 10«, »Nr. 17«, »Nr. 45«, »Nr. 48«, »Nr. 51« und »Nr. 116« werden durch den schwedischen Oberleutnant zur See Longé an den Gouverneur der Stadt, Generalmajor von Engelbrechten, übergeben. Mit diesem Akt ist die Königlich Preußische Kriegsmarine gegründet, wenn auch noch einige Jahrzehnte vergehen, bis auf diesen Anfängen weiter gebaut wird. Engelbrechten, von der Notwendigkeit maritimer Machtmittel für Preußen durchdrungen, empfiehlt den Seeoffizier dem Kriegsministerium als den geeigneten Organisator einer Marine.

28. 12.   Eine A.K.O. spricht die Ernennung Longés zum Hauptmann der Marine aus. Gleichzeitig tritt sein Landsmann Leutnant zur See Murck in preußische Dienste. Die beiden Schweden sind die ersten und bis 1848 einzigen Seeoffiziere der preußischen Marine. Sie erarbeiten die Grundlagen, deren jeder Staat bedarf, der sich den Aufbau einer Kriegsmarine zum Ziel setzt, und richten zunächst in Stralsund ein Depot als Stützpunkt der künftigen Einheiten ein. Longé konstruiert selbst die wenigen Schiffe, die in den folgenden 25 Jahren gebaut werden, oder wirkt bei dieser Arbeit mit. Er entwirft die Bekleidung für die Offiziere und Mannschaften und entwickelt einen Plan, nach dem er und die wenigen Heeresoffiziere der Verwaltung, die das Gefühl für die Bedeutung der See besitzen, eine schlagkräftige Flotte schaffen zu können hoffen. Unter Zugrundelegung einer reinen Küstenverteidigung schlägt Longé den Bau schnellsegelnder Schoner und für den Kriegsfall zusätzlich die Heranziehung bewaffneter Handelsschiffe vor. Die Finanzlage des Staates gestattet allerdings nur die Bereitstellung der Mittel für ein Kriegsschiff.

1816   Ein österreichischer Verband kämpft an der algerischen Küste gegen Seeräuber (Barbaresken), die die Handelsschiffahrt gefährden.

12. 7.   Eine A.K.O. legt die Offiziersbekleidung für die preußische Marine fest. Sie entspricht weitgehend der Uniform der Infanterie.

13. 9.   Der erste preußische Kriegsschiffneubau, ein Schoner, läuft bei J. A. Meyer, Stralsund von Stapel und erhält dabei den Namen dieser Hafenstadt.

24. 11.   Durch A.K.O. wird die preußische Kriegsflagge festgelegt, die auf weißem ausgezackten Feld den Wappenadler und in der oberen liekseitigen Ecke das Eiserne Kreuz enthält. Sie weht auf den preußischen Kriegsschiffen bis zur Überleitung der Marine auf den Norddeutschen Bund im Jahre 1867.

1817–1818   Österreichs Kriegsschiffe unternehmen erstmalig eine Überseereise. Die Fregatten *Austria* und *Augusta* gehen anläßlich der Hochzeit der Tochter des Kaisers mit dem brasilianischen Thronfolger nach Rio de Janeiro.

1817 Anfang   Der Kriegsschoner *Stralsund* wird für die Sicherung eines Transportes Artilleriematerial von Rotterdam nach Stettin gegen die in der Nordsee vermutete tunesische Seeräuberkorvette *Jabura* ausgerüstet. Als bekannt wird, daß sich diese bei Gibraltar aufhält, unterbleibt die Aktion.

Mai	Nordafrikanische Seeräuber kapern in der Deutschen Bucht drei deutsche Handelsschiffe, die jedoch durch britische Kriegsschiffe befreit werden.
20. 6.	Die preußische Regierung errichtet in der Erkenntnis der Notwendigkeit, den Überseehandel und die Hochseeschiffahrt zu fördern, in Danzig eine Navigations-Hauptschule zur Aus- und Fortbildung des Steuermanns- und Kapitänsnachwuchses der Handelsmarine. Der Schoner *Stralsund* wird dieser gelegentlich zu praktischen Übungen zur Verfügung gestellt, womit sich seine Tätigkeit erschöpft. 1829 muß er wegen Untauglichkeit verkauft werden. Die ehemals schwedischen Kanonenboote erfahren schon 1817/19 das gleiche Schicksal.
17. 7.	Der badische Gesandte beim Bundestag fordert diesen vergeblich zum Aufbau einer Marine auf, »um einen selbständigen Schutz zu gewinnen, welcher die Nationalehre wie das Gesamtinteresse der deutschen Handelsindustrie und des deutschen Völkerrechts wider Schmach und Verletzung zu sichern allein im Stande sei«.
1818 30. 1.	Festlegung der Bekleidung für die preußische Marine-Mannschaften.
1819	Die österreichische Marine nimmt die wissenschaftliche Tätigkeit auf und beginnt mit der Vermessung der Adria, der Anlegung hydrographischer Karten und der topographischen Aufnahme ihrer Küsten durch die Brigg *Veloce*.
1820	Die österreichische Marine richtet einen Postdienst von Triest nach den südlichen Adriahäfen mit Kriegsschiffen ein und dehnt ihn in den folgenden Jahren auf levantinische Häfen aus.
19. 9.	Die österreichische Fregatte *Carolina* geht von Triest nach Brasilien und China. In Rio de Janeiro wird der neu ernannte Gesandte ausgeschifft. In Kanton knüpft die *Carolina* nach Einrichtung eines Generalkonsulates Wirtschaftsbeziehungen an. Rückkehr 7. 7. 1822.
1821	Ein österreichisches Geschwader unter Linienschiffskapitän Pasqualigo, später unter Konteradmiral Marquis Paulucci, unterstützt die Operationen des Heeres gegen das Königreich beider Sizilien. Österreich bildet eine ständige Schiffsabteilung für das östliche Mittelmeer, die die Wirtschaftsinteressen bei Unruhen und gegen Seeräuber sichern soll.
1822	Preußen läßt als zweites Kriegsfahrzeug eine »Gouvernementsschaluppe« bauen, die zu militärischen Transporten

von Stralsund nach Rügen und nach dem Depot auf der Insel Dänholm dienen soll.

2. 3. Vizeadmiral Eduard von Jachmann geboren

10. 11. Die Fregatte *Lipsia* erobert den von den Seeräubern aufgebrachten österreichischen Schoner *Merope* vor Missolunghi (Griechenland) zurück.

1823 J. W. Klawitter in Danzig baut für das preußische Kriegsministerium das Flußkanonenboot *Thorn* für Ruder- und Segelantrieb. Es erhält zunächst Berlin als Liegehafen, wird später nach Stralsund, Thorn und Danzig verlegt und 1840 zur Abwrackung verkauft. In Berlin wird die Besatzung, 1 Unteroffizier und 2 Mann, von der Pontonier-Sektion der Garde-Pionier-Abteilung gestellt.

1824 Das preußische Kriegsministerium läßt bei J. A. Meyer, Stralsund, ein »Haffkanonenboot« bauen, das den Namen *Danzig* erhält. Es dient gelegentlich zu Ausbildungszwecken für die Schüler der Navigations-Hauptschule und wird 1838 zum Abwracken verkauft.

10. 2. Vizeadmiral Marquis Paulucci wird österreichischer Marinekommandant.

1. 5. Das österreichische Marineoberkommando wird vom örtlichen Heeres-Generalkommando getrennt und ist nunmehr selbständige Militärbehörde.

Oktober Die österreichische Goelette *Aretusa* vernichtet ein griechisches Piratenschiff.

1825 Einführung einer Kommandoflagge für Admirale in der österreichischen Marine.
Auf Befehl König Friedrich Wilhelms III. von Preußen arbeitet eine Kommission unter Vorsitz des für kriegsmaritime Probleme sehr aufgeschlossenen Generalleutnants von Rauch Vorschläge zur Errichtung einer Seewehr für die Küstenverteidigung aus.

1826–1827 Preußen läßt bei J. A. Meyer, Stralsund, 2 Flußkanonenboote bauen, die die Bezeichnung »Nr. 1« und »Nr. 2« erhalten. »Nr. 1« steht bis zur Abwrackung 1841 dem Garde-Pionier-Bataillon in Berlin zur Verfügung. »Nr. 2« wird bis zur Ausrangierung 1850 in Thorn stationiert.

1826 28. 9. Die österreichische Korvette *Carolina* versenkt ein griechisches Piratenschiff bei Skadamura.

1827 Auf der Insel Dänholm bei Stralsund wird ein preußisches »Marine-Etablissement« errichtet, das als Depot und Reparaturwerkstatt für Kriegsfahrzeuge dienen soll. Vorstand wird Longé, Rechnungsführer Murck.

27. 8.	Die österreichische Goelette *Elisabetta* versenkt im Golf von Saloniki zwei Seeräuberschiffe.
16. 11.	Die österreichische Goelette *Sofia* versenkt vor der albanischen Küste zwei Seeräuberschiffe.
23. 12.	Admiral Wilhelm Freiherr von Tegetthoff geboren.
1828–1829	Ein österreichischer Verband von 2 Fregatten, 1 Brigg und 1 Schoner unter Kommodore Bandiera fordert von Marokko Genugtuung für an einem Handelsschiff verübten Seeraub und Verschleppung der Besatzung. Nach einem Landungsgefecht bei El Araisch (Larasch), der Beschießung von Tetuan, der Blockade der Küste und der Vernichtung von 2 Seeräuberschiffen gibt der Sultan Schiff und Besatzung frei, leistet Genugtuung und Schadenersatz. Diese Unternehmung bezieht auch preußische und hanseatische Staatsangehörige mit ein.
1828	Die österreichische Marine schifft erstmalig die Zöglinge des Marine-Collegiums (Seekadetten) geschlossen auf einem Kriegsschiff zu einer Ausbildungsreise ein.
1829	Friedrich Wilhelm III. fordert das Kriegsministerium auf, sich des Aufbaus der maritimen Verteidigung Preußens anzunehmen und dafür unbedingt auch hochseefähige Schiffe vorzusehen.
1. 7.	Der österreichische Marine-Forstintendant Ressel führt in Triest mit dem Dampfer *Civetta* die von ihm 1827 in der endgültigen Form konstruierte Schiffsschraube als Antriebselement vor. Das Mißlingen beruht auf dem Versagen der Maschine, führt aber trotzdem nicht zur Verwertung des Prinzips in Österreich.
24. 7.	Die österreichische Marine führt die Admirals-Dienstgrade ein. Die bisherigen Admirale waren mit diesem Rang aus fremden Marinen übernommen worden.
1830	Österreichische Kriegsschiffe befördern polnische und italienische politische Flüchtlinge nach Nordamerika. Diese Tätigkeit findet erst 1836 ihren Abschluß.
1831–1832	Österreichische Kriegsschiffe beteiligen sich auf Wunsch des Kirchenstaates an der Bekämpfung innerer Unruhen.
1831	Die in den österreichischen Gewässern stationierten Kriegsschiffe treffen entlang der Küste Maßnahmen zur Verhinderung der Einschleppung der Cholera. Die österreichische Marine stellte eine Lagunen-Flottille zur Überwachung der venezianischen Binnengewässer auf.
1832 14. 5.	Erfolgreiches Gefecht der österreichischen Trabakel *Bravo* gegen griechische Seeräuber vor der Insel Skyros.

1833 Die österreichische Korvette *Abbondanza* geht bei Brindisi infolge Strandung verloren.

9. 5. Admiral Hermann Freiherr von Spaun geboren.

1834 Österreichische Kriegsschiffe werden gegen den Salzschmuggel vor der istrischen Ostküste eingesetzt.

Gründung des Österreichischen Lloyd, der ersten großen internationalen Reederei. Sie beginnt ihre Tätigkeit mit Dampfschiffen.

1835–1836 Eine preußische Kommission, zu der auch der Artilleriemajor Prinz Adalbert und der Major Longé gehörten, arbeitet einen bis in's einzelne gehenden Flottengründungsplan aus. Auch dieser wird nicht realisiert. Das Kriegsministerium läßt lediglich 1840/41 als »lokale Verteidigungsmaßnahme« für Danzig 2 Kanonenjollen mit Ruder- und Segelantrieb bei J. W. Klawitter bauen. Sie werden erst 1860/61 verkauft.

1836 24. 12. Indienststellung des ersten österreichischen mit Dampf angetriebenen Kriegsschiffes *Ferdinando* (später in *Marianna* umgetauft) (500 t, Seitenradantrieb 120 PS) Bauwerft Portoré. Es sinkt 1852 während eines Sturmes in der Adria.

1840 Ägypten erhebt sich gegen das türkische Mutterland. Der Vizekönig Muhammed Ali versucht zunächst erfolgreich die Loslösung von der Türkei. Die europäischen Großmächte jedoch wollen deren Besitzstand erhalten. Eine internationale Flotte aus britischen, türkischen und österreichischen Kriegsschiffen unter dem Befehl des britischen Admirals Stopford hält durch Beschießungen militärischer Ziele und durch Landungsgefechte den ägyptischen Vormarsch an der libanesischen und palästinensischen Küste nicht nur auf, sondern zwingt den Vizekönig zum Einlenken. Österreich ist mit einem Verband unter Konteradmiral Bandiera, bestehend aus den Fregatten *Medea* und *Guerriera*, sowie den Korvetten *Lipsia* und *Clemenza* beteiligt. Die Schiffe zeichnen sich vor allem bei den Kämpfen um Beirut und Saida (Sidon) aus.

1841–1843 Das preußische Handelsministerium gibt das erste amtliche Seekartenwerk in deutscher Sprache, »Preußens Seeatlas«, heraus.

1841 April König Friedrich Wilhelm IV. von Preußen befiehlt den Bau einer hochseefähigen Übungskorvette »für künftige Seeschiffer«. Sie soll der Navigations-Hauptschule Danzig zur Ergänzung der Ausbildung zur Verfügung stehen.

20. 12. Frankreich, Großbritannien, Österreich, Preußen und Ruß-

land schließen den Quintupelvertrag zur Unterdrückung des Sklavenhandels im Atlantik zwischen Afrika und Nordamerika und im westlichen Indik.

1842–1845 Die österreichische Fregatte *Bellona* unternimmt Übungsfahrten nach England und den Azoren.

1843 24. 6. Die preußische Übungskorvette läuft auf der Werft Carmesin in Grabow bei Stettin von Stapel. Sie erhält den Namen *Amazone* und gilt amtlich als bewaffnetes staatliches Schulschiff. König Friedrich Wilhelm IV. bestimmt, daß sie unter der Kriegsflagge fahren soll. Die Korvette geht später als die »Großmutter der deutschen Flotte« in die Marinegeschichte ein.

1844 8. 1. Festlegung der Bekleidung für die Besatzung der *Amazone*.

29. 4. Großadmiral Hans von Köster geboren.

17. 5. *Amazone* unternimmt ihre erste Auslandsreise, die bis Konstantinopel führt.

21. 8. Vizeadmiral Erzherzog Friedrich wird österreichischer Marinekommandant.

1845 15. 6. Die zweite Ausbildungsreise der *Amazone* geht über Madeira nach Genua. Der spätere Admiral Jachmann gehört von dieser Fahrt ab als Steuermann zur Stammbesatzung.

1846 28. 7. *Amazone* läuft zum Besuch von Häfen an der italienischen Westküste aus.

1847 Das Übungsschiff *Amazone* überquert erstmalig den Atlantik und besucht New York.

Vizeadmiral Graf Dandolo wird österreichischer Marinekommandant, nach seinem Tode im gleichen Jahr Vizeadmiral Martini.

27. 5. Eine A.K.O. bestimmt, daß die Offiziere der *Amazone* während der Liegezeit des Schiffes in Danzig dem Kriegsministerium unterstehen sollen. Auf den Übungsreisen dagegen sollen sie dem Finanzministerium unterstellt sein. Im Kriegfalle tritt das Schiff mit der ganzen Besatzung unter den Befehl des Kriegsministeriums. Diese Order begründet das Offizierkorps der preußisch/deutschen Marine.

Gründung der Hamburg-Amerika Linie (HAPAG). Sie beginnt ihre Tätigkeit mit Segelschiffen.

Der erste Krieg um Schleswig-Holstein und die Kampfhandlungen auf der Appenin-Halbinsel 1848–1851

1848 März   Während der revolutionären Wirren in Europa bricht im österreichischen Teil Italiens ein Aufstand der Anhänger der italienischen Einigungsbestrebungen aus, den das damalige Königreich Sardinien nach einer offiziellen Kriegserklärung an die Donau-Monarchie unterstützt. Die Besatzungen der österreichischen Kriegsschiffe machen, soweit sie sich aus Seeleuten italienischer Volkszugehörigkeit zusammensetzen, gemeinsame Sache mit den Aufrührern an Land und besetzen den Kriegshafen Venedig, wobei ihnen der Marinekommandant Vizeadmiral Martini, sowie eine Anzahl Kriegsschiffe in die Hände fallen. Alle außerhalb Venedigs vorhandenen Einheiten können dagegen deren Zugriff entzogen werden. Sie sammeln sich im behelfsmäßig befestigten Hafen Triest, wo der italienische Teil der Besatzungen entlassen und diese aus Landformationen wieder aufgefüllt werden. Die Marine, die bis dahin vom Hofkriegsrat gelenkt wurde, wird dem Kriegsministerium unterstellt.

21. 3.   Friedrich VII. von Dänemark verfügt die Einverleibung des Herzogtums Schleswig in den dänischen Staatsverband. Das Herzogtum Holstein, seit 1815 Mitglied des Deutschen Bundes, soll eine besondere Verfassung erhalten, aber unter dänischer Oberhoheit bleiben.

24. 3.   Die Elbherzogtümer, dem dänischen Königshause lediglich durch Erbfolge und Verträge verbunden, wollen gemäß der Garantie von 1460 »up ewig ungedeelt« bleiben. Sie bilden in Kiel eine »Provisorische Regierung«, die das Recht der Bevölkerung durch Anlehnung an Deutschland zu wahren sucht. Der Bundestag in Frankfurt/Main, gestützt auf den Willen des ganzen deutschen Volkes, beschließt militärische Hilfsmaßnahmen und überträgt Preußen deren Leitung.

April   Friedrich Wilhelm IV. von Preußen gibt dem Generalleutnant Prinz Adalbert den Auftrag, ein Gutachten über die zur Verteidigung der Ostseeküste notwendigen Maßnahmen auszuarbeiten.

13. 4.   Der Deutsche Bundestag ersucht Preußen, »auf die Sicherung des deutschen Handels und der deutschen Schiffahrt Bedacht zu nehmen«. Da von den deutschen Ländern nur Österreich eine Kriegsmarine und diese an der Adria besitzt, ist man zunächst auf die Verteidigung der Häfen im Nord- und Ostseebereich durch provisorisch eingebaute Heeresbatterien angewiesen.

20. 4.   Dem preußischen Artillerie-Leutnant Werner Siemens werden die Vorbereitungen zur Verteidigung des Kieler Hafens übertragen. Auslegung einer Minensperre zwischen Seeburg und Ellerbeck. Erstmalige Verwendung von Seeminen mit elektrischer Zündung. (Galvanische Batterie; mit Guttapercha isolierte Kabel).

21. 4.   Vormarsch deutscher Truppen über die Eider nach Norden. Damit beginnt offiziell der deutsch-dänische Krieg.

23. 4.   Feldmarschalleutnant Gyulay wird für die Zeit der Gefangenschaft Martinis österreichischer provisorischer Marine-Oberkommandant.

29. 4.   Dänemark erklärt die Blockade der deutschen Nord- und Ostseeküsten. Dänische Flotte: 6 hölzerne Linienschiffe, 8 Fregatten, 4 Korvetten und 6 kleinere Einheiten, sämtlich Segelschiffe, ferner 6 kleine Seitenraddampfer. Der deutsche Seehandel erleidet trotz nur lückenhafter Blockade empfindlichen Schaden.
Beginn der Blockade des aufständischen Venedig durch österreichische Kriegsschiffe. Aufhebung 22. 5. 1848.

1. 5.   Eine unter dem Vorsitz des Prinzen Adalbert zusammengetretene preußische Kommission veröffentlicht eine Denkschrift zur Errichtung einer Kriegsmarine für den ganzen deutschen Staatsverband. Der Bundestag ersucht Preußen angesichts der eigenen Hilflosigkeit, »womöglich durch Vertrag mit einer fremden Seemacht für den Schutz der deutschen Küsten Vorsorge zu treffen«.

2. 5.   Dr. med. von Steinberg-Skirbs wird erster Sanitätsoffizier, 1859 als Marinegeneralarzt erster Dezernent für Medizinalangelegenheiten der preußischen Marine.

23. 5.   Preußen beginnt gemäß einer A.K.O. mit dem Bau von zunächst 18 Kanonenschaluppen mit Ruder- und Segelantrieb. Die Segelkorvette *Amazone* wird vom Kriegsministerium übernommen, dem Kommandanten der Festung Danzig zur Verteidigung des Hafens Neufahrwasser unterstellt. Ihre Steuerleute Jachmann, Herrmann und Schirrmacher werden die ersten Seeoffiziere der preußisch-deut-

schen Marine, der Verwalter Will ihr erster Zahlmeister.

Beginn der Blockade Triests und der dort liegenden österreichischen Kriegsschiffe durch ein sardinisches Geschwader. Aufhebung 12. 8. 1848.

Sommer — Bildung eines Kommandos, eines Depots, und eines »Marine-Bataillons« für die preußische Marine.

29. 6. — Erzherzog Johann von Österreich wird zum Reichsverweser gewählt. Er bildet eine Reichsregierung, in der Handelsminister Duckwitz auch die Leitung der Marine-Angelegenheiten übernimmt.

19. 7. — Der Frauenverein in Berlin unter Leitung von Elfriede von Mühlenfels ruft zur Sammlung von Spenden für den Bau eines Kriegsschiffes auf und löst damit gleiche Aktionen in ganz Deutschland aus.

10. 8. — Die erste der preußischen Kanonenschaluppen, *Strelasund* (»Nr. 1«) läuft auf der Werft Erich in Stralsund von Stapel. Sie ist nach Plänen Longés erbaut und erhält Ausrüstung, Waffen und Inventar vom Kriegsschoner *Stralsund* aus dem Jahre 1816.

26. 8. — Waffenstillstand mit Dänemark. Preußen hat nun die Möglichkeit zur ungestörten Ausrüstung und Einübung der entstehenden Kriegsflotte.

Eine A.K.O. bestimmt die Unterstellung der »Küstenflottille«, und der Marineeinrichtungen unter das preußische Kriegsministerium, sowie die Bildung einer Kommission zur Ausarbeitung von Vorschlägen für den Ausbau der Marine.

15. 10. — Das Segelschulschiff *Deutschland* und die Radkorvetten *Hamburg, Bremen* und *Lübeck* werden von der Reichsregierung übernommen und hissen die schwarz-rot-goldene Kriegsflagge mit dem Adler in der oberen Ecke der Liekseite. Die Mittel zum Kauf dieser Schiffe stammen aus Sammlungen des im April 1848 in Hamburg gegründeten Marinevereins, dem die Schiffe anfänglich unterstehen.

7. 11. — Die Reichsregierung bildet eine technische Marinekommission unter dem Vorsitz des Prinzen Adalbert zur Planung des Aufbaus der Marine. Zu den Mitgliedern gehört der in Leipzig geborene, aus der griechischen Marine ausgeschiedene Fregattenkapitän Brommy.

9. 11. — Die preußischen Schiffe beginnen im Jasmunder Bodden ihre erste Verbandsübung unter dem Kommando des aus niederländischen Diensten gewonnenen Kapitänleutnants Schröder, der bis dahin Direktor der Navigations-Hauptschule Danzig war.

1. 12.	Die schleswig-holsteinische Regierung errichtet in Kiel eine Seekadetten-Anstalt und bemüht sich um die Beschaffung und den Bau von Kriegsschiffen. Bis zum Frühjahr 1849 stellt sie 4 armierte Dampfer, 1 Schoner und 11 Ruderkanonenboote in Dienst.
1849–1854	Der Offiziernachwuchs der preußischen Marine wird in Stettin in gemieteten und behelfsmäßig hergerichteten Räumen untergebracht. Der Unterricht findet in der Navigationsschule statt. (Vorläufer der Marineschule).
1849	Die österreichische Marine führt für die Offiziere Schirmmützen ein.
1. 3.	König Friedrich Wilhelm IV. ernennt Prinz Adalbert zum Oberbefehlshaber der preußischen Flotte. Sie besteht aus der Segelkorvette *Amazone*, den von der Postverwaltung gecharterten armierten Raddampfern *Preußischer Adler* und *Königin Elisabeth*, sowie dem armierten Handelsdampfer *Danzig*, ferner aus 21 Kanonenschaluppen und 6 Kanonenjollen. Kapitän zur See Schröder wird Chef des Flottenkommandos.
17. 3.	Der aus dänischen Diensten gewonnene Vizeadmiral Birch Freiherr von Dahlerup wird österreichischer Marine-Oberkommandant.
19. 3.	Großadmiral Alfred von Tirpitz geboren.
26. 3.	Ablauf des Waffenstillstandes. Die Dänen beginnen Blockade und Handelskrieg von neuem.
5. 4.	Da die Versuche, nordamerikanische Fachleute zu verpflichten, fehlschlagen, wird Brommy unter Beförderung zum Kapitän zur See Leiter der Seezeugmeisterei und Chef der Seestreitkräfte der Reichsmarine. Diese sind inzwischen durch die Radfregatten *Barbarossa* und *Erzherzog Johann* verstärkt worden.
	Das dänische Linienschiff *Christian VIII.* und die Segelfregatte *Gefion* (zusammen 132 Geschütze) laufen in die Bucht von Eckernförde ein, um zur Beeinflussung der Operationen der deutschen Truppen eine größere Landung vorzutäuschen. Unter dem Befehl des preußischen Hauptmanns Jungmann kämpft die 5. schleswig-holsteinische Festungsbatterie (10 Geschütze) in der Nord- und Südschanze mit Unterstützung einer nassauischen Batterie (6 Geschütze) die Angreifen nieder. Die Dänen streichen am Abend die Flaggen, da auch die Windverhältnisse das Entkommen verhindern. *Christian VIII.* explodiert und sinkt während der Ausschiffung der gefangenen Besatzung, *Gefion* wird als

Eckernförde in die Reichsmarine eingereiht. Der Kommandeur der Südschanze, Unteroffizier von Preusser findet bei den Bergungsmaßnahmen für die Besatzung der *Christian VIII.* den Tod.

25. 4. Wiederbeginn der Seeblockade Venedigs durch österreichische Seestreitkräfte.

Schleswig-Holsteinische Seestreitkräfte zwingen die Dänen, die Inseln Föhr und Sylt zu räumen.

27. 4. Eine A.K.O. legt die Bekleidung der preußischen Marine neu fest. Offiziere: Zweispitz, Schirmmütze. Mannschaften: Hut mit hochgeschlagener Krempe, Wachsleinenbezug, Seidenband, Mütze mit Seidenband und Schiffsnamen und seitlichen Enden. Die nicht eingeschifften und zu den Ruderkanonenbooten gehörenden Matrosen: Band mit Inschrift »K. M.« oder »Königliche Marine«.

11. 5. Ergebnisloses Gefecht 7 schleswig-holsteinischer gegen 3 dänische Einheiten bei Bülk.

4. 6. Kommodore Brommy läuft mit den Kriegsschiffen *Barbarossa, Hamburg* und *Lübeck* von Bremerhaven aus, um die dänische Blockade der Nordsee-Flußmündungen zu stören. In Sichtweite Helgolands wird die dänische Segelkorvette *Valkyrien* auf 28 hm unter Feuer genommen. Die deutschen Schiffe halten sich in internationalen Gewässern, doch von der damals britischen Insel Helgoland fällt ein Kanonenschuß, um auf die Grenze des Hoheitsgebietes hinzuweisen. Der deutsche Verbandsführer bricht darafhin das Gefecht ab, um seiner Regierung im Hinblick auf ihre außenpolitische Lage keine weitere Belastung zuzumuten. Das Gefecht bei Helgoland ist der einzige Waffengang der ersten deutschen Flotte während der kurzen Zeit ihres Bestehens.

Am gleichen Tage zwingt der schleswig-holsteinische armierte Dampfer *Bonin* den dänischen armierten Dampfer *Hekla* bei Bülk zum Rückzug.

17. 6. Ergebnisloses Gefecht von 4 schleswig-holsteinischen Kanonenbooten und einem armierten Dampfer gegen das dänische Linienschiff *Skjold* vor der Kieler Föhrde.

27. 6. Gefecht des Avisos *Preußischer Adler* unter Kommodore Schröder gegen die dänische Kriegsbrigg *St. Croix* auf der Höhe von Brüster Ort vor der samländischen Küste. Die artilleristische Überlegenheit des Gegners veranlaßt den Kommandanten zu dem Versuch, diesen zu entern. Beim Insichtkommen der dänischen Korvette *Galathea* muß *Preußischer Adler* das Gefecht abbrechen und nach Swine-

münde einlaufen. Erstes Seegefecht der preußischen Marine.

10. 7. Abschluß eines zweiten Waffenstillstandes mit Dänemark.

22. 8. Kapitulation Venedigs, des letzten Bollwerks der Aufständischen.

Herbst Die österreichische Marineschule (Kadettenakademie, Marine-Akademie) wird von Venedig nach Triest verlegt, um sie dem italienischen Einfluß zu entziehen.

23. 12. Laut A.K.O. wird das preußische Marine-Bataillon in eine Matrosen-Stammdivision für das seemännische und technische Personal und in ein Marinierkorps aufgeteilt. Letzteres hat hauptsächlich militärische Funktionen auszuüben und ist infolgedessen die Keimzelle des See-Bataillons.

1850 Pola wird anstelle von Venedig österreichischer Hauptkriegshafen.

Die österreichische Segelfregatte *Venus* unternimmt als erstes Kriegsschiff nach der Neuorganisation eine Ausbildungsreise nach Madeira.

16. 3. Das preußische Kriegsministerium bestellt in England 2 schnelle Avisos mit Seitenradantrieb *Nix* und *Salamander*.

25. 4. Errichtung des Schiffsjungen-Instituts in Stettin für die Heranbildung des Unteroffiziernachwuchses in der preußischen Marine.

2. 7. Friedensvertrag zwischen Preußen und Dänemark. Schleswig-Holstein beschließt, den Krieg allein weiterzuführen.

19. 7. 2 schleswig-holsteinische Kanonenboote zwingen 4 dänische bei Heilighafen zum Rückzug.

21. 7. Das Schrauben-Dampfkanonenboot *von der Tann* greift bei Neustadt/Holstein die Korvette *Valkyrien* und den armierten Dampfer *Hekla* an. Dabei gerät es auf Grund und muß von der schleswig-holsteinischen Besatzung in Brand gesteckt werden, um es nicht in Feindeshand fallen zu lassen. Später jedoch gelingt die Bergung und Instandsetzung. Es fährt bis 1860 in der dänischen Marine unter dem Namen *Storen*. Am gleichen Tage zwingen 2 armierte schleswig-holsteinische Dampfer und 3 Kanonenboote 1 armierten dänischen Dampfer bei Laboe zum Rückzug.

16. 8. 2 schleswig-holsteinische Kanonenboote und 1 armierter Dampfer führen ein ergebnisloses Gefecht gegen dänische Kriegsschiffe vor der Kieler Föhrde.

5. 9. 2 schleswig-holsteinische Kanonenboote zwingen im Fehmarn-Sund 4 dänische, dazu 1 armierten Dampfer zum Rückzug.

17. 9. 3 schleswig-holsteinische Kanonenboote und 1 armierter

Dampfer zwingen den dänischen armierten Dampfer *Geyser* bei Amrum zum Rückzug.

29. 9.–4. 10. Schleswig-holsteinische Seestreitkräfte beschießen zur Unterstützung der Landtruppen die Festung Friedrichstadt an der Eider.

November In Anbetracht der Möglichkeit kriegerischer Verwicklungen mit Rußland und den süddeutschen Ländern wird das Marinierkorps im Rahmen der vorsorglichen Mobilmachungsmaßnahmen Preußens auf 5 Kompanien vergrößert, am 23. Dezember jedoch auf den Friedensstand von 2 Kompanien zurückgeführt.

4. 11. Die Glattdeckskorvette *Mercur* tritt als erstes preußisches Kriegsschiff eine Überseereise an. Sie dient der Ausbildung der eingeschifften Fähnriche und Schiffsjungen und führt über Funchal, Teneriffa und Bahia nach Rio de Janeiro. Die Korvette ist nach S.M.S. *Amazone* das erste größere Kriegsschiff der Marine. Sie wurde von der aufgelösten Reederei der Preußischen Seehandlung übernommen.

30. 11. Aufstellung des »Flottillenkorps« im Rahmen des österreichischen Heeres zur Stellung der Besatzungen der schwimmenden Einheiten auf der Donau, dem Maggiore-See, dem Gardasee, dem Lagunengebiet von Venedig und auf den Gewässern um Mantua.

18. 12. Stapellauf des ersten deutschen eisernen Tauchbootes *Der Brandtaucher* bei Schweffel & Howaldt in Kiel. Der bayrische Unteroffizier Wilhelm Bauer, der bei Überlegungen, Brücken im Rücken der dänischen Truppen zu zerstören, auf die Idee gekommen ist, ein unter Wasser fahrendes Boot zu konstruieren, verwirklicht diesen Plan mit Förderung der schleswig-holsteinischen Marine.

1851 11. 1. Schleswig-Holstein muß sich den Beschlüssen des Deutschen Bundes beugen und den Widerstand aufgeben. Heer und Flotte werden aufgelöst, die Kriegsschiffe und Einrichtungen am 4. März an Dänemark übergeben.

1. 2. Das Tauchboot Wilhelm Bauers sinkt nach mehreren geglückten Erprobungsfahrten vor der Übergabe an die schleswig-holsteinische Marine als Folge der gegen den Willen des Konstrukteurs vorgenommenen technischen Änderungen. Der Konstrukteur und die zwei Mann Besatzung können sich retten.

Vom Ende des ersten bis zum Beginn des zweiten Krieges um Schleswig-Holstein 1851–1864

Die Erfahrung, daß schon wenige Kriegsschiffe den Übersehandel eines auf dem Meere wehrlosen Staates lahmzulegen vermögen, ferner die Unfähigkeit des deutschen Bundestages und der von ihm geschaffenen Regierung, den Bestand und die Fortentwicklung der kleinen Flotte zu gewährleisten, führen bei der preußischen Regierung, die ursprünglich durchaus an einer gesamtdeutschen Marine interessiert ist, zu dem Entschluß, die eigene Flotte zu einem schlagkräftigen Instrument der Landesverteidigung auszubauen. Ohne Überstürzung, stetig und gründlich, in mühevoller, langwieriger Kleinarbeit bemühen sich die verantwortlichen Männer, diese Aufgabe zu meistern. Sie beschaffen nicht übereilt Schiffe, da geschulte Besatzungen fehlen, sondern beginnen auf wenigen Einheiten die sorgfältige Ausbildung des Offiziernachwuchses, der Unteroffiziere und Mannschaften, um sie zu befähigen, später die komplizierten Mechanismen der Kriegsschiffe meistern zu können. Die fehlende Erfahrung läßt Mißgriffe und Irrtümer nicht vermeiden. Bis die Verwaltungsangelegenheiten von herangebildeten Fachleuten übernommen werden können, vergeht geraume Zeit. Bis dahin müssen Heeresangehörige diese Funktionen ausüben. Es ist verständlich, daß es diesen nicht immer gelingt, den Unterschieden zwischen landmilitärischen und kriegsmaritimen Gedankengängen Rechnung zu tragen.

Die lebhafte Tätigkeit an der Ostsee findet eine Parallele in der Adria. Vizeadmiral Birch Freiherr von Dahlerup reorganisiert nach der Niederschlagung des italienischen Aufstandes die österreichische Marine von Grund auf. Aus anderen Seefahrernationen werden Fachleute herangezogen, ferner Ausbildung und Dienstbetrieb modernen militärischen und seemännischen Notwendigkeiten angepaßt. Die wenigen vorhandenen Fregatten und Korvetten gehen auf Ausbildungsreisen nach Spanien, England, Westindien und in die Ostsee.

1851 15. 8. Die Tätigkeit des österreichischen Marinekommandanten und seine zum Teil unbequemen Maßnahmen finden nicht

55

immer den Beifall aller Führungskräfte. Die Widerstände haben zur Folge, daß der Admiral aus der Marine ausscheidet. Feldmarschalleutnant Graf Wimpffen wird sein Nachfolger.

13. 11. Von den Marinedepots in Stettin, Stralsund und Danzig ist das letztgenannte zu einer zunächst kleinen Königlichen Werft erweitert worden. Dort läuft das erste auf einer preußischen Werft gebaute größere Kriegsschiff, die Radfregatte *Danzig* von Stapel.

25. 11. Ergebnislose Beratung des Deutschen Bundestages über die Aufteilung der Flotte in eine österreichische, eine preußische und eine für die Nordsee.

1852 Die Werft J. W. Klawitter, Danzig, baut das erste deutsche Schwimmdock. Es steht bis 1868 als einziges der preußischen Marine zur Verfügung.

Erlaß der ersten Dienstvorschrift des preußischen Sanitätswesens.

Die österreichische Marine führt die Matrosenmütze mit schwarzem Seidenband mit goldener Beschriftung, die Enden hinten, ein.

16. 3. Wilhelm Bauer führt Kaiser Franz Joseph I. und österreichischen Sachverständigen sein Tauchbootmodell in Triest vor.

2. 4. Der Deutsche Bundestag in Frankfurt beschließt die Auflösung der auf 11 Schiffe und 27 kleine Fahrzeuge angewachsenen Reichsflotte, da trotz Diskussionen, Plänen und Vorschlägen die Finanzierung nicht gesichert werden kann. Die Segelfregatte *Eckernförde* und die Radfregatte *Barbarossa* gehen gegen Verrechnung der geleisteten Matrikularbeiträge in den Besitz Preußens über. Die übrigen Einheiten werden versteigert.

1. 5. Das preußische Marinierkorps wird von Stettin nach Swinemünde verlegt.

13. 5. Eine A.K.O. bestimmt die Umbenennung des preußischen Marinierkorps in »See-Bataillon«. Die vorläufige Instruktion für den Dienst der Seesoldaten an Bord der Kriegsschiffe sieht vor, daß diese Teile der Besatzung sind und dem direkten Befehl des Kommandanten unterstehen. Ihre Hauptaufgabe ist, neben Landungsunternehmungen die militärischen Wachen und Posten an Bord zu stellen und mit der übrigen Besatzung die Geschütze zu bedienen. Soweit möglich, sollen sie auch zu den sonstigen Arbeiten der Matrosen herangezogen werden.

	29. 8.	Die preußische Marine entsendet erstmalig ein Geschwader zu wirtschaftspolitischen Untersuchungen und zu Ausbildungszwecken nach Südamerika. Es besteht aus der in *Gefion* zurückgetauften *Eckernförde,* S.M.S. *Amazone* und *Mercur.* Auf Befehl der Admiralität stellt auf S.M.S. *Gefion* der Stabshoboist Parlow nach den Empfehlungen des Musikdirektors des Gardekorps Wieprecht die erste Bordkapelle der Marine auf.
	22. 11.	Im »Allgemeinen Marine-Befehl Nr. 1« stellt Prinz Adalbert Grundsätze für das Verhalten des preußischen Seeoffizierkorps auf, die auch in der Gegenwart voll gültig sind.
	7. 12.	Die Stettiner Bark *Flora* wird von Seeräubern des marokkanischen Rif-Gebietes geplündert und die Besatzung mißhandelt. Die Bemühungen der europäischen Seemächte, das nordafrikanische Seeräuberunwesen diplomatisch oder militärisch zu beseitigen, hatten keinen Dauererfolg.
1853		Allgemeine Einführung der deutschen Dienstsprache und der Bezeichnung »S.M.S.« in Verbindung mit den Schiffsnamen bei der österreichischen Kriegsmarine.
	26. 6.	Aufstellung der 3. Kompanie des preußischen Seebataillons in Swinemünde.
	30. 6	Mit der Verabschiedung des Konteradmirals Brommy hört die deutsche Reichsmarine auch offiziell auf zu bestehen.
	14. 11.	Eine A.K.O. befiehlt die Errichtung einer unter Leitung des Ministerpräsidenten stehenden Admiralität als selbständige Zentralbehörde neben dem Kriegsministerium. Der Oberbefehlshaber behält die spezielle Leitung der preußischen Marine mit den Befugnissen eines Kommandierenden Generals im Heer.
	21. 12.	Als neue preußische zentrale Kommandostelle wird in Danzig das Marine-Stationskommando errichtet. Nach und nach übersiedeln auch die meisten Marine-Landformationen nach dort.
1854	30. 3.	Prinz Adalbert erhält als erster preußischer Offizier den Rang eines Flaggoffiziers. Mit der Bezeichnung »Admiral der preußischen Küsten« wird der geringen Anzahl der Schiffe Rechnung getragen.
	17. 5.	Der Chef des Marine-Stationskommandos Schröder erhält als erster Berufsoffizier den Rang eines preußischen Konteradmirals.
	7. 7.	Eine A.K.O. legt das Organisations-Reglement für die preußische Marine fest. Dieses bestimmt für das Seebataillon, daß es als Infanterietruppe vorzugsweise im Garnisondienst und

in den See-Etablissements, zu Landungen und auf der Flottille zu verwenden ist. Stab und 1. Kompanie erhalten Danzig, die 2. Kompanie Stralsund als Garnison.

28. 8. Die preußische Matrosen-Stammdivision in Danzig wird in eine Matrosendivision und eine Werftdivision aufgeteilt.

10. 9. Kaiser Franz Joseph I. ernennt seinen Bruder Erzherzog Ferdinand Maximilian zum österreichischen Marine-Oberkommandanten.

23. 11. Oldenburg übergibt Admiral Prinz Adalbert als Vertreter des Königs von Preußen in feierlicher Form das Jade-Gebiet. Während des deutsch-dänischen Krieges haben Verhandlungen Preußens und Oldenburgs zur Errichtung eines preußischen Flottenstützpunktes an der Jade begonnen, wofür jenes den Schutz der oldenburgischen Küste und Seefahrt übernehmen sollte. Trotz des Widerstandes anderer deutscher Nordsee-Anlieger-Länder kommen die Verhandlungen zum Abschluß.

1854/55 Die preußische Marine errichtet in Danzig das endgültige Seekadetten-Institut.

1855 12. 1. Da die Avisos *Nix* und *Salamander* nicht den Bedürfnissen der preußischen Marine entsprechen, Großbritannien aber diesen Typ im Rahmen der Operationen während des Krim-Krieges dringend benötigt, gehen beide auf dem Tauschwege gegen die Segelfregatte *Thetis* in dessen Besitz über.

19. 4. König Friedrich Wilhelm IV. genehmigt den von der Admiralität ausgearbeiteten Plan für die Fortentwicklung der preußischen Marine.

Juni Zusammenfassung der drei Kompanien des preußischen Seebataillons in Danzig.

24. 8. Auf der Werft Lübke in Wolgast läuft der preußische Kriegsschoner *Frauenlob* von Stapel. Die Kosten werden überwiegend aus der 1848 begonnenen Sammlung deutscher Frauen bestritten.

1. 10. Das preußische Seekadetten-Institut wird von Danzig nach Berlin verlegt.

1856 16. 4. Nach Beendigung des Krimkrieges durch den Friedensvertrag zu Paris unterzeichnen Großbritannien, Frankreich, Österreich, Preußen, Rußland, Sardinien und die Türkei eine Seerechtsdeklaration folgenden Inhalts:
1. Die Kaperei ist und bleibt abgeschafft.
2. Die neutrale Flagge deckt das feindliche Gut mit Ausnahme der Kriegskonterbande.
3. Neutrales Gut unter feindlicher Flagge, ausgenommen

Kriegskonterbande, darf nicht beschlagnahmt werden.

4. Blockaden müssen, um rechtsverbindlich zu sein, wirksam sein, d. h. durch eine Streitmacht aufrecht erhalten werden, welche hinreicht, um den Zugang zur Küste des Feindes wirksam zu verhindern.

25. 6.   A.K.O. Friedrich Wilhelms IV. von Preußen zur Anlegung eines Kriegshafens im neu erworbenen Jade-Gebiet.

7. 8.   Eine Fahrt S.M.S. *Danzig* in das Mittelmeer veranlaßt Admiral Prinz Adalbert, den marokkanischen Küstenstreifen zu besichtigen, von dem aus 1852 die Bark *Flora* geplündert wurde. Da von Eingeborenen auf die Boote geschossen wird, geht der Admiral mit dem Landungskorps (68 Mann) gegen diese vor. Erstes Landungsgefecht der preußischen Marine.

25. 12.   Eine A.K.O. ordnet die Bildung eines preußischen Seewehr-Offizierkorps an.

1857 30. 4.   Die österreichische Segelfregatte *Novara* beginnt unter Kommodore Freiherr von Wüllerstorff-Urbair eine bis August 1859 dauernde Erdumseglung, die wirtschaftspolitischen Untersuchungen sowie wissenschaftlichen Arbeiten auf allen Gebieten der Meereskunde dient. Die Ergebnisse sind so bedeutend, daß die Expedition für immer der Geschichte der Erforschung der Meere und ihrer Randgebiete angehört.

9. 9.   Stapellauf des Avisos *Grille*, des langlebigsten Schiffes der deutschen Marine.

31. 10.   Dem preußischen Seebataillon wird eine See-Artillerie-Kompanie angegliedert.

Dezember   Linienschiffsleutnant von Tegetthoff untersucht die Küsten des südlichen Roten Meeres auf Eignung zur Anlegung eines österreichischen Stützpunktes im Hinblick auf die künftige Bedeutung des im Bau befindlichen Suezkanals. Er empfiehlt die Besitzergreifung der Insel Sokotra.

1858 3. 1.   Festlegung der Kommandozeichen für die preußische Marine.

19. 5.   Stapellauf der Gedeckten Korvette *Arcona*, des ersten Kriegsschiffes mit Schraubenantrieb der preußischen Marine.

1859 14. 3.   Eine A.K.O. bestimmt die Neugliederung der preußischen Admiralität in Verwaltung und Oberkommando der Marine.

23. 4.–10. 11.   *Krieg Österreichs gegen Frankreich und Piemont.*

9. 5.   Untergang der österreichischen Kriegsbrigg *Triton* vor Ragusa nach einer inneren Explosion.

	Mai	Gefechte der österreichischen Flottille auf dem Maggiore-See gegen piemontesische Landstreitkräfte.
	15. 5.	Der Besatzung des von französischen Kriegsschiffen aufgebrachten österreichischen Handelsschiffes *Eolo* gelingt es, das Prisenkommando zu überwältigen und den Hafen Gravosa zu erreichen.
	1. 6.	Errichtung der 4. Kompanie des preußischen Seebataillons in Danzig.
	2. 6.	Eine preußische A.K.O. bestimmt den Bau von 20 Dampfkanonenbooten als Ersatz für die veralteten Boote mit Ruder- und Segelantrieb. Sie sollen ein schweres Geschütz als Hauptbewaffnung und unter der Wasserlinie angeordnete Antriebsanlage erhalten.
	Juli	Einberufung der Marine-Reservisten im Rahmen der vorsorglichen Mobilmachung in Preußen wegen des österreichisch-französischen Krieges. Die österreichische Flottille auf dem Maggiore-See geht in schweizerische Internierung.
	7. 7.	Der österreichische Kriegsdampfer *Curtatone* weist einen Angriff der französischen Fregatte *Impétueuse* auf den Hafen Zara ab.
	5. 10.	Das einzige hölzerne Linienschiff mit Segelantrieb der österreichischen Marine *Kaiser* läuft in Pola von Stapel.
	8. 10.	Bildung der preußischen 2. See-Artillerie-Kompanie in Stralsund.
	23. 10.	Zur Unterstützung der unter der Führung des Grafen zu Eulenburg stehenden preußischen Mission, die diplomatische und Wirtschaftsbeziehung mit Japan, China und Siam anknüpfen soll, tritt ein Geschwader unter dem Befehl von Kommodore Sundewall, bestehend aus S.M.S. *Arcona, Thetis, Frauenlob* und dem Transportschiff *Elbe* die Ausreise nach Ostasien an.
	1. 11.	Aus dem durch Spenden deutscher Frauen seit 1848 angesammelten Betrag wird die »Marinestiftung Frauengabe Berlin-Elberfeld« zur Unterstützung der Witwen und Waisen von Marineangehörigen gebildet. Sie erlischt 1945.
	10. 11.	Auflösung der österreichischen Flottillen auf dem Luganer- und Maggiore-See.
	12. 12.	Die Vertreter der süddeutschen Staaten stellen im Bundestag den Antrag auf Befestigung der Nord- und Ostseeküste. Preußen unterstützt diese Bestrebungen.
1860	26. 2.	Die österreichische Donauflottille wird von der Kriegsmarine übernommen.

9. 8. Das von der preußischen Marine gecharterte Transportschiff *Ida* verläßt unter Kriegsflagge Danzig, um während der Wirren in Unteritalien den dort ansässigen Deutschen als Zuflucht zu dienen. Rückkehr 10. Juni 1861

2. 9. Untergang S.M.S. *Frauenlob* mit der gesamten Besatzung im Taifun vor der japanischen Küste.

4. 9. S.M.S. *Arcona* ankert als erstes preußisches Kriegsschiff vor Tokyo. Mit der Aufnahme der Bucht beginnt die preußische Marine die Auslandsvermessung.

Herbst Inbaugabe der ersten österreichischen Panzerschiffe *Drache* und *Salamander*.

1861 16. 4. A.K.O. zur Umwandlung der preußischen Admiralität in ein Marineministerium. Erster Minister: Generalleutnant von Roon. Das Oberkommando bleibt daneben bestehen.

21. 4. Auflösung des österreichischen »Flottillenkorps«.

25. 9. A.K.O. zur Errichtung eines »Hydrographischen Bureaus« der preußischen Admiralität für die Vermessungstätigkeit. (Herausgabe der Admiralitätskarten).

14. 11. Untergang S.M.S. *Amazone* mit der gesamten Besatzung und den eingeschifften Seekadetten während eines Orkans in der südlichen Nordsee.

1862 Preußen stellt beim Bundestag den Antrag, der Deutsche Bund solle den Schutz der Nord- und Ostseeküste übernehmen. Eine Kommission arbeitet daraufhin entsprechende Pläne aus, doch werden sie nicht verwirklicht.

23. 1. Das Oberkommando der österreichischen Marine wird in ein Marineministerium umgewandelt, dem die gesamten Seeangelegenheiten des Landes unterstehen. Das Marinekommando ist militärische Führungsspitze der Kriegsmarine. Marinekommandant Konteradmiral Erzherzog Ferdinand Maximilian.

11. 7. Die preußische Regierung unterbreitet dem Landtag einen Flottengründungsplan. Er wird abgelehnt.

1. 11. Von Tegetthoff übernimmt den Befehl über das Geschwader, das Staatsangehörige, Schiffahrt und Handel Österreichs während der griechischen Revolution schützen soll.

1863 8. 1. Die Gedeckte Korvette *Gazelle* enthüllt auf dem Nordfriedhof von Gibraltar ein Denkmal für die 1856 bei Tres Forcas gefallenen und in dem britischen Stützpunkt beigesetzten Besatzungsmitglieder S.M.S. *Danzig*.

11. 4. Enthüllung der Gedenksäule zur Erinnerung an S.M.S. *Amazone* im Invalidenpark in Berlin. Sie wird nach 1945 entfernt.

30. 9.   Admiral Reinhard Scheer geboren.

8. 12.   Nach vorsorglich getroffenen Maßnahmen für die Verteidigung der Ostseeküste und der Jade wird die Kriegsbereitschaft, am 12. auch des See-Bataillons und der See-Artillerie befohlen.

1864 21. 1.   S.M.S. *Gazelle* trifft mit einer diplomatischen Mission unter Generalkonsul Rehfues zum Austausch der Ratifikationsurkunden der Verträge von 1860 in Jokohama ein.

Vom Beginn des zweiten Krieges um Schleswig-Holstein bis zur Errichtung des deutschen Kaiserreiches 1864–1871

1864   *Der zweite Krieg um Schleswig-Holstein*

1864   Die weitere Einschränkung der Rechte Schleswigs durch eine dänische Bekanntmachung vom 30. 3. 1863 und die Nicht-beachtung des für Schleswig-Holstein geltenden Erbfolge-rechts seitens des Nachfolgers des am 15. 11. 1863 gestor-benen Königs Friedrich VII. veranlassen den Deutschen Bund zu militärischen Maßnahmen zu Gunsten Holsteins. Da Dänemark nicht nachgibt, greifen Österreich und Preu-ßen nach einem abgelehnten Ultimatum in den Konflikt ein. Wilhelm Bauer bietet dem preußischen Kriegsministerium vergeblich den Entwurf eines Tauchbootes mit Preßluft-antrieb und einem Unterwassergeschütz (Küstenbrander) an.

1. 2.   Mit der Überschreitung der Eider durch die Verbündeten beginnen die Kampfhandlungen zu Lande.

Februar   Die in der Levante kreuzende österreichische Flottenabtei-lung erhält Befehl, nach der Nordsee zu gehen, um die erwartete dänische Blockade der Flußmündungen zu ver-eiteln.

28. 2.   Die preußische Marine beendet mit der Indienststellung von drei Divisionen Dampfkanonenboote ihre Mobilmachung.

15. 3.   Dänemark beginnt die Blockade der preußischen Ostsee-häfen.

17. 3.   Gefecht S.M.S. *Arcona*, der Glattdeckskorvette *Nymphe* und des Avisos *Loreley* unter Kommodore Jachmann gegen weit überlegene dänische Seestreitkräfte bei Jasmund (1 Linien-schiff, je 2 Fregatten und Korvetten).

3. 4.   Dänemark beginnt die Blockade der Elbmündung.
Die österreichische Fregatte *Novara* verläßt mit dem mexi-kanischen Kaiserpaar an Bord Triest, um dieses in sein Reich zu befördern.

14. 4.   Gefecht der III. Flottillen-Division Dampfkanonenboote gegen die dänische Fregatte *Tordenskjold* und den armierten Dampfer *Geyser* bei Dornbusch.

Gefecht des Avisos *Grille* beim Kap Arcona gegen das dänische Linienschiff *Skjold* und die Fregatte *Själland*.

18. 4. Ein schwerer Weststurm verhindert den Einsatz der kleinen preußischen Seestreitkräfte im Alsensund. Das Heer muß infolgedessen die Düppeler Schanzen allein niederkämpfen.

24. 4. Gefecht S.M.S. *Grille* bei Dornbusch gegen die dänische Fregatte *Tordenskjold*.

26. 4. S.M.S. *Gazelle* bringt auf der Fahrt von Singapore nach Taku im Golf von Petschili die dänische Brigg *Caroline* auf und sendet sie mit Prisenkommando nach Tientsin, wo sie dem preußischen Konsul zur weiteren Veranlassung übergeben wird.

30. 4. Gefecht der in Danzig blockierten Gedeckten Korvette *Vineta* unter Korvettenkapitän Weickhmann bei Hela gegen das dänische Linienschiff *Skjold* und den armierten Dampfer *Holger Danske*.

9. 5. Gefecht der österreichischen Flottenabteilung unter Kommodore von Tegetthoff, bestehend aus der Dampffregatte *Schwarzenberg* und der Dampfkorvette *Radetzky*, verstärkt durch den preußischen Aviso *Preußischer Adler* sowie die Kanonenboote *Basilisk* und *Blitz*, bei Helgoland gegen die dänischen Dampffregatten *Niels Juel* und *Jylland* sowie die Dampfkorvette *Heimdal* unter Kommodore Suenson. Es endet unentschieden, da *Schwarzenberg* in Brand gerät und das Gefecht unterbricht, die Dänen den Kampfplatz verlassen.

2. 6. S.M.S. *Gazelle* bringt in den chinesischen Gewässern den dänischen Schoner *Chin-chin* auf, entläßt ihn jedoch, nachdem die Untersuchung auf Taku-Reede ergeben hat, daß es sich um ein Schiff mit Heimathafen Flensburg handelt.

2. 7. Gefecht der III. Flottillen-Division Dampfkanonenboote gegen eine dänische Fregatte und den Kriegsdampfer *Hekla* bei Dornbusch.

19. 7. Die dänischen Seestreitkräfte an der schleswig-holsteinischen Westküste unter Kapitänleutnant Hammer ergeben sich den österreichischen und preußischen Kriegsschiffen.

20. 8. Das erste preußische Panzerschiff und gleichzeitig erste Kriegsschiff ohne Besegelung S.M.S. *Arminius* läuft in London von Stapel.

30. 10. Im Friedensvertrag zu Wien tritt Dänemark Schleswig, Holstein und Lauenburg an Österreich und Preußen ab.

1865 10. 1. Das österreichische Marinekommando wird in das Marineministerium eingegliedert.

24. 3. Kiel wird gemäß der Konvention mit Österreich an Stelle Danzigs preußischer Kriegshafen.

27. 3. Die preußische Regierung unterbreitet dem Landtag erneut einen Flottengründungsplan. Auch dieser wird abgelehnt. Sie setzt daher nach einem Königlichen Erlaß den Marine-Haushalt selbst fest.

24. 6. Die preußische Marinestation der Ostsee, die Flottenstamm-division und die 1. und 3. Kompanie des Seebataillons werden lt. A.K.O. vom 24. 3. von Danzig nach Kiel verlegt, dort ein provisorisches Marinedepot errichtet.

10. 7. Das durch Kauf in Frankreich erworbene Panzerfahrzeug *Prinz Adalbert*, das erste Zweischraubenschiff der preußischen Marine, stellt erstmalig in Dienst.

Die österreichische Korvette *Dandolo* geht als Stationsschiff nach Mexico.

1. 8. Das österreichische Marineministerium wird als Kriegsmarinesektion in das Kriegsministerium eingegliedert.

13. 9. Die 2. und 4. Kompanie des preußischen Seebataillons sowie die 2. Seeartillerie-Kompanie werden nach Kiel verlegt.

1866 Die preußische Marine beginnt mit der Einstellung von Apothekern.

15. 5. Lt. A.K.O. Verlegung des preußischen Seekadetteninstituts nach Kiel. Neue Bezeichnung: Marineschule.

Mai Die preußische Korvette *Gazelle* leistet den Bewohnern der Insel Lesbos Hilfe nach einem schweren Erdbeben.

Krieg Preußens und Italiens gegen Österreich und den Deutschen Bund

7.–22. 6. Mobilisierung der preußischen Marine.

7.–8. 6. Die österreichischen Truppen und Behörden verlassen Kiel. Das Stationsschiff *Erzherzog Friedrich* läuft einige Tage zuvor in die Heimat aus.

12. 6. S.M.S. *Arminius*, *Loreley* sowie die Kanonenboote *Cyclop*, *Wolf* und *Tiger* unter Kommodore Werner treffen vor Altona ein, um im Kriegsfalle den Rückzug der in Holstein stehenden österreichischen Truppen über die Elbe zu ver-hindern. Der Übergang erfolgt jedoch schon vor Kriegs-ausbruch.

Am gleichen Tage brechen Österreich und Preußen die diplo-matischen Beziehungen ab, am 14. nimmt der Bundestag den österreichischen Antrag auf Mobilisierung gegen Preußen an.

15. 6. Die preußischen Kriegsschiffe setzen bei Altona innerhalb

von zehn Stunden 13 500 Mann Infanterie über die Elbe und sichern den Übergang der Artillerie, Kavallerie und des Restes der Infanterie.

17. 6. Die Landungsabteilungen S.M.S. *Arminius* und *Cyclop* besetzen die verlassene hannoversche Strandbatterie bei Brunshausen und vernageln die Geschütze.

18. 6. S.M.S. *Cyclop* zerstört die hannoversche Strandbatterie bei Grauerort.

19. 6. Die Landungsabteilung S.M.S. *Cyclop* zerstört die Geschütze des von den Hannoveranern verlassenen Forts bei Geestemünde.

21. 6. S.M.S. *Tiger* zerstört die von der Besatzung verlassene hannoversche Batterie bei Knocke.

22. 6. Die hannoversche Besatzung von Emden und die Batterie bei Petkum ergeben sich S.M.S. *Tiger* und *Wolf*.

23. 6. 4 Kanonenboote der aus 8 Einheiten bestehenden österreichischen Gardasee-Flottille unter Korvettenkapitän Manfroni beschießen das von italienischen Truppen besetzte Maderno.

27. 6. Die österreichische Flotte erscheint vor Ancona, doch läuft die dort versammelte italienische nicht zum Angriff auf den Gegner aus.

1. 7. Bildung der preußischen 3. See-Artillerie-Kompanie in Friedrichsort.

17.–19. 7. Die italienische Flotte versucht vergeblich, die in der mittleren Adria liegende von einer kleinen Besatzung verteidigte Insel Lissa zu besetzen.

2 Kanonenboote der österreichischen Gardasee-Flottille beschädigen den italienischen armierten Dampfer *Benaco* schwer.

20. 7. Seeschlacht bei Lissa der Flotte Österreichs unter Konteradmiral von Tegetthoff gegen die Italiens unter Vizeadmiral Graf Persano. Erste Schlacht zwischen Panzerschiffsverbänden in der Geschichte. Sieg der militärisch schwächeren österreichischen Flotte dank der überlegenen Führung Tegetthoffs.

Ein Landungstrupp österreichischer Gardasee-Kanonenboote besetzt im Handstreich den armierten Dampfer *Benaco*; er wird nach Riva abgeschleppt.

23. 7. Preußen errichtet in Geestemünde das erste Marine-Depot im Nordseebereich.

25. 7. Die österreichische Gardasee-Flottille verhindert durch Beschießung der auf der Uferstraße vorrückenden italienischen

Truppen die Besetzung der unverteidigten Hafenstadt Riva. Anschließend sichert ein Landungstrupp die Stadt.

23. 8. Im Friedensvertrag zu Prag tritt Österreich Schleswig-Holstein und Lauenburg an Preußen ab. Es scheidet aus dem deutschen Staatsverband aus. Seine Kriegsmarine hat nur noch rein österreichische Belange zu wahren.

Ende Sept. Demobilisierung der preußischen Marine.

3. 10. Laut Friedensvertrag zu Wien verkauft Österreich seine Gardasee-Flottille an Italien.

1867 Beginn der Vermessung der deutschen Küsten durch die Kriegsmarine. Erste dazu eingesetzte Kriegsschiffe: Kanonenboote *Basilisk* und *Wolf*, Aviso *Loreley*.

Der Sultan von Witu (Ostafrika) versucht vergeblich, sein Land unter preußischen Schutz zu stellen.

Der Lehrer Otto Vogel aus Dresden bietet dem preußischen Kriegsministerium den Entwurf eines mit Dampfkraft angetriebenen Tauchbootes (Überflutungsboot) an. Dieses gibt der Werft Schlick in Dresden den Bauauftrag für ein Versuchsboot. (Das Versuchsergebnis ist nicht mehr auffindbar).

31. 1. Die preußische Seeartillerie wird vom Seebataillon getrennt und besteht als selbständige Abteilung zu 3 Kompanien weiter.

Bildung des Zahlmeisterkorps der Marine. Die Marine-Zahlmeister werden als »Höhere Beamte« eingestuft.

1. 7. Die Verfassung des Norddeutschen Bundes tritt in Kraft. Die preußische Marine wird Bundesmarine unter preußischem Oberbefehl.

4. 7. Festlegung der Kriegsflagge des Norddeutschen Bundes.

Herbst Festlegung der Auslandsstationen der Marine
1. Ostasien, Ostafrika, Ostindien
2. Ostküste Nordamerikas, Westindien
3. Westküste Amerikas
4. Ostküste Südamerikas
5. Mittelmeer
Nach den praktischen Bedürfnissen später geändert in:
1. Ostasien
2. Australien
3. Ostafrika und Westasien
4. Westafrika
5. Amerika
6. Mittelmeer

25. 10. Der Reichstag billigt den Flottengründungsplan der Regierung vom 15. 10.

26. 10.	Eröffnung des »Marine-Postbureaux« in Berlin zur Postbeförderung zwischen der Heimat und den Schiffen im Ausland.
9. 11.	Gesetz zur Bildung der Seewehr für die Marineangehörigen nach der Aktiven und der Reserve-Dienstpflicht.
26.–29. 12.	Die Gedeckte Korvette *Hertha* und das Kanonenboot *Blitz* helfen gemeinsam mit Kriegsschiffen anderer Staaten, die französische Korvette *Roland* von einem Riff in der Chios-Straße (Aegaeis) abzubringen. Der Kommandant S.M.S. *Hertha*, Kapitänleutnant von Blanc, erhält dafür den französischen Orden »Kreuz der Ehrenlegion«.
1868	Die Firma A. Borsig, Berlin, baut für die Norddeutsche Bundesmarine deren erstes Schwimmdock, das in Starkenhorst bei Swinemünde verankert wird.
20. 2.	Bildung des Sanitätskorps für das preußische Heer und die Marine gemeinsam.
10. 3.	Bildung des Feuerwerksoffizierkorps der Marine.
Frühjahr	Einführung gezogener Ringrohrgeschütze mit Rundkeilverschluß Fabrikat Krupp für die Schiffsartillerie.
25. 4.	Stapellauf der Panzerfregatte *König Wilhelm,* des bis 1891 größten deutschen Kriegsschiffes.
15. 10.	Ausdehnung der Genfer Konvention vom 22. 8. 1864 auf den Seekrieg.
18. 10.	Stapellauf der Gedeckten Korvette *Elisabeth,* eines der am vielfältigsten eingesetzten deutschen Kriegsschiffe.
1869 10. 1.	Das Marine-Ministerium ordnet an, daß an Bord der Kriegsschiffe zweimal wöchentlich frisches Brot gebacken wird. Damit ist ein beachtlicher Fortschritt in der Qualität der Verpflegung erreicht worden.
17. 6.	Einweihung der Hafenanlagen an der Jade durch König Wilhelm I. in Gegenwart norddeutscher Kriegsschiffe und des britischen Panzerschiffes *Minotaur.* Die neue Hafenstadt erhält den Namen »Wilhelmshaven«. Grundsteinlegung zur evangelischen Marine-Garnisonkirche.
1. 10.	Errichtung der 5. Kompanie des Seebataillons.
17. 11.	Eröffnung des Suez-Kanals in Gegenwart des Kaisers von Österreich, der Kaiserin von Frankreich und des Kronprinzen von Preußen. Teilnahme eines norddeutschen Geschwaders von 5 Kriegsschiffen.
18. 11.	Das Marinedepot Kiel wird in eine Werft umgewandelt.
2. 12.	S.M.S. *Hertha* durchfährt als erstes großes Kriegsschiff den Suez-Kanal.
1870 19. 5.	Laut einer A.K.O. Einführung des Dienstgrades »Maschinen-

Ingenieur« und damit Heraushebung der technischen Führungskräfte aus dem Unteroffizier- und Deckoffizierkorps.

1. 6. Als erster deutscher Panzerschiffsverband laufen S.M.S *König Wilhelm, Kronprinz, Friedrich Carl* und *Prinz Adalbert*
unter dem Befehl des Admirals Prinz Adalbert zu einer
Übungsfahrt in den Atlantik aus.

16. 7. A.K.O. zur Mobilmachung der Norddeutschen Bundesmarine, des Seebataillons und der See-Artillerie, Verteilung der
Kriegsschiffe auf die Nordsee (Vizeadmiral Jachmann) und
die Ostsee (Konteradmiral Heldt), Indienststellung bewaffneter Hilfsschiffe für den Vorpostendienst, Anlegung von
Batterien an den Küsten, Einrichtung eines Signaldienstes,
Sperrung der wichtigsten Häfen.
Das Panzergeschwader, das die Franzosen vergeblich abzufangen versuchen, läuft in die Jade ein.

1870–1871 *Der deutsch-französische Krieg*

1870 19. 7. Kriegserklärung Frankreichs an Preußen.

29. 7. Laut A.K.O. gehen die Aufgaben des Oberkommandos der
Marine auf das Marine-Ministerium über.

7. 8. Das französische Ostseegeschwader unter Vizeadmiral Bouet-
Willaumez trifft in seinem Operationsgebiet ein.

9. 8. Das französische Nordseegeschwader unter Vizeadmiral
Fourichon trifft vor der Jade ein.

12. 8. Französische Erklärung der Blockade der deutschen Nord-
und Ostseeküste.

17. 8. Gefecht S.M.S. *Grille, Blitz,* sowie der Kanonenboote
Drache und *Salamander* unter Korvettenkapitän Graf von
Waldersee gegen 4 französische Panzerfregatten und 1 Kor-
vette bei Hiddensee.

21.–22. 8. Gefecht S.M.S. *Nymphe* unter Korvettenkapitän Weickhmann gegen französische Seestreitkräfte beim Putziger
Wiek.

7. 9. S.M.S. *Hertha* und *Medusa,* bei Kriegsausbruch in Ostasien,
vereinigen sich in Jokohama und binden starke gegnerische
Seestreitkräfte. Sie ermöglichen dadurch vielen deutschen
Handelsschiffen, neutrale Gewässer zu erreichen. Die von
den beiderseitigen Stationschefs vereinbarte Neutralisierung
Ostasiens im Interesse der Zivilisation wird von der deutschen, nicht aber von der französischen republikanischen
Regierung anerkannt. Französische Panzerschiffe blockieren
die deutschen Einheiten.

12. 9.   Das französische Nordseegeschwader verläßt sein Operationsgebiet, da dem Admiral die befohlene Forcierung der Jade wegen mangelhafter Ausrüstung und in Anbetracht der militärischen Entwicklung in der Heimat nicht durchführbar erscheint.

13. 9.   Die geplante Beschießung der Festung Kolberg durch französische Seestreitkräfte scheitert an der stürmischen See.

22. 9.   Das französische Ostseegeschwader verläßt auf Grund eines Heimrufungsbefehls sein Operationsgebiet.

29. 9.   Das französische Ostseegeschwader verläßt auf dem Heimweg von der Ostsee die Jade-Mündung.

9. 11.   Gefecht des Kanonenbootes *Meteor* unter Kapitänleutnant Knorr vor Habana (Cuba) gegen den französischen Aviso *Bouvet,* der trotz der teilweise geglückten Rammung des Gegners nach einem Treffer in die Maschinenanlage in den neutralen Hafen zurückläuft.

22. 11.   Mit dem Einlaufen S.M.S. *Elisabeth* wird die 1. Einfahrt von Wilhelmshaven in Betrieb genommen.

5. 12.   Bei der Eroberung von Orléans geraten 4 französische Flußkanonenboote in deutsche Hand. Sie werden in Dienst gestellt, gelangen aber wegen des niedrigen Wasserstandes der Loire nicht zum Einsatz. Nach Kriegsende nach Deutschland überführt, werden sie dort aufgebracht.

1871 4. 1.   Die Gedeckte Korvette *Augusta,* Korvettenkapitän Weickhmann, die als einziger deutscher Handelsstörkreuzer eingesetzt ist, bringt vor der Gironde-Mündung drei französische Schiffe auf, von denen eins versenkt, zwei mit Prisenbesatzungen nach Kiel geschickt werden.

7. 1.   S.M.S. *Augusta,* das zur Kohlenergänzung Vigo an der spanischer Nordküste angelaufen hat, wird dort von überlegenen französischen Seestreitkräfte blockiert.

14. 1.   S.M.S. *Arcona* trifft, von Nordamerika kommend, in Lissabon ein und wird dort von zwei französischen Kriegsschiffen blockiert. Vorher gelingt es, die nicht benötigten Besatzungsangehörigen in die Heimat zu senden. Ein Versuch im Dezember 1870, Kreuzerkrieg zu führen, mißlingt.

Die Kriegsmarine Österreich-Ungarns vom Friedensvertrag zu Prag bis zum Beginn des Ersten Weltkrieges 1866–1914

1866   Fregattenkapitän Luppius konstruiert nach fehlgeschlagenen Versuchen mit einem Oberwassertorpedo *Küstenretter* den ersten Fischtorpedo, der nach dem späteren Serienfabrikanten *Whitehead*-Torpedo bezeichnet wird.

1867 8. 2.   Neuorganisation der Donau-Monarchie, Ausgleich mit Ungarn. Sie besitzt 2407 km Festlandküste, 4630 km Inselküste. Einführung der Allgemeinen Wehrpflicht.

12. 11.   Vizeadmiral von Tegetthoff überführt die sterblichen Reste Kaiser Maximilians auf S.M.S. *Novara* von Veracruz in die Heimat. Eintreffen in Triest 15. 1. 1868.

1868 28. 2.   Vizeadmiral von Tegetthoff wird Marinekommandant.

3. 5.   Im Kriegsministerium wird neben der Dienststelle »Chef der Marinesektion« eine weitere »Marinekommandant« gebildet. Beide werden in einer Person vereinigt.

18. 6.   Admiral Nikolaus Horthy de Nagybanya geboren.

18. 10.   Ein Verband unter Führung von Konteradmiral Freiherr von Petz, bestehend aus der Fregatte *Donau* und der Korvette *Erzherzog Friedrich*, beginnt die zweite österreichische Erdumsegelung. Abschluß von Wirtschaftsverträgen mit Japan, China und Siam. Rückkehr Dezember 1870/Januar 1871.

1869–1870   Der Schoner *Narenta* nimmt ozeanographische Untersuchungen im Roten Meer vor. Einsatz von Seestreitkräften zur Bekämpfung von Unruhen im Hinterland der Bucht von Cattaro.

1869 20. 2.   Die Fregatte *Radetzky* sinkt im Kanal von Lissa nach einer Munitionsexplosion.

17. 7.   Kaiser Franz Joseph I. verfügt, daß in jedem Jahr die aus dem 4. Jahrgang der Marineakademie ausgemusterten Kadetten zu einer zehn- bis zwölfmonatigen transozeanischen Übungsreise einzuschiffen sind. Beginn der regelmäßigen Auslandsreisen von Kriegsschiffen.

16. 11.   Eröffnungsfeier des Suez-Kanals in Gegenwart Kaiser Franz Josephs I. auf der Jacht *Greif*, die von der Korvette *Helgoland*, dem Armierten Raddampfer *Kaiserin Elisabeth*, dem

Kanonenboot *Hum* und dem Transporter *Gargnano* begleitet ist.

1870–1871 Ein Flottenverband kreuzt während des deutsch-französischen Krieges zeitweise vor der französischen Mittelmeerküste, um notfalls österreichisch-ungarischen Staatsangehörigen Hilfe bieten zu können.

1871 Indienststellung der ersten k.u.k. Donau-Monitore *Maros* und *Leitha*. Beginn des Aufbaus der modernen Donau-Flottille.
Die Korvette *Fasana* tauscht in Japan, China und Siam die Ratifizierungsurkunden der Verträge von 1869 aus.

7. 4. Admiral Freiherr von Tegetthoff gestorben. Er ist in die Seekriegsgeschichte als einer der bedeutendsten Flottenführer eingegangen.

8. 4. Konteradmiral Freiherr von Pöck wird Marinekommandant.

30. 8. Linienschiffsleutnant Weyprecht und Oberleutnant im Kaiserjäger-Regiment Payer, die eine Expedition zur Ermittlung einer nordöstlichen Durchfahrt zur Beringstraße planen, erreichen auf einer Vorexpedition auf dem Segler *Isbjörn* im Barentsmeer 78° n. Br.

1872 Sommer Eine zweite Vorexpedition, Linienschiffskapitän Baron von Sterneck, der Mäzen des Gesamtvorhabens Graf Wilczek und der Geologe Professor Höfer auf *Isbjörn*, legt ein Versorgungsdepot für die Hauptexpedition auf Nowaja-Semlja an.

13. 6. Ausreise der Hauptexpedition auf dem Forschungsschiff *Admiral Tegetthoff* von Bremerhaven.

28. 7. S.M.S. *Helgoland* läuft auf der Heimreise von der amerikanischen Ostküste Cadiz an, um gemeinsam mit Kriegsschiffen anderer Staaten deren Angehörige während der spanischen Wirren zu schützen. Weiterreise 4. 8. 1872.

1873–1874 Ein Flottenverband kreuzt vor der spanischen Mittelmeerküste, um den österreichisch-ungarischen Staatsangehörigen bei den Unruhen Hilfe bieten zu können.

1873 Die Arktis-Expedition entdeckt Neuland und gibt diesem den Namen »Franz Joseph-Land«.

1874 16. 5. S.M.S. *Erzherzog Friedrich* beginnt die dritte österreichische Weltumsegelung. An Bord befindet sich der für Japan, China und Siam bestimmte Ministerresident und dessen Begleitung. Wiedereintreffen in Pola 21. 6. 1876

3. 9. Die Arktis-Expedition trifft nach Beendigung ihrer Aufgabe in Vardö ein.

20. 11. Die Kriegsbrigg *Saïda* strandet während eines Orkans in der Straße von Messina.

1875	Erstmalig Verleihung des Dienstgrades »Admiral«.
7. 5.	Überfall Eingeborener auf ein Holzfällkommando S.M.S *Erzherzog Friedrich* in der Sibocu-Bucht (Borneo). Verluste: 2 Tote und das Boot.
1876–1877	Anläßlich des Aufstandes der Bewohner von Bosnien und der Herzegowina sowie des Krieges Serbiens und Montenegros gegen die Türkei kreuzen folgende Kriegsschiffe in den davon betroffenen Gewässern zur Sicherung der österreichisch-ungarischen Interssen: Panzerschiffe *Salamander* und *Custozza*, Fregatte *Radetzky*, Korvetten *Frundsberg* und *Zrinyi*, Kanonenboot *Nautilus*.
1878	Indienststellung der ersten Torpedoboote. Militärische Besetzung Bosniens und der Herzegowina unter Mitwirkung S.M.S. *Maros* und *Leitha*.
1879 5. 5.	S.M.S *Helgoland* beginnt eine Reise nach Australien zur Teilnahme an den Veranstaltungen anläßlich der Weltausstellung in Sydney. Rückkehr 2. 4. 1880.
7. 10.	Abschluß eines Bündnisses mit dem Deutschen Reich.
1880	Die Panzerschiffe *Custozza* und *Prinz Eugen* sowie das Kanonenboot *Sansego* beteiligen sich an der internationalen Flottendemonstration vor der montenegrinischen Küste.
1881–1882	Während der Kampfhandlungen in Ägypten liegen Kriegsschiffe abwechselnd vor dessen Küste zum Schutze der dort ansässigen Angehörigen der Donau-Monarchie.
1882	Zur Bekämpfung von Unruhen in Süddalmatien werden auch Landungskorps von Kriegsschiffen eingesetzt.
2. 4.	S.M.S. *Pola* befördert anläßlich des Internationalen Polarjahres eine Gruppe Wissenschaftler zur arktischen Beobachtungsstation auf der Insel Jan Mayen. Rückkehr 26. 10. 1883.
20. 5.	Bildung des Dreibundes Deutsches Reich, Österreich-Ungarn, Italien.
1883 17. 11.	Vizeadmiral Freiherr Daublebsky von Sterneck wird Marinekommandant.
1884 2. 8.	Die Korvette *Aurora* läuft zu wirtschaftspolitischen Untersuchungen nach Brasilien und den La Plata-Staaten aus. Rückkehr 26. 4. 1885.
1885 1. 10.	S.M.S. *Donau* beginnt eine wissenschaftliche Expedition nach Mittel- und Nordamerika. Sie besucht auf dem Rückwege französische und britische Häfen, sowie mehrere in der Ostsee. Rückkehr 11. 11. 1886.
1886–1889	Graf Telecki und Fregattenleutnant Ritter von Höhnel unternehmen eine Forschungsexpedition nach Ostafrika. Ent-

deckung des Rudolf- und des Stephanie-Sees.

1886 Enthüllung eines Denkmals für Admiral Freiherr von Tegetthoff auf dem Praterstern in Wien.

Teilnahme einer Escadre, bestehend aus dem Panzerschiff *Kaiser Max* sowie S.M.S. *Radetzky, Kaiserin Elisabeth,* Kanonenboot *Kerka* und 6 Torpedobooten, im Rahmen internationaler Seestreitkräfte an Maßnahmen zur Verhinderung des drohenden Krieges Griechenlands gegen die Türkei. Einsätze gegen Kreta, Blockade Griechenlands.

1889 Auf Grund des Ausgleichs zwischen Österreich und Ungarn wird für Heer und Marine die Bezeichnung »k.k.« in »k.u.k.« geändert.

14. 9. S.M.S. *Fasana* beginnt eine Weltumsegelung. Rückkehr 20. 12. 1890.

1890–1894 S.M.S. *Pola* führt ozeanographische Untersuchungen in der Adria, im östlichen Mittelmeer und im Roten Meer durch.

1890 29. 8. Ein Flottenverband, bestehend aus den Linienschiffen *Kronprinz Erzherzog Rudolf, Kronprinzessin Erzherzogin Stephanie,* dem Großen Kreuzer *Kaiser Franz Joseph I.* und dem Kleinen Kreuzer *Tiger,* trifft auf Einladung Kaiser Wilhelms II. zu einem Besuch der deutschen Marine in Kiel ein.

1891 1. 9. S.M.S. *Fasana* beginnt eine Weltumsegelung, auf der hauptsächlich ozeanographische Arbeiten zu leisten sind. Auch wird – vergeblich – vor der patagonischen Ostküste nach dem 1889 mit dem Handelsschiff *Santa Margherita* verschollenen Erzherzog Johann Salvator gesucht. Rückkehr 14. 2. 1893.

1892–1894 Ritter von Höhnel unternimmt mit dem Briten Chanler eine zweite Forschungsexpedition nach Ostafrika.

1892 An der Columbusfeier in Genua nimmt ein Flottenverband, an der in Huelva S.M.S. *Kaiser Franz Joseph I.* teil.

15. 12. Der Thronfolger Erzherzog Franz Ferdinand unternimmt eine Weltreise, zeitweise auf dem Großen Kreuzer *Kaiserin Elisabeth.* Rückkehr 19. 12. 1893.

1893 15. 11. S.M.S. *Zriny* sichert während der brasilianischen Revolution die österreichisch-ungarischen Interessen. Weiterreise Ende Februar 1894.

1894–1895 S.M.S. *Aurora* nimmt während des chinesisch-japanischen Krieges die Interessen der Donau-Monarchie in Ostasien wahr.

1895–1896 S.M.S. *Pola* nimmt im nördlichen Teil des Roten Meeres ozeanographische Untersuchungen vor.

1895 17. 5. Eine Escadre, bestehend aus dem Panzerkreuzer *Kaiserin und Königin Maria Theresia,* S.M.S. *Kaiserin Elisabeth* und *Kaiser Franz Joseph I.* sowie dem Torpedofahrzeug *Trabant,* unter dem Befehl von Konteradmiral Erzherzog Karl Stephan, beteiligt sich an den Feierlichkeiten zur Eröffnung des Kaiser-Wilhelm-Kanals.

20. 6. S.M.S. *Trabant* durchfährt als erstes k.u.k. Kriegsschiff den Kaiser-Wilhelm-Kanal.

2. 10. Das Kanonenboot *Albatros* läuft zu einer Forschungsreise nach den Salomon-Inseln aus. Auf Veranlassung der Akademie der Wissenschaften sollen dort geologische und biologische Untersuchungen angestellt werden. Kommandant: Fregattenkapitän Ritter Mauler von Elisenau, wissenschaftlicher Leiter: Freiherr Foullon von Norbeeck.

1896 10. 8. Auf dem Wege von der Küste zum Gipfel des Tatube-Berges auf der Insel Guadalcanar wird die »Albatros-Expedition« von Eingeborenen überfallen. Außer schwer und leicht Verwundeten verliert sie 5 Tote, darunter Baron von Foullon.

1897–1898 S.M.S. *Pola* nimmt im südlichen Teil des Roten Meeres ozeanographische Untersuchungen vor.

Das Linienschiff *Wien,* S.M.S. *Kronprinzessin Erzherzogin Stephanie, Kaiser Franz Joseph I.,* der Kleine Kreuzer *Leopard* und 13 Torpedo-Einheiten bekämpfen im Rahmen internationaler Maßnahmen Unruhen auf der Insel Kreta.

1897 Vizeadmiral Freiherr von Spaun mit S.M.S. *Wien* vertritt die Donau-Monarchie beim 60jährigen Regierungsjubiläum der Königin Victoria von Großbritannien und Irland, Kaiserin von Indien.

12. 12. Vizeadmiral Freiherr von Spaun wird Marinekommandant.

1898 9. 5. S.M.S. *Kaiserin und Königin Maria Theresia* wird nach Westindien entsandt, um die k.u.k. Interessen während des Krieges zwischen Spanien und den USA zu schützen. Gemeinsam mit Kriegsschiffen anderer Staaten werden Europäer aus den kampfgefährdeten Gebieten auf neutrale Inseln überführt. Rückkehr 13. 12. 1898.

3. 7. US-Seestreitkräfte verwechseln die österreichisch-ungarische Kriegsflagge mit der Spaniens. Das Linienschiff *Indiana* läuft daher dem Kreuzer gefechtsklar entgegen und erkennt seinen Irrtum erst in nächster Nähe.

1899 Anfang November Der Kleine Kreuzer *Zenta* tritt eine Überseereise an.

1900 Anfang Januar In Anbetracht der fremdenfeindlichen Bewegung unter der chinesischen Bevölkerung, der sich Regierung und Heer anschließen (Boxeraufstand), erhält S.M.S. *Zenta* Befehl, vorläufig in den chinesischen Gewässern zu bleiben.

30. 5. Die k.u.k. Gesandtschaft fordert bei dem Kreuzer telegrafisch die Entsendung eines Landungsdetachements nach Taku an.

2. 6. S.M.S. *Zenta* trifft auf Taku-Reede ein, wo bereits deutsche, britische, französische, italienische, russische und US-Kriegsschiffe ankern.

3. 6. Das Landungsdetachement (3 Offiziere, 30 Mann) wird gelandet. Eintreffen mit der Eisenbahn über Tientsin in Peking und Einteilung zur Bewachung der k.u.k. und der belgischen Gesandtschaftsgebäude.
Auf telegrafische Anforderung des k.u.k. Geschäftsträgers in Peking begeben sich auch der Kommandant Fregattenkapitän Thomann Edler von Moltamar und dessen Adjutant Linienschiffsleutnant Ritter von Winterhalder dorthin.

4. 6. Der Kommandant fordert telegrafisch die Entsendung eines weiteren Detachements an, da sich die Anzeichen der Gewaltanwendung seitens der Chinesen mehren.

7. 6. Das zweite Landungsdetachement wird gelandet und erreicht Tientsin.

10. 6. Der britische Vizeadmiral Seymour tritt mit den internationalen Verbänden, darunter 25 Mann des k.u.k. Detachements, den Vormarsch auf Peking an.

13. 6. Beginn der chinesischen Angriffe auf das Gesandtschaftsviertel in Peking.

16. 6. Ein weiteres k.u.k. Detachement von 21 Mann verstärkt die den Bahnhof Tongku sichernde internationale Truppe.

17. 6. Die internationale Truppe, darunter das dritte k.u.k. Detachement, stürmt die Taku-Forts, nachdem sie von Kriegsschiffen sturmreif geschossen worden sind.

18. 6. Das dritte Detachement kehrt an Bord zurück.

19. 6. Das internationale Korps unter Vizeadmiral Seymour muß den Rückzug nach Tientsin antreten. Es trifft am 27. 6. dort ein. Die Stadt wird von Chinesen teils besetzt, teils eingeschlossen.

22. 6. S.M.S. *Zenta* landet in Tschifu 16 Mann zum Schutze der Europäer. Sie werden einige Tage später durch Mannschaften des deutschen Kreuzers *Gefion* abgelöst.

25. 6. Die Verteidiger müssen das k.u.k. Gesandtschaftsgebäude in Peking den zahlenmäßig weit überlegenen Chinesen überlassen.

8. 7. Fregattenkapitän von Thomann fällt in den Kämpfen um

das Gesandtschaftsviertel von Peking. Durch die Einschließung ist es ihm nicht mehr gelungen, nach Taku und an
Bord seines Schiffes zurückzukehren.

14. 7. Nach Eintreffen von Verstärkungen gelingt es, die chinesischen Truppen aus Tientsin und Umgebung zu vertreiben.

15. 7. Das k.u.k. Marinekommando telegrafiert an S.M.S. *Zenta,*
daß die Entsendung von Landtruppen nicht beabsichtigt sei.

4. 8. Gefecht einer internationalen Truppe, darunter auch k.u.k.
Matrosen, bei Peitsang.

7. 8. S.M.S. *Kaiserin und Königin Maria Theresia* trifft auf Taku-
Reede ein.

8. 8. Das Landungsdetachement S.M.S. *Kaiserin und Königin
Maria Theresia,* 167 Mann stark, beginnt den Vormarsch
auf Peking. Eintreffen 20./22. 8.

14. 8. Internationale Truppen entsetzen die eingeschlossenen Verteidiger der Gesandtschaften in Peking.

1. 9. Die Detachements S.M.S. *Zenta* beginnen den Rückmarsch
zur Küste.

7. 9. S.M.S. *Kaiserin Elisabeth* und *Aspern* unter Konteradmiral
Graf Montecuccoli treffen auf Taku-Reede ein, schiffen ihre
Landungskorps (202 Mann) aus und setzten sie nach Peking
in Marsch.

20. 9. Ein internationaler Verband, darunter ein k.u.k Detachement, erstürmt die Peitang-Forts.

27. 9. Der deutsche Generalfeldmarschall Graf von Waldersee
trifft in Tientsin ein und übernimmt den Oberbefehl über
die internationalen Kontingente, ausgenommen US-Ameri-
kaner und Franzosen, die aber eng mit dem Oberkommando
zusammenarbeiten. Österreich-Ungarn attachiert General-
stabs-Hauptmann Wojcik.

5. 12. Marinekonvention zwischen Österreich-Ungarn, Deutschland
und Italien, in der die seestrategischen Gesichtspunkte für
das Vorgehen der Flotten der Verbündeten im Kriegsfalle
festgelegt werden.

1901 Die k.u.k. Marine macht ihre ersten Versuche mit Militär-
Flugzeugen.

Auf der Insel Guadalcanar wird ein Steinkreuz zum An-
denken an die Gefallenen von 1896 aufgestellt.

25. 7. Beendigung des Einsatzes der gelandeten k.u.k. Detachements, nachdem diese an verschiedenen Orten an der Bekämpfung von Banden usw. teilgenommen haben. Es verbleiben 200 Mann als Gesandtschaftswache in Peking, je
1 Wache in Tientsin, Tongku und Taku. S.M.S. *Kaiserin und*

Königin Maria Theresia und *Aspern* bleiben als Stationäre in Ostasien.

Kaiser Franz Joseph I. ernennt den Thronfolger Erzherzog Franz Ferdinand zum Admiral. Er erkennt damit dessen Interesse für die Kriegsmarine an.

1904–1905 S.M.S. *Kaiserin Elisabeth* und *Aspern* nehmen die Interessen Österreich-Ungarns in Ostasien während des russisch-japanischen Krieges wahr.

1904 18. 9. Gründung des Österreichischen Flottenvereins zur Vertiefung der Kenntnis der Bedeutung der See in der Bevölkerung.

1. 11. Vizeadmiral Graf von Montecuccoli wird Marinekommandant.

1905 Admiral Freiherr von Spaun vertritt Österreich-Ungarn in der internationalen Kommission zur Prüfung der »Hull-Affäre« in Paris.

15. 1. S.M.S. *Panther,* Kommandant Linienschiffskapitän Ritter von Höhnel läuft zum Abschluß eines Wirtschaftsvertrages mit Äthiopien aus.

31. 1. S.M.S. *Panther* wird beim Einlaufen in den Hafen von Djibouti von einem dort ankernden russischen Flottenverband für ein japanisches Kriegsschiff angesehen. Daher trifft dieser Gefechtsvorbereitungen, doch klärt sich der Irrtum rechtzeitig auf.

1907 Die k.u.k. Marine stellt ihr erstes Unterseeboot in Dienst.

26. 3. S.M.S. *Sankt Georg* und *Aspern* unter Kommodore Pleskott vertreten die Donau-Monarchie bei den Feiern anläßlich der 300sten Wiederkehr des Beginns der Besiedelung Nordamerikas. Rückkehr 10. 7. 1907.

November Vizeadmiral von Ripper führt als ranghöchster Offizier das Kommando über das internationale Geschwader, das griechisch-türkische Streitigkeiten zu schlichten hat. An k.u.k. Schiffen sind der Panzerkreuzer *Sankt Georg* und der Kleine Kreuzer *Szigetvar* beteiligt.

1908 Die k.u.k. Marine beginnt mit dem Aufbau einer Luftwaffe. In Pola und Cattaro werden Seeflugstationen eingerichtet. Während der Eingliederung Bosniens und der Herzegowina in die Donau-Monarchie gilt für die Kriegsmarine erhöhte Alarmbereitschaft.

1910 1. 3. S.M.S. *Kaiser Karl VI.* tritt die Ausreise zur Zentenarfeier der Unabhängigkeit Argentiniens an. Rückkehr 5. 8. 1910.

1911 Stapellauf des ersten k.u.k. Großkampfschiffes *Viribus Unitis.*

Juni	Das Linienschiff *Radetzky* vertritt Österreich-Ungarn bei den Feierlichkeiten anläßlich der Krönung König Georgs V. von Großbritannien und Irland, Kaiser von Indien.
1912 8. u. 17. 10.	Beginn des 1. Balkan-Krieges. Serbien, Bulgarien und Griechenland erklären der Türkei den Krieg. Ihre Truppen stehen Anfang November 40 km vor Konstantinopel.
4. 11.	Die türkische Regierung fordert die Großmächte auf, Truppen in Konstantinopel zum Schutz der dort ansässigen ca. 300 000 Christen zu landen.
18. 11.	Die Kleinen Kreuzer *Admiral Spaun* und *Aspern* sowie das Stationsschiff *Taurus* landen 161 Mann, die den Bezirk der Stadt, der an das Goldene Horn grenzt, sichern.
1913 Jan.	Die politischen Verhältnisse im Bereich des östlichen Mittelmeeres veranlassen Österreich-Ungarn, die Kriegsmarine in Alarmbereitschaft zu setzen und Reservisten einzuberufen.
24. 2.	Vizeadmiral Haus wird Marinekommandant.
10. 4.	Beginn der internationalen Blockade der Adria-Küste von Antivari bis zum Südende des Drin-Golfs, da Serbien und Montenegro die türkische Festung Skutari erobern und Montenegro einverleiben wollen. Beteiligung der Linienschiffe *Erzherzog Franz Ferdinand*, *Radetzky*, *Zrinyi*, S.M.S. *Sankt Georg* und *Aspern,* der Zerstörer *Scharfschütze*, *Dinara* und *Ulan* sowie des Minentenders *Salamander*.
1. 5.	Montenegro proklamiert das eroberte Skutari als neue Hauptstadt.
14. 5.	Internationale Landungstruppen, darunter 300 Mann der k.u.k. Kriegsschiffe, beginnen mit der Besetzung der Stadt Skutari.
30. 5.	Vorfriede zu London zwischen den drei Balkanstaaten und der Türkei, in dem u. a. festgelegt wird, daß Albanien ein selbständiger Staat werden soll.
28. 7.	Ablösung der k.u.k. Marinemannschaften in Skutari durch Heerestruppen.
Oktober	Aufhebung des Alarmzustandes der k.u.k. Marine.
1. 11.	Abkommen Österreich-Ungarns, Deutschlands und Italiens, wonach im Kriegsfalle deren Seestreikräfte im Mittelmeer unter den Oberbefehl des Admirals Haus treten.
1919 23. 5.	Admiral Freiherr von Spaun, einer der verdienstvollsten Marinekommandanten, gestorben.
1957 9. 2.	Admiral Horthy de Nagybanya, der letzte Marinekommandant, gestorben.
17. 6.	Eröffnung der Marineabteilung des Heeresgeschichtlichen Museums in Wien.

1962	Juli	Italienische Fischer finden vor der Tagliamento-Mündung das Wrack des am 4. Juli 1918 gesunkenen U-Bootes *U 20*. Bei der Bergung werden Überreste der Besatzung festgestellt.
	7. 8.	Feierliche Übergabe der achtzehn Särge mit den Gefallenen von *U 20* in Thörl durch die italienische Wehrmacht an die österreichische.
	17. 8.	Feierliche Beisetzung der achtzehn Särge auf dem Militärfriedhof von Wiener Neustadt.
	Dezember	Der Turm von *U 20* wird von Italien an Österreich übergeben und findet im Heeresgeschichtlichen Museum Wien stellung.
1973	23. 6.	Feierliche Aufstellung der Glocke des k.u.k. Schlachtschiffes *Tegetthoff* als Marineehrenmal in der Garnisonskirche zu Graz. Die Glocke ist nach Abwrackung des 1919 Italien zugesprochenen Schlachtschiffes im Marinemuseum La Spezia aufgestellt worden. Herbst 1942 übergab die italienische Marine die Glocke der deutschen, die sie auf dem Schweren Kreuzer *Prinz Eugen* verwendete. Nach Kriegsende 1945 wurde sie zunächst verborgen gehalten, später in der Schiffsartillerieschule der Deutschen Bundesmarine aufgestellt.

Die Kaiserliche Marine unter
General von Stosch 1871–1883

1871 18. 1. Mit der Errichtung des Deutschen Reiches wird die Norddeutsche Bundesmarine die »Kaiserliche Marine«.

9. 3. Demobilisierung der Marine nach Beendigung des Krieges gegen Frankreich.

11. 4. Auflösung der Marine-Depots Stralsund und Geestemünde.

15. 6. Das Oberkommando wird dem Marineministerium eingegliedert und damit eine einheitliche Führungsspitze für die Marine geschaffen.

16. 6. Teilnahme von Offizieren und Mannschaften der Flotte und des Seebataillons am Einzug der Truppen in Berlin.

25. 7. S.M.S. *Nymphe* tritt als erstes Schiff der Marine eine Weltumsegelung an. Sie dauert drei Jahre.

11. 8. Stapellauf des zur Sicherung der deutschen überseeischen Wirtschaftsinteressen, zur Erwerbung der deutschen Schutzgebiete und zur Vermessung von deren Küstengewässern besonders häufig eingesetzten Kanonenbootes *Albatroß*.

21. 9. Bildung einer Torpedo-Abteilung in Wilhelmshaven als Keimzelle des Torpedo- und Minenwesens der Marine.

1. 10. Errichtung der 6. Kompanie des Seebataillons in Kiel.

26. 10. Bildung einer Matrosen-Stamm- und einer Werft-Division für die Marinestation der Nordsee in Wilhelmshaven.

Herbst Stapellauf der ersten Torpedoboote der Marine (Devrient' sche Boote Nr. I, Nr. II, Nr. III).

15. 11. Verlegung der 1. und 2. Kompanie des Seebataillons nach Wilhelmshaven.

1871–1872 Der Aviso *Pommerania* stellt ozeanographische Untersuchungen in Nord- und Ostsee an. Alle Kriegsschiffe führen künftig, soweit möglich, auf den Überseereisen meereskundliche Arbeiten durch.

1872 1. 1. Umwandlung des Marineministeriums in die Kaiserliche Admiralität. Erster Chef wird Generalleutnant von Stosch (1875 zum Admiral ernannt), da nach Ansicht der Reichsleitung kein für diese Aufgabe geeigneter Seeoffizier vorhanden ist.

1872 S.M.S. *Friedrich Carl*, *Vineta*, *Gazelle*, *Elisabeth* und *Al-*

batroß unternehmen als erstes Geschwader der Kaiserlichen Marine eine Überseereise (Süd- und Mittelamerika). In Columbien werden Ansprüche eines Deutschen gegen die Regierung geregelt.

5. 3. Errichtung der Marine-Akademie in Kiel zur wissenschaftlichen Fortbildung des Seeoffizierkorps. Organisatorische und räumliche Einheit mit der Marineschule zur Ausbildung des Seeoffiziernachwuchses.

7. 5. Bildung des Maschinen-Ingenieur-Korps der Marine.

19. 5. Einweihung der evangelischen Marine-Garnisonkirche Wilhelmshaven.

13. 6. Die Gedeckten Korvetten *Vineta* und *Gazelle* zwingen die Regierung von Haïti durch Besetzung zweier Kriegsschiffe in Port-au-Prince zur Rückzahlung von Schulden an einen deutschen Kaufmann.

1. 10. Die Kraft, die genügt, um 75 kg 1 m hoch zu heben, wird als »Pferdestärke« amtliches Kraftmaß der Marine.

22. 10. Neuaufstellung der Schiffsjungen-Abteilung in Friedrichsort.

1873 Vorführung des von Dr. Herz erfundenen Torpedos in Gegenwart des Chefs der Admiralität auf dem Rummelsburger See in Berlin.

6. 2. Eine Kaiserliche Verordnung stellt das Sanitätsoffizierkorps neben die Offizierkorps des Heeres und der Marine.

6. 3. Admiral Prinz Adalbert von Preußen, der Initiator und Förderer der preußisch/deutschen Marine gestorben.

7. 3. Der Reichstag bewilligt den im wesentlichen dem Programm von 1867 entsprechenden Flottengründungsplan der Admiralität vom 5. 11. 1872, der auf folgenden Grundsätzen beruht:

Schutz und Vertretung des Handels auf allen Meeren.
Verteidigung der heimischen Küsten.
Entwicklung des eigenen Offensivvermögens.

Zum Schwerpunkt der Tätigkeit der Marine entwickelt sich der Schutz des Seehandels und der überseeischen Interessen im Zuge der wirtschaftlichen Expansion. Auf allen Meeren kreuzen nunmehr die Kriegsschiffe. Eine Nachrichtenübermittlung im modernen Sinne gibt es noch nicht. Die Kommandanten müssen daher, völlig auf sich gestellt, selbständige Entschlüsse von militärischer und politischer Tragweite fassen, also hohe menschliche Qualitäten, diplomatisches Geschick, Einsatzfreudigkeit und Mut zur Verantwortung aufweisen. Für die Besatzungen bedeutet diese Tätigkeit Dienst auf Meeren mit tropischem und auf solchen mit polarem Klima, in seuchengefährdeten und weltabgeschiedenen Häfen wie in den großen Seeverkehrszentren, an Küsten, deren Bewohner noch in der Steinzeitkultur leben, und in den Brennpunkten der internationalen Politik.

1. 4.   Wilhelmshaven wird zur Stadt erhoben.

9. 7.   Die Marine schafft die Lackhüte der Matrosen ab.

22. 7. S.M.S. *Friedrich Carl* verhindert durch sein Erscheinen vor Alicante die Beschießung der Stadt durch das Panzerschiff *Victoria* der gegen die Regierung aufständischen Spanier. Die Admiralität hat zum Schutz der in Spanien ansässigen Deutschen ein Geschwader unter Kommodore Werner, zu dem noch S.M.S *Elisabeth* und das Kanonenboot *Delphin* gehören, in die dortigen Gewässer entsandt.

29. 7.–1. 8. S.M.S. *Friedrich Carl* und das britische Panzerschiff *Swiftsure* verhindern durch Aufbringung des Panzerschiffes *Victoria* und der Fregatte *Almansa* der Aufständischen die Beschießung von Málaga. Dabei wird einer der Anführer festgesetzt. Diese Maßnahmen des deutschen Geschwaderchefs finden nicht den Beifall des Reichskanzlers, der ihn abberufen läßt.

25. 11. S.M.S. *Friedrich Carl* und *Elisabeth* zwingen die Aufständischen in Cartagena zur Herausgabe des dort ansässigen Deutschen widerrechtlich genommenen Eigentums.

1874   Der Sultan von Sansibar ersucht die Reichsregierung vergeblich um Übernahme des Protektorats.

Die Marine stationiert bis 1875 auf dem Rhein die gepanzerten Flußkanonenboote *Mosel* und *Rhein* mit Koblenz als Standort.

Juni   S.M.S. *Gazelle*, Kapitän zur See Freiherr von Schleinitz, tritt eine wissenschaftliche Erdumsegelung an. Hauptaufgaben: Beobachtung des Venus-Durchganges auf der Kerguelen-Insel, Vermessung von deren Küste, Unterstützung der deutschen wissenschaftlichen Westafrika-Expedition, Erforschung des Äquatorial- und des Guinea-Stromes im Atlantik, ozeanographische Untersuchungen auf der weiteren Reisestrecke: Mauritius, West-Australien, Bismarck-Archipel, Fiji-, Samoa-Inseln, Kap Horn.

5. 9.   S.M.S. *Albatroß* und sein Schwesterschiff *Nautilus* beschießen an der spanischen Nordküste bei Guetaria Stellungen der Aufständischen im Bürgerkrieg, nachdem diese grundlos das Feuer auf sie eröffnet haben.

12. 12. Aufständische beschießen an der spanischen Nordküste den deutschen Handelssegler *Gustav.* Die Besatzung muß das

Schiff verlassen und wird ausgeplündert. S.M.S. *Augusta,*
Albatroß und *Nautilus* gehen nach Santander, um Genugtuung zu fordern. Die spanische Regierung leistet Schadenersatz.

1875 Aus der 1868 mit Unterstützung der Handelskammern Hamburg und Bremen geschaffenen Norddeutschen Seewarte wird
unter Leitung des Hydrographen und Geophysikers von
Neumayer die Deutsche Seewarte errichtet und der Admiralität unterstellt. (Heutige Bezeichnung: Deutsches Hydrographisches Institut, dem Bundesverkehrsministerium unterstellt). Aufgaben: Förderung der Meereskunde und der Kü-
sten-Meteorologie; Herausgabe von Segel- und Dampfer-
handbüchern, Wetterkarten und Stromatlanten; Prüfung und
Entwicklung nautischer Instrumente; Vermessungen, Eis- und
Sturmwarnungen.

20. 6. Der Tauchbootkonstrukteur Wilhelm Bauer stirbt in München.

1876–1879 S.M.S. *Elisabeth* nimmt Messungen der Temperatur und des
Salzgehaltes im Atlantik, Indik, sowie Pazifik vor.

1876 Errichtung des Torpedooffizierkorps der Marine.

22. 3. Feierliche Enthüllung eines Denkmals auf der Insel Taipin-
san der Liu-Kiu-Gruppe zur Erinnerung an die Rettung der
Besatzung des am 9. 7. 1873 gestrandeten Schoners *R. S.*
Robertson durch die Bevölkerung.

22. 4. Heimkehr *S.M.S. Gazelle* mit reichen, für die internationale
Wissenschaft bedeutsamen Ergebnissen.

24. 4. Großadmiral Dr. h. c. Erich Raeder geboren.

Mai Das Deutsche Reich beteiligt sich mit S.M.S. *Hertha, Vineta,*
Cylop, Nautilus, der Korvette *Ariadne* und deren Schwesterschiff *Luise* an der internationalen Flottendemonstration
vor der chinesischen Küste, um die Regierung in Peking zu
wirksamen Maßnahmen gegen das Seeräuberunwesen zu
zwingen. Der Verband wird aufgelöst, nachdem den Gesandten entsprechende Zusagen gemacht worden sind. Die Marine
gibt zur ständigen Stationierung das als »Piratenjäger« be-
zeichnete Kanonenboot *Otter* in Bau, doch wird es niemals
in das Ausland entsandt.

Sommer Während einer europäerfeindlichen Bewegung unter den
Muselmanen in der Levante werden der deutsche und der
französische Konsul im damals noch türkischen Saloniki er-
mordet. Die Kaiserliche Marine stationiert am 25. 6. zum
Schutz der deutschen Interessen die Panzerfregatten *Kaiser,*
Deutschland, Friedrich Carl, Kronprinz, die Glattdeckskor-

vette *Medusa*, S.M.S. *Pommerania*, sowie die Kanonenboote *Meteor* und *Comet* unter Konteradmiral Batsch in den türkischen Gewässern, bis die Regierung Genugtuung leistet.

1. 11. S.M.S. *Hertha* schließt mit dem König der Tonga-Inseln (Polynesien) einen Freundschaftsvertrag, um die Annektierung durch andere Seemächte zu verhindern, da dort erhebliche deutsche Wirtschaftsinteressen bestehen.

1877–1878 S.M.S. *Pommerania* und *Comet* liegen während des russisch-türkischen Krieges zum Schutz der deutschen Staatsangehörigen vor Konstantinopel.

S.M.S. *Elisabeth* nimmt Tiefseelotungen im nördlichen Pazifik vor.

1877 Juni Errichtung eines Marinelazaretts in Jokohama. (Auflösung 1911).

3. 7. S.M.S. *Augusta* schließt mit den Samoa-Inseln einen Handelsvertrag, der allerdings von deren Häuptlingen durch Konkurrenzneid der Angehörigen anderer Seemächte nicht eingehalten wird.

Oktober Neuformierung der drei Seeartillerie-Kompanien zur I. Matrosenartillerie-Abteilung Friedrichsort und zur II. Matrosenartillerie-Abteilung Wilhelmshaven. Beide werden den Matrosendivisionen angegliedert.

1878 Beginn der ständigen Stationierung eines Kriegsschiffes in der Levante mit der Entsendung des Avisos *Loreley*.

Errichtung des Marine-Observatoriums Wilhelmshaven.

Bundesrat und Reichstag besichtigen unter Führung des Chefs der Admiralität die Flotte und bereisen die ganze Küste.

März Demonstration S.M.S. *Elisabeth*, *Ariadne* und der Gedeckten Korvette *Leipzig* unter Kommodore von Wickede vor der Westküste, S.M.S. *Medusa* vor der Ostküste der mittelamerikanischen Republik Nicaragua, um die Rückzahlung einer Schuldsumme und Genugtuung für die Mißhandlung des deutschen Konsuls in Managua durchzusetzen. Vorbereitung zum Einsatz der Landungskorps von Corinto aus gegen die Hauptstadt. Die Regierung erfüllt jedoch rechtzeitig die Forderungen.

1878 21. 3. Stapellauf des bei der Erwerbung der deutschen Schutzgebiete und der Vermessung von deren Küsten besonders häufig eingesetzten Kanonenbootes *Wolf*.

31. 5. Untergang der Panzerfregatte *Großer Kurfürst* bei Folkestone infolge Rammung durch S.M.S. *König Wilhelm*. Das in enger Doppelformation fahrende, aus drei Einheiten bestehende Übungsgeschwader weicht einem Segelschiff aus. In-

folge eines Mißverständnisses bei der Befehlsübermittlung auf S.M.S. *König Wilhelm* dreht dieses auf die neben ihm fahrende Panzerfregatte zu und rammt sie mit dem Sporn mittschiffs. Diese kentert nach etwa 15 Minuten und nimmt 269 Besatzungsangehörige mit in die Tiefe. Nach dieser Katastrophe werden die Ruderkommandos geändert. Sie werden so gegeben, wohin der Bug drehen soll.

27. 6. Stapellauf S.M.S. *Hyäne*, eines überwiegend für die Küstenvermessung verwendeten Kanonenbootes.

18. 9. Stapellauf des durch den tragischen Untergang 1896 bekannt gewordenen Kanonenbootes *Iltis*.

November S.M.S. *Ariadne* schließt mit den Häuptlingen von Jaluit (Marshall-Inseln, Mikronesien) und Mioko (Neu-Pommern, Melanesien) Handelsverträge zur Sicherung der dort erheblichen deutschen Wirtschaftsinteressen. In beiden Häfen werden Kohlestationen angelegt.

12. 11. S.M.S. *Ariadne* regelt vertraglich die Wirtschaftsbeziehungen mit den Ellice-Inseln (Polynesien).

1879–1880 Die Panzerkorvette *Hansa* und die Kreuzerkorvette *Freya* schützen die deutschen Interessen an der südamerikanischen Westküste während des chilenisch-peruanischen Krieges. Sie werden später durch S.M.S. *Ariadne* abgelöst. S.M.S. *Hansa* verhindert die Beschießung der peruanischen offenen Hafenstadt Callao.

1879 Die Kaiserliche Admiralität läßt auf S.M.S. *Falke* Versuche zur Einführung elektrischer Beleuchtung und Scheinwerfer auf den Kriegsschiffen anstellen.

S.M.S *Luise* nimmt auf einer Fahrt durch den nördlichen Indik und in den japanischen Gewässern ozeanographische Untersuchungen vor.

S.M.S. *Bismarck* nimmt an der südamerikanischen Westküste ozeanographische Untersuchungen vor.

21. 4. S.M.S. *Ariadne* schließt mit den Samoa-Inseln einen neuen Wirtschaftsvertrag, der die Interessen der deutschen Ansiedler und Kaufleute sichert und die Errichtung einer Kohlestation für die Kriegsschiffe in Saluafata auf Upolu vorsieht.

28. 4. S.M.S. *Ariadne* schließt mit den Gesellschafts-Inseln (Polynesien) einen Handelsvertrag.

8. 7. Bildung des Torpedo-Ingenieur-Korps. (Aufgabe: Verwaltung und Konservierung des Torpedo- und Minenmaterials).

Herbst Die Gedeckte Korvette *Bismarck* schlichtet im Interesse der deutschen Ansiedler Streitigkeiten unter den Samoanern. Auf der Fahrt von Valparaiso dorthin werden ozeanographische

Untersuchungen durchgeführt.

8. 10. Stapellauf des bei der Erwerbung der deutschen Schutzgebiete und für die Vermessung von deren Küsten besonders häfig eingesetzten Kanonenbootes *Möve*.

16. 12. Umwandlung des halbamtlichen Hydrographischen Bureaux in Hydrographisches Amt der Admiralität.

ab 1880 Die Kommandierungen von Seesoldaten auf Korvetten werden eingestellt, da als Folge des Überganges vom Segel- zum Maschinenantrieb die Matrosen deren Aufgaben mit übernehmen können.

1880 17. 2. Errichtung eines 4 m hohen Obelisken für die Toten S.M.S. *Großer Kurfürst* auf dem Friedhof von Folkestone.

27. 4. Der Reichstag lehnt die Samoa-Vorlage der Regierung ab. Mit dieser Versagung der Stützung des bedeutendsten, in Zahlungsschwierigkeiten geratenen Südseehandelsunternehmens Johann Cesar Godeffroy, Hamburg beweist die Volksvertretung, daß sie noch immer in kontinentalem Denken befangen ist und die Deutschen in Übersee in Notfällen keine Hilfe vom Mutterland erwarten können.

Sept./Nov. Ein internationales Geschwader, darunter S.M.S. *Victoria*, zwingt die Türkei zur Übergabe von Dulcigno an Montenegro gemäß dem Berliner Vertrag von 1878.

1881 S.M.S *Drache* führt systematische ozeanographische Untersuchungen in der Nordsee durch und setzt diese in den Jahren 1882 und 1884 fort.

8. 3. Die Glattdeckskorvette *Victoria* zwingt mit Billigung der Regierung von Liberia die Einwohner von Nana Kru zum Schadensersatz wegen Plünderung des gestrandeten deutschen Dampfers *Carlos*.

14. 9. Eröffnung der ersten Marine-Ausstellung in Hamburg im Gebäude der Seewarte. Der Beschluß eines zentralen Marine-museums wird nicht verwirklicht.

1882 Einweihung der Evangelischen Marine-Garnisonkirche in Kiel.
Die Gedeckte Korvette *Moltke* errichtet auf Süd-Georgien eine Station zur Beobachtung des Venus-Durchganges und nimmt anschließend ozeanographische Untersuchungen bis zum südamerikanischen Festland vor.

6. 5. Das Deutsche Reich, Belgien, Frankreich, Großbritannien und die Niederlande schließen einen Vertrag zur Regelung der Fischerei in der Nordsee. Als Folge davon setzt die Marine Kriegsschiffe als Fischereikreuzer ein (anfänglich das Kanonenboot *Delphin*).

30. 6.	Die Gedeckte Korvette *Stosch* und S.M.S. *Wolf* schließen mit dem Kaiserreich Korea einen Handelsvertrag.
8. 7.	Das Kanonenboot *Habicht* trifft zum Schutz der Deutschen während der britisch-ägyptischen Kampfhandlungen in Port Said ein. Es evakuiert zeitweise Deutsche und Österreicher aus der Kampfzone. Zu seiner Unterstützung wird S.M.S. *Möve* nachgesandt, das u. a. das Durchfahren des Suez-kanals durch deutsche Handelsschiffe sichert.
16. 7.	Das Landungskorps S.M.S. *Habicht* besetzt das deutsche Ge-neralkonsulat und das deutsche Hospital in Alexandria zum Schutz gegen Ausschreitungen.
17.–21. 8.	S.M.S. *Hertha* setzt beim König von Dahomey (Westafrika) Schadensersatzansprüche für die Plünderung des vor Koto-nou gestrandeten deutschen Handelsschiffes *Erndte* und Miß-handlung der Schiffbrüchigen durch die Einwohner durch.
20. 9.	S.M.S *Hyäne* nimmt auf der Oster-Insel neben hydrographi-schen auch ethnographische Untersuchungen zur Erforschung der dort vorhandenen Denkmäler vor.
6. 12.	Gründung des Deutschen Kolonialvereins in Frankfurt/Main zur Förderung der kulturellen und wirtschaftlichen Tätig-keit in Übersee.
24. 12.	S.M.S. *Stosch* und *Elisabeth* zwingen die chinesischen Behör-den von Amoy zur Einhaltung einer mit einem deutschen Kaufmann getroffenen wirtschaftlichen Vereinbarung.
26. 12.	Die Glattdeckskorvette *Carola* und S.M.S. *Hyäne* ziehen Bewohner der Hermit-Inseln (Melanesien) für die Ermor-dung deutscher Kaufleute und ihrer schwarzen Arbeiter zur Rechenschaft.
1883	Errichtung des Chronometer-Observatoriums Kiel.
24.–26. 1.	S.M.S. *Nautilus* informiert sich auf Weisung des Reichs-kanzlers über die Verhältnisse in Lüderitzbucht und Umge-bung. Der Bericht führt zur Entscheidung der Besitzer-greifung.
20. 3.	Rücktritt des Admirals von Stosch als Chef der Admiralität. Seine Amtsführung: Förderung der deutschen Handelsschiff-fahrt, des deutschen Schiffbaus, des Deutschtums in Übersee; Ausbau der Kriegsmarine nach landmilitärischen Gesichts-punkten; kontinentales Denken; Schiffe in der Heimat »zur lebendigen Küstenverteidigung«, zum »Ausfalldienst«; An-griffstaktik der Verbände wie die der Infanterie.

Die Kaiserliche Marine unter
Generalleutnant von Caprivi 1883–1888

20. 3.	Generalleutnant von Caprivi wird Chef der Admiralität. Wiederum erhält die Marine keinen Seeoffizier als Führungsspitze.
28. 4.	Das Kanonenboot *Iltis* unterdrückt eine fremdenfeindliche Bewegung unter den Chinesen in Swatau.
1. 5.	Der Bremer Kaufmann Lüderitz erwirbt durch Kauf von den dort ansässigen Hottentotten das Gebiet um die Bucht Angra Pequeña (später Lüderitzbucht genannt) in Südwestafrika.
21. 9.	Die beiden Matrosenartillerie-Abteilungen werden selbständige Formationen.
26. 10.	S.M.S. *Iltis* schreitet gegen die Bewohner der Pescadores-Inseln wegen Beraubung der deutschen Brigg *August* ein.
1884 27. 1.	Die Kreuzerkorvette *Sophie* besucht die Ruinen des brandenburgischen Forts Groß-Friedrichsburg am Kap der drei Spitzen.
3. 2.	S.M.S. *Sophie* schlichtet Meinungsverschiedenheiten zwischen deutschen Kaufleuten und den Einwohnern von Klein-Popo in Togo.
28. 3.	Der Reichstag nimmt die Gesetzesvorlage Caprivis zur Fortentwicklung der Marine an. Diese sieht als Schwerpunkt den Küstenschutz vor, da in Kürze mit einem Zweifrontenkrieg zu rechnen sei und die Bedürfnisse des Heeres Vorrang haben müssen.
1. 4.	Stapellauf von *V 1*, dem ersten auf der Vulcan-Werft, Stettin für die deutsche Marine gebauten Torpedoboot.
24. 4.	Das Deutsche Reich nimmt Lüderitzbucht unter seinen Schutz. Beginn der aktiven deutschen Kolonialpolitik und der Störungsversuche durch die meisten alten Kolonialmächte.
24. 5.	Stapellauf von *S 1*, dem ersten von der Firma Schichau, Elbing für die deutsche Marine gebauten Torpedoboot.
26. 5.	Gründung der Neu-Guinea-Gesellschaft zur Erschließung des Nordostteils dieser Insel (Melanesien).
4. 7.	Der Afrikaforscher Dr. Nachtigal stellt als Kaiserlicher Reichskommissar in Anwesenheit S.M.S. *Möve* nach Abschluß

von Schutzverträgen mit den Stammeshäuptlingen Togo durch Flaggenhissung in Bagida unter deutschen Schutz.

14. 7. Dr. Nachtigal stellt in gleicher Eigenschaft in Anwesenheit S.M.S. *Möve* nach Abschluß von Schutzverträgen mit den Stammeshäuptlingen Kamerun durch Flaggenhissung in Bellstadt unter deutschen Schutz.

7. 8. S.M.S. *Leipzig* und *Elisabeth* heißen die deutsche Flagge in Lüderitzbucht. Besitzergreifung des südlichen Teils von Deutsch-Südwestafrika.

12. 8. S.M.S *Wolf* heißt die deutsche Flagge in Sandwichhafen. Besitzergreifung des nördlichen Teils von Deutsch-Südwestafrika.

3. 9. Der Dampfer *Hohenstaufen* rammt vor der Weser-Mündung S.M.S *Sophie.* Die Schäden führen zu wichtigen schiffbautechnischen Erkenntnissen.

27. 10. Strandung des Segelschulschiffes *Undine* vor der nordjütischen Küste.

4. 11. S.M.S. *Elisabeth* und *Hyäne* stellen durch Flaggenhissung in Matupi den Bismarck-Archipel (Melanesien) unter deutschen Schutz.

20. 11. S.M.S. *Elisabeth* stellt durch Flaggenhissung in Friedrich-Wilhelms-Hafen Kaiser Wilhelms-Land (nordöstlicher Teil der Insel Neuguinea) unter deutschen Schutz.

4. 12. Dr. Carl Peters erwirbt die Landschaft Usagara durch Verträge mit den dort ansässigen Häuptlingen und legt damit den Grundstock zu dem wertvollsten Schutzgebiet Deutsch-Ostafrika.

19.–22. 12. Die Landungskorps S.M.S. *Bismarck* und der Kreuzerkorvette *Olga* bekämpfen aufrührerische Bewohner im Mündungsgebiet des Kamerun-Flusses. Erstmaliger Einsatz eines Lazarettschiffes.

20. 12. Stapellauf von *G*, dem ersten auf der Germaniawerft, Kiel für die deutsche Marine gebauten Torpedoboot.

1885 Januar S.M.S. *Ariadne* stellt das Mündungsgebiet des Dubreka-Flusses mit den Landschaften Koba und Kabitai (Westafrika) unter deutschen Schutz. Es fällt Ende des Jahres durch Verträge an Frankreich.

2. 2. S.M.S *Olga* unterdrückt einen Aufruhr der Bewohner von Lome (Togo).

27. 2. Das Deutsche Reich stellt Deutsch-Ostafrika (zunächst ohne die Küste) unter seinen Schutz.

21. 3. Der Kaiserliche Reichskommissar Dr. Nachtigal stellt in Anwesenheit S.M.S. *Möve* Mahin-Land (Nigeria, Westafrika)

unter deutschen Schutz. Es wird einige Monate später durch Verträge an Großbritannien abgetreten.

24. 3. Zusammenfassung der Marine-Akademie, der Marine-Schule und der Deckoffizier-Schule unter dem »Direktor des Bildungswesens der Marine«.

1. 4. Inkrafttreten neuer Organisations-Richtlinien für die Kaiserliche Marine.

6. 4. S.M.S. *Hyäne* stellt durch Flaggenhissung die nördlichen Salomon-Inseln im Pazifik unter deutschen Schutz.

20. 4. Dr. Nachtigal stirbt an Bord S.M.S. *Möve* und wird in der Nähe von Kap Palmas beigesetzt.

27. 5. Das Deutsche Reich übernimmt die Schutzherrschaft über das Sultanat Witu an der ostafrikanischen Küste, nachdem dessen Herrscher darum ersucht hat. Die Brüder Denhardt beginnen mit der wirtschaftlichen Erschließung des Landes.

2. 6. S.M.S. *Augusta* verläßt auf dem Wege nach Australien die Insel Perim am Südausgang des Roten Meeres und ist seitdem mit der ganzen Besatzung verschollen. Wahrscheinlicher Untergang in einem Orkan, dem zu jener Zeit dort mehrere Schiffe zum Opfer gefallen sind.

2. 7. Der Reichstag billigt den Vertrag der Reichsregierung mit dem Norddeutschen Lloyd zur Einrichtung von Reichspostdampferlinien nach Australien und Ostasien.

13. 8. Die Kreuzerfregatte *Prinz Adalbert* sowie S.M.S. *Stosch*, sein Schwesterschiff *Gneisenau* und S.M.S. *Elisabeth* unter Kommodore Paschen zwingen den Sultan von Sansibar zur Anerkennung der Schutzherrschaft über den von Deutschland beanspruchten Teil Ostafrikas, auf den er selbst keinerlei Ansprüche hat.

9. 9. Untergang des Torpedobootes *V 3* infolge Zusammenstoßes mit *V 8*.

15. 10. S.M.S. *Nautilus* stellt durch Flaggenhissung auf Jaluit die Marshall-Inseln (Mikronesien) unter deutschen Schutz.

22. 10. Spanien macht ältere Rechte auf die unter deutschen Schutz gestellten Karolinen-, Marianen- und Palau-Inseln geltend. Der zur Vermittlung angerufene Papst entscheidet zugunsten Spaniens.

1886 Januar S.M.S. *Friedrich Carl* schützt gemeinsam mit Kriegsschiffen anderer Staaten die Fremden während der Unruhen in Griechenland.

16. 3. Bildung der Inspektion des Torpedowesens in Kiel als Zentralstelle für Entwicklung und Ausbau der Torpedo- und Minenwaffe.

30. 4.	Verlegung der 4. Kompanie des Seebataillons nach Wilhelmshaven.
1. 5.	Bildung der III. Matrosenartillerie-Abteilung in Lehe.
13. 11.	Einweihung der 2. Einfahrt von Wilhelmshaven.
1887–1889	Die Segelfregatte *Niobe* setzt die ozeanographischen Untersuchungen S.M.S. *Drache* in der Nord- und Ostsee fort.
1887	Gründung des ersten deutschen Vereins ehemaliger Marineangehöriger in Düsseldorf.
12. 2.	Gründung des Marine-Regatta-Vereins, des späteren Kaiserlichen Yacht-Clubs, dessen Tradition in der Gegenwart der Kieler Yacht-Club fortführt.
3. 6.	Grundsteinlegung zum Kaiser-Wilhelm-Kanal durch Kaiser Wilhelm I.
5. 7.	Auffindung und Hebung des Tauchbootes Wilhelm Bauers bei Baggerarbeiten zur Anlegung des Torpedohafens in Kiel. Aufstellung im Garten der Marine-Akademie.
12. 7.	S.M.S. *Habicht* schlägt einen Aufruhr der Dualas in Kamerun nieder.
1. 10.	Bildung der I. Torpedoabteilung in Wilhelmshaven, der II. in Kiel, für den operativen Einsatz der Torpedo- und Minenwaffe.
23. 10.	Vizeadmiral Jachmann gestorben.
30. 11.	Das Kanonenboot *Adler* greift im Interesse der deutschen Ansiedler in Streitigkeiten der Bewohner der Samoa-Inseln ein.
1888	Aufteilung der Torpedooffiziersdienstgrade in die Laufbahnen »Torpedowesen« und »Minenwesen«.
Mai	Inkrafttreten des internationalen Abkommens über den Schutz der Seekabel.
18. 5.–1. 6.	S.M.S. *Kaiser* vertritt das Deutsche Reich auf der Weltausstellung in Barcelona.
5. 7.	Enthebung des Generalleutnants von Caprivi von der Stellung des Chefs der Admiralität. Seine Amtsführung: Ausrichtung der Marine auf den Zweifrontenkrieg gegen Frankreich und Rußland; Offensivstreitkräfte – Panzerschiffe, Defensivstreitkräfte – Torpedoboote.

Die Kaiserliche Marine vom Regierungsantritt Kaiser Wilhelms II. bis zum ersten Flottengesetz 1888–1897

1888 5. 7.   Vizeadmiral Graf von Monts wird Vertreter des Chefs der Admiralität.

23. 8.   Stapellauf des besonders für die Erwerbung der Schutzgebiete eingesetzten Ungeschützten Kreuzers *Sperber*.

1. 10.   Einweihung des neuen Gebäudes der Marine-Akademie in Kiel.

2. 10.   Das Kanonenboot *Eber* stellt durch Flaggenhissung die Phosphatinsel Nauru (Mikronesien) unter deutschen Schutz.

2. 11.   Das ausrangierte Kanonenboot *Cyclop* wird, erstmalig in der Marine, als Lazarettschiff in Kamerun stationiert.

2. 12.   Beginn der Blockade der ostafrikanischen Küste durch deutsche und britische Seestreitkräfte zur Verhinderung der Sklavenausfuhr und Waffeneinfuhr. (S.M.S. *Leipzig, Sophie, Carola, Möve* sowie die Ungeschützten Kreuzer *Schwalbe* und *Pfeil*. Chef: Konteradmiral Deinhard).

18. 12.   Opferreiches Gefecht der Landungskorps S.M.S. *Olga, Adler* und *Eber* bei Vailele auf Upolu gegen zahlenmäßig überlegene Samoaner, das mit deren völliger Niederlage endet.

1889 24. 1.   Vizeadmiral Freiherr von der Goltz wird Vertreter des Chefs der Admiralität.

25. 1.   Gefecht der Landungskorps S.M.S. *Sophie* gegen Aufständische bei Daressalam.

12. 3.   A.K.O. zur Teilung der Marine-Infanterie in I. und II. Seebataillon. Errichtung einer Inspektion.

16. 3.   Untergang S.M.S. *Adler* und *Eber* während eines Orkans im Hafen von Apia (Samoa).

27. 3.   Beginn der Niederschlagung des Aufstandes der arabischen Sklavenhändler in Deutsch-Ostafrika durch die auf Befehl der Reichsregierung von Hauptmann Wißmann aufgestellte Farbigentruppe mit Unterstützung des Blockadegeschwaders und dessen Landungskorps.
Landungsgefecht bei Kondutschi.

30. 3.   Gemäß A.K.O. Umwandlung der Admiralität in: 1. Oberkommando unter Vizeadmiral Freiherr von der Goltz, 2. Reichsmarineamt unter Konteradmiral Heusner (Verwaltung,

Erhaltung, Entwicklung). Mit der Kommandierung dieser Seeoffiziere als Führungsspitzen macht der Kaiser die Marine mündig. Bildung des Marinekabinetts unter Kapitän zur See Freiherr von Senden-Bibran als dritter Spitzenbehörde (Personalangelegenheiten des Offizierkorps).

17. 4.–14. 6.	Die Samoa-Konferenz in Berlin stellt die Inseln unter den gemeinsamen Schutz Deutschlands, Großbritanniens und der Vereinigten Staaten von Amerika.
8. 5.	Gefecht gegen die Aufständischen bei Bagamojo, Vernichtung ihrer Hauptmacht.
6. 6.	Vertreibung der Aufständischen aus Saadani.
8. 7.	Landungsgefecht bei Pangani.
10. 7.	Landungsgefecht bei Tanga.
29. 7.	Verleihung einer Fahne an das II. Seebataillon in Wilhelmshaven.
22. 10.	Das Deutsche Reich stellt auf Grund eines Vertrages mit dem Sultan von Sansibar die ostafrikanische Küste unter seinen Schutz.
1890	Beginn der Versuche der Marine mit Tauchbooten für Dampfantrieb. Bau je eines System Nordenfelt auf den Kaiserlichen Werften Kiel und Danzig.
22. 4.	Konteradmiral Hollmann wird Staatssekretär des Reichsmarineamtes.
2.–4. 5.	Gefecht S.M.S. *Carola*, *Schwalbe*, deren Landungskorps und der Wißmann-Truppe gegen die Aufständischen bei Kilwa-Kiwindje.
10. 5.	Vertreibung der Aufständischen aus Lindi.
14. 5.	Mit der Vertreibung der Aufständischen aus Mikindani ist die ganze Küste Deutsch-Ostafrikas fest in deutscher Hand.
1. 7.	Deutschland erwirbt von Großbritannien die Insel Helgoland, tritt diesem dafür seine ostafrikanischen Gebiete nördlich des Tana-Flußes (Witu, Somaliland) ab. Grenzberichtigungen in den anderen Schutzgebieten. Verzicht auf eventuelle spätere Besitzergreifung der Insel Sansibar.
9. 9.	Verleihung des Dolches an die Seekadetten und Fähnriche zur See.
16. 9.	S.M.S. *Wolf* rettet die Besatzung der in den japanischen Gewässern gestrandeten türkischen Fregatte *Ertrogul*.
29. 9.	Beendigung der Blockade der ostafrikanischen Küste.
1891	Bau eines Versuchstauchbootes mit elektrischem Antrieb bei Howaldt Kiel.
6. 1.	Die Kreuzerkorvette *Alexandrine* schließt mit den Gilbert-Inseln (Mikronesien) einen Handelsvertrag.

30. 6.	Stapellauf des ersten von vier aus der damaligen Sicht modernen Linienschiffe der Kaiserlichen Marine *Kurfürst Friedrich Wilhelm*.
	Einführung des bis zum Ende des ersten Weltkrieges für die Linienschiffe geltenden Organisationsschemas: Treffen = 2 Schiffe, Division = 4 Schiffe, Geschwader = 8 Schiffe.
9.–10. 7.	Das Landungskorps S.M.S. *Habicht* bekämpft aufrührerische Einwohner am Wuri-Fluß in Kamerun.
28.–30. 8.	Die Landungskorps S.M.S. *Leipzig, Sophie* und *Alexandrine* (Geschwaderchef Konteradmiral Valois) besetzen im Einvernehmen mit dem Intendanten der chilenischen Marine während einer Revolution die Europäer-Siedlung von Valparaiso zum Schutz gegen ungesetzliche Übergriffe. In dankbarer Anerkennung dieser Hilfe gründen die ansässigen Deutschen einen Verein, der durch Sammlungen zum Ausbau der Marine beitragen will. Beginn der Flottenvereinsbewegung unter den Auslandsdeutschen.
18. 10.	S.M.S. *Habicht* und *Hyäne* schlagen gemeinsam mit Einheiten der Kaiserlichen Schutztruppe einen Aufruhr der Bewohner von Abo in Kamerun nieder.
24. 12.	Der Ungeschützte Kreuzer *Sperber* zwingt die Bewohner der Gilbert-Inseln (Mikronesien), die Behinderung der deutschen Kaufleute zu unterlassen.
1892	Einführung von Schnelladegeschützen und Maschinengewehren auf den deutschen Kriegsschiffen.
6. 1.	Einschreiten S.M.S. *Sperber* gegen die den deutschen Handel störenden Insulaner von Butaritari (Mikronesien).
15. 1.	Stapellauf des Großen Kreuzers *Kaiserin Augusta*, des ersten Dreischraubenschiffes der Marine.
21. 4.	Der Ungeschützte Kreuzer *Bussard* ahndet an den Bewohnern von Hatzfeldhafen (Kaiser Wilhelms-Land) die Ermordung eines deutschen Kaufmannes.
13. 6.	Einrichtung einer Medizinalabteilung beim Reichsmarineamt.
29. 8.	Die Kreuzerkorvette *Arcona* erzwingt Genugtuung für die Beschimpfung der deutschen Flagge in Macuta (Venezuela).
8.–14. 9.	Die Kreuzerkorvette *Prinzeß Wilhelm* vertritt das Reich in Genua bei der Feier der 400. Wiederkehr der Wiederentdeckung Amerikas durch Columbus.
Herbst	Die Marine führt erstmalig kriegsmäßige Übungen mit aus allen verfügbaren Schiffen gebildeten Verbänden durch. Erarbeitung der Linear-Taktik.
1893 30. 1.	Der Ungeschützte Kreuzer *Falke* entfernt vom Kreuzkap in Deutsch-Südwestafrika die stark verwitterte, als Ansteue-

rungsmarke unbrauchbare, von dem Portugiesen Diogo Cão auf der Suche nach dem Seeweg nach Indien 1486 aufgestellte Wappensäule. Bis 1945 stand diese im Museum für Meereskunde zu Berlin.

27. 3. Bildung der IV. Matrosenartillerie-Abteilung Cuxhaven.

1. 4. Das Reichsmarineamt übernimmt vom Reichsamt des Inneren die Aufsicht über die Seezeichen in heimischen Gewässern.

Der spätere Marine-Generaloberarzt Professor Dr. med. Mühlens beginnt als Schiffsarzt seine Arbeit auf dem Gebiet der Tropenkrankheiten.

27. 4. S.M.S. *Kaiserin Augusta* und der Ungeschützte Kreuzer *Seeadler* vertreten das Reich bei der Columbus-Feier in New York.

8. 5. Umwandlung des Hydrographischen Amtes in die Nautische Abteilung des Reichsmarineamtes.

1.–30. 8. S.M.S. *Wolf* liegt während der französisch-siamesischen Grenzstreitigkeiten zum Schutz der deutschen Interessen in Bangkok.

3. 11. S.M.S. *Arcona* erzwingt während der brasilianischen Revolution die Herausgabe von sechs durch die Aufständischen in Rio de Janeiro widerrechtlich zurückgehaltenen deutschen beladenen Leichtern.

9. 12. S.M.S. *Arcona* bringt die deutschen Fahrgäste eines in Rio de Janeiro von Aufständischen beschossenen Dampfers in Sicherheit.

20.–23. 12. S.M.S. *Hyäne* unterdrückt den Aufstand des aus Eingeborenen von Dahomey bestehenden Teils der Kaiserlichen Schutztruppe für Kamerun. Ein aus der Heimat zur Unterstützung entsandtes Detachement des I. Seebataillons braucht nicht mehr einzugreifen.

1894 4. 2. S.M.S. *Alexandrine* schützt fünf europäische Handelsschiffe vor der Beschlagnahme durch aufständische Brasilianer.

16. 2. Ein Ventilbruch des Hauptdampfrohrs auf S.M.S. *Brandenburg* hat den Tod von 47 Menschen zur Folge.

13. 7. S.M.S. *Bussard, Falke* und der britische Kreuzer *Curaçao* beschießen Befestigungen aufständischer Samoaner.

25. 7. S.M.S. *Iltis* und das französische Kanonenboot *Lion* retten im Gelben Meer Schiffbrüchige des von den Japanern versenkten chinesischen Truppentransporters *Kow-ching* (chinesisch-japanischer Krieg).

27. 7. S.M.S. *Iltis* entsendet sein Landungskorps nach der koreanischen Hauptstadt Seoul zum Schutz der ansässigen Deutschen.

13. 8.	Die Beschießung der Befestigungen aufständischer Samoaner vom 13. 7. wird wiederholt.
15. 10.	S.M.S. *Seeadler* trifft im Hafen Lourenço Marques in Portugiesisch-Ostafrika ein, um notfalls die Deutschen während eines gefährlichen Aufstandes schützen zu können.
28. 11. bis 18. 12.	Die Kreuzerkorvette *Irene* setzt bei den marokkanischen Behörden in Casablanca Entschädigung für die Ermordung eines deutschen Kaufmannes durch.
1895	Vizeadmiral von Knorr wird Chef des Oberkommandos der Marine. Beginn der ständigen Stationierung eines Kreuzergeschwaders in Ostasien.
24. 1.	Ausschiffung der Landungskorps deutscher, britischer, französischer und nordamerikanischer Kriegsschiffe in Tschifu zum Schutz der Europäer (chinesisch-japanischer Krieg).
28. 4.	S.M.S. *Irene* landet in Tamsui (Formosa) ein Detachement zum Schutz der Europäer (Aufstand gegen die japanische Besetzung).
5. 6.	S.M.S. *Iltis* bringt in Tamsui (Formosa) ein Fort durch Artilleriefeuer zum Schweigen, da dieses das Auslaufen des deutschen Dampfers *Arthur* verhindern will.
20. 6.	Feierliche Eröffnung des Kaiser Wilhelm-Kanals in Gegenwart von 53 ausländischen Kriegsschiffen.
8. 7. – 11. 8.	Das Küstenpanzerschiff *Hagen* sowie S.M.S. *Kaiserin Augusta* und *Stosch* setzen bei der marokkanischen Regierung Entschädigung für die Ermordung zweier deutscher Kaufleute durch.
28. 8.	Das Torpedoboot *S 41* kentert im schweren Sturm bei Kap Skagen.
1896 21. 1.	S.M.S. *Stosch* und sein Schwesterschiff *Stein* treffen zum Schutz der Deutschen während der Unruhen in Habana (Cuba) ein.
11. 4.	Das Torpedoboot *S 48* sinkt bei Hooksiel nach einem Zusammenstoß mit *S 46*.
1. 7.	Offiziere des Beurlaubtenstandes und frühere Seeoffiziere der Marine dürfen als Kapitäne von Handelsschiffen in der Flagge ein Eisernes Kreuz führen.
23.–24. 7.	Untergang S.M.S. *Iltis* im schweren Sturm vor Kap Schantung. Er erregt das Mitgefühl aller Seefahrernationen und findet höchste Achtung für die vorbildliche Haltung der Besatzung angesichts des unausweichbaren Todes. Ihr Gesang des Flaggenliedes erhebt dieses zur Hymne der Kaiserlichen Marine.

3. 10.	S.M.S. *Seeadler* bringt den Großbritannien nicht genehmen, in das deutsche Konsulat geflüchteten Thronprätendenten von Sansibar nach Daressalaam.
9. 11.	Das Sanitätsoffizierkorps der Marine wird von dem des Heeres getrennt.
1897	Die Heimatflotte besteht aus einem Geschwader von acht Einheiten. Zu den Herbstmanövern werden nunmehr in jedem Jahr zusätzlich alle verfügbaren Schiffe herangezogen, um das Seeoffizierkorps in gefechtmäßigem Denken und in der Führung von Verbänden zu schulen. Erstmalige Festlegung einer Geschützschießvorschrift für die Marine.
25. 2.	S.M.S. *Kaiserin Augusta* schifft im Rahmen der internationalen Maßnahmen sein Landungskorps in La Canea auf Kreta zur Bekämpfung der Aufständischen aus.
13. 4.	Überfall von Einwohnern der Ali-Inseln (Bismarck-Archipel) auf ein Vermessungs-Detachement S.M.S. *Möve*.
18. 6.	Kaiser Wilhelm II. ernennt Konteradmiral Tirpitz zum Staatssekretär des Reichsmarineamtes.
17. 8.	S.M.S. *Falke* geht gegen Bewohner der Astrolabe-Bucht (Bismarck-Archipel) vor, die den Landeshauptmann von Hagen ermordet haben.
22. 9.	Untergang des Torpedobootes *S 26* im Sturm in der Elbemündung.
30. 10.	Der von Konteradmiral Tirpitz ausgearbeitete Plan zum stetigen Ausbau der Flotte geht als Gesetzesvorlage dem Reichstag zu.
14. 11.	S.M.S. *Kaiser, Prinzeß Wilhelm* und der Ungeschützte Kreuzer *Cormoran* unter Konteradmiral Diederichs besetzen den chinesischen Hafen Tsingtau auf der Halbinsel Schantung anläßlich der Ermordung zweier deutscher katholischer Geistlicher.
6. 12.	S.M.S. *Stein* und das Schulschiff *Charlotte* erzwingen von der Regierung in Haïti Entschädigung für die Gefangensetzung und spätere Ausweisung eincs deutschen Kaufmannes sowie Genugtuung für die Beleidigung des deutschen Geschäftsträgers.

Die Kaiserliche Marine vom ersten Flottengesetz bis zum Ausbruch des Ersten Weltkrieges 1898–1914

1898	26. 1.	Das aus Teilen des I. und II. Seebataillon gebildete III. Seebataillon trifft in seiner neuen Garnison Tsingtau ein.
	6. 3.	Abschluß des Vertrages mit China über die Pachtung des Kiautschou-Gebietes auf 99 Jahre. Damit besitzt Deutschland, ebenso wie andere Großmächte, einen Wirtschafts-, Kultur- und Flottenstützpunkt in Ostasien. Ausbau und Verwaltung erfolgen durch das Reichsmarineamt.
	10. 4.	Kaiser Wilhelm II. vollzieht das vom Reichstag am 28. 3. angenommene Flottengesetz, das den Ausbau der Flotte für einen längeren Zeitraum festlegt. Wesentliche Einzelheiten:

Sollstärke:

17 Linienschiffe, dazu 2 Reserve

8 Küstenpanzerschiffe

9 Große Kreuzer, dazu 3 Reserve

26 Kleine Kreuzer, dazu 4 Reserve

Ersatzzeiten: Linienschiffe nach 25, Große Kreuzer nach 20, Kleine Kreuzer nach 15 Jahren,

gerechnet von der Bewilligung der ersten Rate der Baukosten.

	30. 4.	Gründung des Deutschen Flottenvereins zur Vertiefung der Kenntnis der Bedeutung der See in der Bevölkerung.
	Mai – Sept.	S.M.S. *Geier* nimmt die deutschen Interessen während des spanisch-nordamerikanischen Krieges im Kampfgebiet Cuba – Puerto Rico wahr. U. a. zweimaliger Transport von Zivilisten nach Vera Cruz (Mexiko).
	Juni–Nov.	S.M.S. *Olga* stellt biologische Untersuchungen im Nördlichen Eismeer an.
	2. 9.	Tsingtau wird zum Freihafen erklärt.
	1. 10.	Errichtung einer Stammkompanie für das III. Seebataillon in Kiel.
	21. 11.	Enthüllung eines Denkmals in Schanghai für das 1896 am Kap Schantung gestrandete Kanonenboot *Iltis*.
	1899	Umbenennung der Maschinen-Ingenieur-Dienstgrade in »Marine-Ingenieur«.
	30. 1.	S.M.S. *Stosch* und *Charlotte* besuchen Oran und laufen damit als erste deutsche Kriegsschiffe nach 1871 einen französi-

schen Hafen an. Versuch zur Herbeiführung besserer Beziehungen zwischen den beiden Staaten.

12. 2. Spanien verkauft dem Deutschen Reich die Karolinen-, Marianen- und Palau-Inseln (Mikronesien).

14. 3. Gemäß einer A.K.O. Auflösung des Oberkommandos der Marine. Reichsmarineamt, Marinekabinett und der neu gebildete Admiralstab unter Konteradmiral Bendemann (Nachfolger im gleichen Jahr Vizeadmiral von Diederichs) werden zusammen mit den Chefs der Marinestationen, dem Inspekteur des Bildungswesens, dem Flottenkommando und dem Chef des Kreuzergeschwaders dem Kaiser direkt unterstellt.

25. 5. Kaiser Wilhelm II. genehmigt den Plan des Konteradmirals Tirpitz, des preußischen Kultusministers und des preußischen Finanzministers zur Errichtung des Institutes und Museums für Meereskunde an der Königlichen Friedrich Wilhelms-Universität zu Berlin.

6. 7. Kaiser Wilhelm II. besucht in Bergen (Norwegen) von seiner Jacht *Hohenzollern* aus das französische Schulschiff *Iphigénie,* um damit seinen persönlichen Wunsch nach besseren Beziehungen beider Staaten zueinander auszudrücken.

19. 7. Der Aviso *Ibis* besucht Geestemünde und läuft damit als erstes französisches Kriegsschiff nach 1871 einen deutschen Hafen an.

26. 7. Stapellauf von *S 90,* dem ersten »Großen Torpedoboot« für Hochseeverwendung der Marine.

29. 7. Die Haager Friedenskonferenz legt die Anwendung der Genfer Konvention von 1864 im Seekrieg fest.

27. 12. Ein britisches Kriegsschiff bringt den Reichspostdampfer *Bundesrat* zur Untersuchung auf Konterbande zu Gunsten der Buren auf, gibt ihn aber, da der Verdacht unbegründet ist, wieder frei. (Krieg Großbritanniens gegen Transvaal und den Oranje-Freistaat, der mit der Annektierung der beiden Republiken endet).

um 1899 Die Kommandierungen von Seesoldaten auf Panzerschiffe werden eingestellt. Ihre heimischen Funktionen erstrecken sich nur noch auf den Wach- und Sicherheitsdienst in den Kriegshäfen.

1900 Die Marine bildet aus den vorhandenen schweren Kampfschiffen eine ständige Übungsflotte. Diese besteht aus einem Geschwader von 8 Linienschiffen und einem aus 6 Küstenpanzern. Zur Aufklärung werden nach Bedarf Kleine Kreuzer und Avisos herangezogen. Der Chef des I. Geschwaders ist gleichzeitig Flottenchef. (Admiral von Koester).

Gründung des Instituts für Schiffs- und Tropenkrankheiten Hamburg durch Marine-Generaloberarzt a. D. Professor Dr. med. Nocht.

2. 1.   Der Hamburger Dampfer *Hans Wagner* wird von einem britischen Kriegsschiff auf Konterbande für die Buren untersucht, aber wieder freigegeben.

7. 1.   Die Untersuchungen der Reichspostdampfer *Herzog* und *General* durch britische Kriegsschiffe verlaufen ergebnislos. Großbritannien fördert durch die Untersuchung der 4 Dampfer unbeabsichtigt den maritimen Wehrwillen in der deutschen Bevölkerung.

5. 2.   Laut einer A.K.O. werden Marine-Akademie und Marineschule organisatorisch getrennt.

17. 2.   Die Samoa-Inseln Sawaï und Upolu werden auf Grund von Verträgen mit Großbritannien und den Vereinigten Staaten von Amerika deutsches Schutzgebiet.

Frühjahr Rheinfahrt einer Torpedoboots-Division bis Matau bei Karlsruhe.

1900–1901 *Boxer-Unruhen in China.*

1900 7. 4. Gemeinsame Aufforderung der Großmächte an die chinesische Regierung, die fremden- und christenfeindliche Bewegung der »Boxer-Gesellschaft vom großen Messer« binnen zwei Monaten zu verbieten, andernfalls sie zur Selbsthilfe schreiten würden.

3. 6.   Da die Boxer die Greueltaten steigern, überführt S.M.S. *Kaiserin Augusta* auf Requisition des deutschen Gesandten eine Abteilung des III. Seebataillons nach Taku. Sie wird in Peking zum Schutze der Gesandtschaft eingesetzt.

4. 6.   Das Landungskorps des Kanonenbootes *Iltis* wird in Tientsin zum Schutz der Europäer eingesetzt.

8. 6.   Die vor Taku versammelten Großen Kreuzer *Hansa*, *Hertha* und *Kaiserin Augusta*, die Kleinen Kreuzer *Gefion* und *Irene* unter Vizeadmiral Bendemann entsenden gemeinsam mit Kriegsschiffen anderer Seemächte Landungsdetachements nach Tientsin zum Schutze ihrer Staatsangehörigen.

10. 6.   Der britische Vizeadmiral Seymour tritt mit britischen, deutschen, französischen, nordamerikanischen, russischen, japanischen, österreichisch-ungarischen und italienischen Landungstruppen, insgesamt 2117 Mann, den Vormarsch nach Peking zum Schutz der Gesandtschaften an. Führer des deutschen Landungskorps ist Kapitän zur See von Usedom.

11. 6.	Gefecht des internationalen Landungskorps gegen chinesische Banden bei Langfang.
13. 6.	Boxer und reguläre chinesische Truppen beginnen die Angriffe auf die ausländischen Gesandtschaften in Peking.
14. 6.	Kaiser Wilhelm II. vollzieht das zweite vom Reichstag am 12. angenommene Flottengesetz, das im wesentlichen eine Verdoppelung der Soll-Zahl der Linienschiffe und eine Erhöhung der Zahl der Kreuzer vorsieht. Diese Erweiterung des Flottengesetzes von 1898 trägt der weltpolitischen Lage Rechnung. Ein Angriff auf die deutsche Flotte soll auch der stärksten Seemacht als gewagtes Unternehmen erscheinen. Zweites Gefecht des internationalen Landungskorps bei Langfang.
15.–23. 6.	Chinesische reguläre und Boxer-Truppen greifen vergeblich die von europäischen Kriegsschiffs-Detachements und Seesoldaten verteidigte Fremdenniederlassung in Tientsin an.
17. 6.	Je ein deutsches, britisches, französisches, japanisches und drei russische Kanonenboote kämpfen gemeinsam mit einer internationalen Truppe unter Kapitän zur See Pohl die den Weg von der Küste nach Peking sperrenden Taku-Forts nieder. Rühmlicher Einsatz S.M.S. *Iltis* unter Korvettenkapitän Lans und nach dessen schwere Verwundung unter Oberleutnant zur See Hoffmann Lamatsch Edler von Waffenstein.
18. 6.	Drittes Gefecht des internationalen Landungskorps bei Langfang, diesmal auch gegen reguläre chinesische Truppen.
19. 6.	Das internationale Landungskorps tritt, da die Eisenbahnlinie nach Peking hinter Langfang zerstört ist, den Rückmarsch nach Tientsin an.
20. 6.	Boxer ermorden den deutschen Gesandten Freiherr von Ketteler in Peking auf dem Wege zu einer Vermittlungsaktion.
21. 6.	Gefecht des internationalen Landungskorps bei Peitsang.
22. 6.	Das internationale Landungskorps erstürmt das Hsiku-Arsenal bei Tientsin.
23. 6.	Russische Landungstruppen und das III. Seebataillon entsetzen die internationale Niederlassung von Tientsin.
26. 6.	Das internationale Landungskorps unter Vizeadmiral Seymour trifft wieder in Tientsin ein.
27. 6.	Internationale Truppen erstürmen das Ostarsenal bei Tientsin.
3. 7.	Kaiser Wilhelm II. ordnet die Aufstellung einer Freiwilligen-Truppe für China an. Aus zwei Brigaden mit Artillerie, technischen und Nachschub-Formationen wird das Ostasiati-

sche Expeditionskorps gebildet.

Das I. und II. Seebataillon mit Feldbatterie, Pionier-Kompanie und Telegraphen-Detachement treten die Ausreise nach China an.

4. 7. Das III. Seebataillon verläßt das Kampfgebiet, da ein Übergreifen des Aufstandes auf die Umgebung von Tsingtau befürchtet wird.

9. 7. Ausreise der 1. Division des I. Geschwaders (»Brandenburg«-Klasse) unter Konteradmiral Geißler zur Verstärkung der internationalen Seestreitkräfte in Ostasien.

15. 7. Beendigung der Kämpfe in und um Tientsin nach völliger Niederlage der Chinesen.

6. 8. Kaiser Wilhelm II. ernennt den ehemaligen preußischen Generalstabschef Graf von Waldersee zum Generalfeldmarschall und Oberbefehlshaber der deutschen Truppen in China. Im Hinblick auf dessen Rang treten die Truppen der anderen beteiligten Staaten unter dessen Befehl oder arbeiten eng mit dem Oberkommando zusammen.

7. 8. Ein starkes internationales Korps tritt den Vormarsch nach Peking an.

14. 8. Das internationale Korps entsetzt die in Peking belagerten ausländischen Gesandtschaften.

18. 8. Ein deutsches Landungskorps trifft in Peking ein.

Ende August Eintreffen der deutschen Linienschiffe in Ostasien. Die Stationierung entlang der ganzen chinesischen Küste trägt zur Verhinderung der Ausbreitung des Aufstandes bei.

September Eintreffen des deutschen Ostasiatischen Expeditionskorps in den durch die Seestreitkräfte vorbereiteten Landeräumen. Danach Wiedereinschiffung der Landungskorps der deutschen Kriegsschiffe.

11. 9. Gefecht des Marine-Expeditionskorps bei Lianghsianghsien.

25. 9. Gefecht des Marine-Expeditionskorps und ausländischer Truppen bei Nanhungmön.

1. 10. Die Landungskorps des Panzerkreuzers *Fürst Bismarck*, des Kleinen Kreuzers *Hela* sowie S.M.S. *Hansa* und *Hertha* besetzen gemeinsam mit deutschen und ausländischen Landtruppen die Befestigung bei Schanhaikwan.

12. 10. Teilnahme der Marine-Feld-Batterie am Gefecht bei Paotingfu.

5. 12. Marinekonvention zwischen Deutschland, Österreich-Ungarn und Italien, in der das Vorgehen der Flotten der Verbündeten im Kriegsfalle festgelegt wird.

16. 12. Feierlicher Einzug des aus China zurückgekehrten Teils des

Marine-Expeditionskorps in Berlin.
Untergang S.M.S. *Gneisenau* im Orkan auf der Reede von Málaga.

1901 Bildung eines ständigen Aufklärungsverbandes der Übungsflotte.

Bau der katholischen Marine-Garnisonkirche in Wilhelmshaven.

Bau des Versuchs-Tauchbootes Typ 4 bei Howaldt, Kiel.

18. 1. Kaiser Wilhelm II. verleiht der Marine anläßlich der 225. Wiederkehr des Todestages des Admirals de Ruyter den Holländischen Ehrenmarsch als Präsentiermarsch.

4. 9. Untergang des Kleinen Kreuzers *Wacht* bei Rügen nach einem Zusammenstoß mit den Linienschiff *Sachsen.*

7. 9. Friedensschluß zwischen China und den an der Niederwerfung des Boxeraufstandes beteiligten Staaten. Eine Brigade bleibt bis zur Erfüllung des Vertrages als Besatzung im Kampfgebiet.

13. 9. Kaiser Wilhelm II. verleiht den Seeoffizieren anläßlich eines Zusammentreffens mit Nikolaus II. von Rußland den Dolch als Interimswaffe. Er wird von diesen bis 1945 getragen.

1902 Vizeadmiral Büchsel wird Chef des Admiralstabes.

Bau des Versuchs-Tauchbootes Typ 5 bei Howaldt, Kiel.

März/April S.M.S. *Falke* unternimmt als erstes deutsches Kriegsschiff eine Fahrt den Amazonas aufwärts bis Iquitos (Peru). (ca. 5000 Sm Stromfahrt)

7. 6. Das Kanonenboot *Panther* und das Begleitschiff der Kaiserlichen Jacht, S.M.S. *Sleipner* treffen anläßlich der Internationalen Gewerbeausstellung in Düsseldorf ein.

24. 6. Untergang des Torpedobootes *S 42* vor Cuxhaven infolge Rammens durch den britischen Dampfer *Firsby.*

6. 9. S.M.S. *Panther* versenkt vor Gonaives den Rebellenkreuzer *Crête-à-Pierrot* wegen eines Piraterieaktes gegen den deutschen Dampfer *Markomannia.* Die Regierung von Haïti dankt dafür offiziell der deutschen.

1. 10. Die IV. Matrosenartillerie-Abteilung erhält Tsingtau als Standort.

7. 12. Der deutsche und der britische Gesandte in Caracas fordern von der Regierung von Venezuela vergeblich ultimativ Rückzahlung von Schulden an ihre dort ansässigen Staatsangehörigen.

10. 12. Deutsche und britische Seestreitkräfte besetzen als Pfand für die finanziellen Forderungen vier venezolanische Kriegsschiffe. Zwei werden wegen Seeuntüchtigkeit versenkt.

	11. 12.	Das venezolanische Kanonenboot *Restaurador* wird von Mannschaften S.M.S. *Gazelle* unter deutscher Flagge in Dienst gestellt.
	13. 12.	Der Große Kreuzer *Vineta* und der britische Kreuzer *Charybdis* kämpfen die Forts von Puerto Cabello nieder, da der britische Dampfer *Topaze* völkerrechtswidrig festgehalten und das Ultimatum bezügl. Freigabe unbeantwortet bleibt.
	14. 12.	A.K.O. zur Bildung der ostamerikanischen Kreuzerdivision unter Kommodore Scheder, bestehend (zeitweise) aus S.M.S. *Vineta, Falke, Panther, Sperber, Stosch, Charlotte, Restaurador*, dem Kleinen Kreuzer *Gazelle* und dem Troßschiff *Sibiria*.
	20. 12.	Beginn der Blockade der venezolanischen Häfen durch deutsche, britische und italienische Kriegsschiffe, nachdem zuvor schon einzelne Häfen blockiert wurden.
	30. 12.	Die Übungsflotte wird in »Aktive Schlachtflotte« umbenannt. Bildung der Kommandobehörde »Befehlshaber der Aufklärungsstreitkräfte«.
	1903	Errichtung des Marine-Observatoriums Tsingtau.
	4. 1.	Puerto Cabello (Venezuela) wird von einem deutschen Landungskorps besetzt.
	22.–23. 1.	S.M.S. *Vineta, Gazelle* und *Panther* kämpfen das Fort San Carlos am Golf von Maracaibo (Venezuela) nieder.
	27. 1.	Kaiser Wilhelm II. verleiht S.M.S. *Iltis* für den Einsatz bei der Niederkämpfung der Taku-Forts 1900 den Orden »Pour le mérite«.
	10. 2.	Beginn der Aufhebung der Blockade Venezuelas, da die Regierung die Bezahlung der Schulden zusagt.
	23. 2.	Rückgabe S.M.S. *Restaurador* an die venezolanische Regierung.
1904	12. 1.	Beginn des Aufstandes der Hereros in Deutsch-Südwest-Afrika. Da das Aufstandsgebiet fast ganz von Verbänden der Schutztruppe entblößt ist, kommt die erste Hilfe von dem aus Kapstadt herangezogenen Kanonenboot *Habicht*.
	17. 1.	Kaiser Wilhelm II. befiehlt die Bildung eines Marine-Expeditionskorps für Deutsch-Südwestafrika.
	18. 1.	Eintreffen S.M.S. *Habicht* vor Swakopmund. Der Kommandant Korvettenkapitän Gudewill übernimmt, solange sich der Gouverneur im südlichen Schutzgebiet aufhält, den Oberbefehl. Das Landungskorps sichert und repariert die Eisenbahn nach Windhuk.
	2. 2.	Das Landungskorps S.M.S. *Habicht* erreicht Okahandja und

trifft mit der 2. Feldkompanie der Schutztruppe zusammen.

5. 2. Die Bahnlinie Swakopmund–Windhuk ist fest in der Hand des Landungskorps und voll betriebsfähig, das Löschen von Nachschub aus der Heimat im Hafen ist vorbereitet.

9. 2. Das Marine-Expeditionskorps unter Major von Glasenapp, bestehend aus je 2 Kompanien des I. und II. Seebataillons als Marine-Infanterie-Bataillon, einer Maschinengewehrabteilung und dem Troß, dazu die Ablösungsmannschaft S.M.S. *Habicht* treffen in Swakopmund ein.

10. 2. Die Flaggoffiziere des II. Geschwaders der Aktiven Schlachtflotte führen in den Kommandoflaggen »rote Kugeln«.

1904 Anläßlich des russisch-japanischen Krieges wird das Kreuzergeschwader in Ostasien auf 3 Große, 4 Kleine Kreuzer, 2 Torpedoboote, 4 Kanonenboote und 3 Flußkanonenboote verstärkt.

16. 2. Gefecht am Liewenberg. Das Landungskorps S.M.S. *Habicht* ist aufgeteilt worden und beteiligt sich an den Operationen der Schutztruppe und deren Reserveformationen.

19. 2. Gefecht bei Groß-Barmen.

25. 2. Gefecht der Westabteilung bei Otjihinamaparero. Der Kommandeur der Schutztruppe Oberst Leutwein teilt das Marine-Expeditionskorps auf die neu gebildeten Haupt-, West- und Ostabteilung auf.

27. 2. Der größte Teil des Landungskorps S.M.S. *Habicht* kehrt an Bord zurück.

4. 3. Gefecht einer gemischten Abteilung bei Klein-Barmen.

13. 3. Gefecht der Ostabteilung bei Owikokorero.

16. 3. Gefecht der Westabteilung am Omatakoberg.

Eine Typhus- und Malaria-Epedemie zwingt zur Herauslösung der Seesoldaten und Verwendung im Etappendienst.

26. 3. Stapellauf S.M.S. *Lübeck,* des ersten Turbinenkreuzers der Marine.

3. 4. Gefecht der Ostabteilung bei Okaharui.

9. 4. Gefecht der Hauptabteilung bei Onganjira.

13. 4. Gefecht der Hauptabteilung bei Okatumba.

3. 5. Auflösung der Ostabteilung wegen der Typhusepidemie und nach Befriedung des Gebietes zwischen Windhuk und der britischen Grenze.

19. 5. Stapellauf von S 125, dem ersten Torpedoboot mit Turbinenantrieb der Marine.

7. 7. Bildung des Marine-Baubeamtenkorps.

11. 8. Nach der gegen die Japaner verlorenen Seeschlacht bei

Schantung (10. 8.) treffen das russische Linienschiff *Zessarewitsch*, der Kreuzer *Nowik* und 5 Torpedoboote zur Internierung bis Kriegsende in Tsingtau ein. Um japanische Angriffe zu verhindern, kreuzen die Schiffe des Kreuzergeschwaders gefechtsklar vor dem Hafen und vor der Bucht.

November
S.M.S. *Vineta* unterstützt die Schutztruppe in Lüderitzbucht bei den Vorbereitungen zur Ausschiffung der aus der Heimat nachgesandten Verstärkungen gegen die aufständischen Hottentotten.

1905
Nach der Vernichtung der russischen Flotte im Krieg gegen Japan rückt Deutschland hinter Großbritannien und Frankreich an die dritte Stelle der Seemächte. Die Aktive Schlachtflotte erreicht die im Flottengesetz festgelegte Stärke von 16 Linienschiffen. Der Flottenchef wird eine vom I. Geschwader getrennte Kommandostelle. Flottenflaggschiff wird das Linienschiff *Kaiser Wilhelm II*.
Die Stadt Kiel verliert einen Prozeß gegen die Marine wegen der Besitzrechte am Hafengebiet.

6. 3.
Beginn des Rücktransportes des Marine-Expeditionskorps aus Deutsch-Südwestafrika, nachdem es – aufgeteilt – bis zum Eintreffen der Verstärkungen der Schutztruppe an vielen kleineren Kampfhandlungen teilgenommen hat.

Sommer
Die Küstenpanzer *Ägir* und *Frithjof* führen Wetterbeobachtungen vor der norwegischen Küste durch.

Juli
S.M.S. *Kaiser Karl der Große* vertritt das Reich bei den Feiern in Antwerpen anläßlich der 75jährigen Unabhängigkeit Belgiens.

Anfang Aug.
Beginn des von Häuptlingen und »Medizinmännern« im wenig erschlossenen Süden ausgelösten, von der abergläubischen Bevölkerung unterstützten Maji-Aufstandes in Deutsch-Ostafrika.

4. 8.
Der Ungeschützte Kreuzer *Bussard* befördert eine Abteilung der Schutztruppe nach Kilwa-Kivindje und besetzt den Hafen durch ein Landungsdetachement.

5.–13. 8.
Ein Landungsdetachement S.M.S. *Bussard* sichert den Küstenort Ssamanga.

5. 8.
Ein weiteres Landungsdetachement schützt Mohoro am Rufiji-Delta.

23. 8.
S.M.S. *Bussard* landet in Lindi und Mikindani Truppen zum Schutze der Bevölkerung. Das Schiff selbst liegt einsatzbereit vor Saadani.

25. 8.
S.M.S. *Bussard* liegt vor Lindi.

9. 9.
S.M.S. *Bussard* in Daressalam gibt soviele Mannschaften ab,

daß es außer dem Maschinenpersonal nur noch sieben Mann von der seemännischen Besatzung an Bord hat.

15. 9. Eine aus Teilen des I. und II. Seebataillons gebildete Abteilung von 172 Mann trifft in Daressalam ein, ebenso eine Verstärkung der Besatzung S.M.S. *Bussard*.

26. 9. S.M.S. *Seeadler* trifft, von den Palau-Inseln kommend, als Verstärkung in Daressalam ein.

2. 10. S.M.S. *Thetis* trifft aus Ostasien zur Verstärkung in Daressalam ein. Die Hauptaufgabe der drei Kriegsschiffe und der Seesoldaten bleibt die Sicherung der Küstenorte. Letztere nehmen jedoch auch an Operationen der Kaiserlichen Schutztruppe im Innern des Landes teil.

15. 10. Ein Seesoldaten-Detachement trifft über Mombassa und die Uganda-Bahn (Britisch-Ostafrika) am Victoriasee ein und übernimmt den Schutz von Muansa.

Okt./März 1906 Teilnahme von Seesoldaten am Feldzug gegen die Wangoni bis zum Njassasee.

1906 Das Linienschiff *Deutschland* wird Flottenflaggschiff.

Die Marine entleiht von der HAPAG den Turbinendampfer *Kaiser*, um die Verwendbarkeit der Antriebsanlage für Kriegsschiffe zu prüfen.

Inbetriebnahme der Großfunkstation Nauen für den Übersee-Nachrichtenverkehr.

Konteradmiral von Müller wird Chef des Marinekabinetts.

Einrichtung der Marine-Zahlmeister-Laufbahn.

Beginn der Einführung von Panzersprenggranaten, deren Bodenzünder mit Verzögerung die Geschosse erst nach dem Durchschlagen des Panzers explodieren lassen.

Januar Beginn der wissenschaftlichen Expedition des Vermessungsschiffes *Planet* zu meereskundlichen und meteorologischen Forschungen im Atlantik, Indik und Pazifik. Unterstützung der ethnographischen Forschungsexpedition des Marine-Stabsarztes Dr. Stephan im Bismarck-Archipel.

6. 2. Beginn des Rücktransportes der Seesoldaten von Ostafrika nach Deutschland, da die Befriedung des Aufstandsgebietes nahezu abgeschlossen ist.

Febr./April S.M.S. *Panther* unternimmt eine Stromfahrt den La Plata, Paraná und Pilcomaya aufwärts bis zur Hauptstadt von Paraguay, Asunción (über 1500 Sm). Besuch der deutschen Siedlungen längs den Ufern.

5. 3. Kaiser Wilhelm II. eröffnet das Museum für Meereskunde zu Berlin, das umfassendste seiner Art auf der Erde.

April S.M.S. *Thetis* verläßt Deutsch-Ostafrika.

5. 6.	Eine Novelle zum Flottengesetz sieht im wesentlichen weitere 5 Panzerkreuzer für den Auslandsdienst vor.
Aug./Sept.	S.M.S. *Falke* leistet der Bevölkerung von Valparaiso (Chile) nach dem schweren Erdbeben Hilfe durch Verteilung von Lebensmitteln, Aufstellung von Notunterkünften und medizinische Betreuung.
4. 8.	Stapellauf des ersten einsatzfähigen Unterseebootes der Marine, *U 1*, auf der Germaniawerft Kiel.
Nov.	Die Marine richtet während des russischen Eisenbahnerstreiks mit den Torpedobooten *D 7, S 93, S 120* und *S 124* einen Postdienst zwischen Memel und Peterhof (Finnischer Meerbusen) ein. Als Depotschiff dient S.M.S. *Lübeck*.
14. 12.	Erste Indienststellung des Unterseebootes *U 1*.
1907	Bildung einer Reserveformation der Nordsee. Bildung einer Minenabteilung mit aktiven und Reserve-Minensuchdivisionen in Cuxhaven. Admiral Prinz Heinrich von Preußen wird Chef der Aktiven Schlachtflotte.
4. 2.	S.M.S. *Planet* findet im Philippinen-Graben die bis dahin größte bekannte Meerestiefe mit 8900 m.
12. 2.	Beendigung der wissenschaftlichen Expedition S.M.S. *Planet* in Hongkong.
16. 2.	Die Aktive Schlachtflotte wird in »Hochseeflotte« umbenannt.
24. 3.	Das Linienschiff *Lothringen* vertritt das Reich in Vlissingen bei der Feier des dreihundertsten Geburtstages des Admirals de Ruyter.
30. 3.	Gemäß einer A.K.O. wird die Marine-Akademie dem Reichsmarineamt unterstellt.
1. 4.	Inbetriebnahme der neuen Schiffsartillerieschule in Sonderburg (Alsen).
Mai	Der Große Kreuzer *Roon* und der Kleine Kreuzer *Bremen* vertreten das Reich bei der Flottenschau in Jameson anläßlich der Feier zum 300jährigen Bestehen der nordamerikanischen Nation. Das Flußkanonenboot *Vaterland* erreicht als erstes Kriegsschiff im internationalen Wettbewerb über die Stromschnellen des Jangtsekiang die Stadt Tschunking an der Grenze der Schiffbarkeit.
1. 5.	Inbetriebnahme der Funkentelegraphenstation Norddeich, einer Gemeinschaftsanlage der Reichspost und der Marine für die drahtlose Nachrichtenübermittlung an die Schiffe der Kriegs- und Handelsmarine.

1908	Die Hochseeflotte dehnt ihre Übungsreisen in den Atlantik aus.
	Vizeadmiral Graf von Baudissin wird Chef des Admiralstabes.
	Beginn der Ausrüstung der Kriegsschiffe mit Raumbild-Entfernungsmeßgeräten (»Basisgeräte«, B.G.).
7. 3.	Stapellauf S.M.S. *Nassau*, des ersten Großlinienschiffes der Marine in Anlehnung an den britischen *Dreadnought*. Starke Panzerung, schwere Bestückung mit einheitlichem Kaliber 28 cm 1/45 für Salvenfeuer auf große Schußentfernungen außerhalb der Reichweite der Torpedowaffe.
6. 4.	Eine 2. Novelle zum Flottengesetz setzt die Lebensdauer der Linienschiffe und Kreuzer auf 20 Jahre herab.
26. 5.	Stapellauf S.M.S. *Emden*, des erfolgreichsten deutschen Kleinen Kreuzers des ersten Weltkrieges.
3. 6.	Das älteste Schiff der Marine, der Aviso *Grille*, begeht in feierlicher Form seinen 50. Geburtstag.
November	Das Kanonenboot *Jaguar* unterdrückt auf Ponape (Karolinen) Unruhen der Einwohner.
	S.M.S. *Bremen* verhindert durch den Besuch von Port-au-Prince Unruhen in Haïti.
1908 18. 12.	Schweres Erdbeben in Messina, das 84 000 Menschen das Leben kostet. S.M.S. *Hertha* und sein Schwesterschiff *Victoria Louise*, die im Mittelmeer kreuzen, erhalten Befehl, auf Korfu Lebensmittel, Kleidungsstücke, Decken, Medikamente und Trinkwasser zu übernehmen und nach Messina zu gehen. Dort erfolgt die Verteilung an Sammelstellen und Einwohner. Schwerverletzte werden versorgt und nach Neapel befördert. Arbeitskommandos der Besatzungen helfen beim Ausgraben Verschütteter. Die Scheinwerfer beleuchten nachts die Ufer.
1909	Indienststellung S.M.S. *Hansa* als Schulschiff für Seekadetten und Schiffsjungen. Es stehen nunmehr für deren Ausbildung nur noch maschinengetriebene Einheiten zur Verfügung.
	An die Stelle der Ostasiatischen Besatzungsbrigade treten in Peking und Tientsin kleine Marine-Detachements.
	Bildung einer Reserveformation der Ostsee.
	An den Manövern der Hochseeflotte nehmen erstmalig U-Boote teil.
	Admiral von Fischel wird Chef des Admiralstabes.
26. 2.	Die von Großbritannien zu einer internationalen Seekriegsrechts-Konferenz eingeladenen Mächte veröffentlichen durch ihre Vertreter die »Londoner Deklaration«, die die Pariser

Vereinbarung von 1856 dahin ergänzt, daß

1. die Blockade auf die feindlichen oder vom Feind besetzten Häfen und Küsten beschränkt werden muß,
2. die blockierenden Streitkräfte den Zugang zu den neutralen Häfen und Küsten nicht versperren dürfen,
3. die neutrale Zufuhr nur für die feindliche Streitmacht, nicht aber für die feindliche Volkswirtschaft unterbunden werden darf.

Der Vertrag wird nicht ratifiziert, da ihn das britische Oberhaus ablehnt.

März   Die Kleinen Kreuzer *Leipzig* und *Arcona*, S.M.S. *Jaguar* und der Begleitdampfer *Titania* unterdrücken Unruhen auf den Samoa-Inseln.

Der Ungeschützte Kreuzer *Condor* sucht in der Südsee vergeblich nach der verschollenen Gouvernementsjacht *Seestern*.

20. 3.   Stapellauf des ersten den Großlinienschiffen angepaßten Schlachtkreuzers *von der Tann*. (Gleich schwere Bestückung, höhere Geschwindigkeit, schwächere Panzerung).

31. 3.   Einweihung der katholischen Marinegarnisonkirche in Kiel.

April   Die Kleinen Kreuzer *Stettin*, *Lübeck* und *Hamburg*, sowie das Stationsschiff *Loreley* sichern die deutschen Interessen in der Levante während der türkischen Wirren.

Sept.   S.M.S. *Hertha*, *Victoria Louise*, *Dresden* und *Bremen* vertreten das Reich bei den Feierlichkeiten in New York anläßlich der dreihundertsten Wiederkehr der Entdeckung des Hudson-Flusses durch Henry Hudson.

Herbst   Umwandlung des Marine-Ingenieurkorps in Ingenieuroffizierkorps der Marine.

1. 10.   Vizeadmiral von Holtzendorff wird Chef der Hochseeflotte.

16. 10.   S.M.S. *Arcona* vertritt das Reich in San Francisco anläßlich der Feiern zur vierhundertsten Wiederkehr der Entdeckung der Bucht und zum Wiederaufbau der Stadt nach dem Erdbeben von 1906.

25. 10.   Eröffnung einer deutsch-chinesischen Hochschule und eines Observatoriums in Tsingtau.

Nov.   S.M.S. *Cormoran* fährt in Kaiser Wilhelms-Land den Kaiserin Augusta-Fluß 200 sm, seine Dampfpinasse weitere 100 sm stromaufwärts. Erstbefahrung des Flusses über eine so lange Strecke.

1910   Die Hochseeflotte verfügt mit der Indienststellung der »Nassau-Klasse« über eine Division moderner Schlachtschiffe. Das Kreuzergeschwader hat seine gesetzliche Stärke von 2 Großen und 3 Kleinen Kreuzern erreicht. Unterstellt sind

| | ihm 4 Kanonenboote, 3 Flußkanonenboote, 2 Torpedoboote, 1 Minenleger, 1 Begleitdampfer. |

Frühjahr   Aufstellung der V. Matrosenartillerie-Abteilung auf Helgoland.

Das Reichsmarineamt richtet einen Chronometerkontrolldienst durch Funksignale des Observatoriums Wilhelmshaven über den Sender Norddeich ein.

6. 4.   Das I. Geschwader erhält Wilhelmshaven als Liegehafen.

25. 5.   S.M.S. *Emden* und *Bremen* vertreten das Reich bei der Hundertjahrfeier der Unabhängigkeit Argentiniens.

24. 6.   S.M.S. *Emden* beginnt in Valparaiso (Chile) eine Langstreckenfahrt quer über den Pazifik nach Papeete (Tahiti), um die tatsächliche Dampfstrecke unter ozeanischen Bedingungen zu ermitteln und diese Erfahrungen für künftige Konstruktionen auswerten zu können (4200 sm).

Aug.   Der Begleitdampfer *Titania* des Kreuzergeschwaders befördert eine Regierungsexpedition von Herbertshöhe nach den Admiralitäts-Inseln zur Vorbereitung der Anlegung einer Regierungsstation.

Sept.   S.M.S. *Freya* vertritt das Reich bei der Hundertjahrfeier der Unabhängigkeit Mexikos.

Das III. Seebataillon in Tsingtau erhält eine Pionier-Kompanie und eine Feldbatterie.

Das Kreuzergeschwader besucht erstmalig den Bismarck-Archipel.

S.M.S. *Nürnberg* schleppt S.M.S. *Planet* wegen einer Kesselhavarie von Friedrich Wilhelms-Hafen nach Singapore.

4. 9.   Feierliche Übergabe der an die Türkei verkauften Linienschiffe *Kurfürst Friedrich Wilhelm* und *Weißenburg*.

1. 9.   S.M.S. *Sperber* vertritt das Reich bei der Eröffnung des ersten südafrikanischen Parlaments.

15. 9.   S.M.S. *Bremen* vertritt das Reich bei der Hundertjahrfeier der Unabhängigkeit Chiles.

Einweihung der III. Einfahrt von Wilhelmshaven.

26. 9.   Bildung einer U-Boot-Flottille, einer Unterseeboots-Kompanie und einer U-Boots-Schule in Kiel.

Okt.   S.M.S. *Bremen* liegt zum Schutz der deutschen Interessen während der Unruhen in Honduras vor Amapalá.

21. 11.   Feierliche Einweihung der Marineschule Mürwik.

1911   Die Marine dehnt den Fischereischutz auf die Ostsee aus.

Admiral von Heeringen wird Chef des Admiralstabes.

Bildung einer militärtechnischen Flugkommission in Putzig.

Den Marine-Sanitätsoffizieren in Tsingtau unter Marine-

Generaloberarzt Dr. med. Uthemann, unterstützt vom Sanitätspersonal der Kriegsschiffe und der Garnison, gelingt es, die in China wütende Lungenpest von der Bevölkerung des Schutzgebietes fernzuhalten.

Jan.   S.M.S. *Jaguar* schützt die Europäer während der Unruhen in Hankau (China).

10. 1.   Stapellauf S.M.S. *Friedrich der Große,* des Flottenflaggschiffes in der Seeschlacht vor dem Skagerrak.

13. 1.   Ein Aufstand auf Ponape (Karolinen) wird durch Erstürmung des Dschokadsch-Felsens seitens der Landungskorps S.M.S. *Emden, Nürnberg, Cormoran* und *Planet* niedergeschlagen.

17. 1.   Einziger U-Bootsunfall der Marine bis zu Beginn des ersten Weltkrieges. Wassereinbruch auf *U 3,* dem drei Besatzungsmitglieder zum Opfer fallen.

20. 2. – 6. 3.   S.M.S. *von der Tann* unternimmt eine Reise nach Südamerika zur Erprobung seiner See-Eigenschaften auf Langstrecken.

22. 3.   Stapellauf S.M.S. *Kaiser,* des ersten Schlachtschiffes der Marine mit Turbinenantrieb.

April   S.M.S. *Iltis* schützt in Kanton die dort ansässigen Europäer während der chinesischen Unruhen.

3. 5.   S.M.S. *Möwe* tritt die Ausreise zu Vermessungsarbeiten in Deutsch-Südwestafrika an und nimmt auf dem Wege dorthin ozeanographische und meteorologische Untersuchungen vor.

1. 7.   Das vom Admiralstab während der Heimreise S.M.S. *Panther* vorgesehene Anlaufen von Agadir zur Brennstoffergänzung wird auf Anfrage vom Auswärtigen Amt trotz der internationalen Spannungen gebilligt. Es soll dabei die deutschen Wirtschaftsinteressen während der militärischen Besetzung weiter Teile Marokkos durch Frankreich betonen. Aus der Heimat werden der Kleine Kreuzer *Berlin,* zur Ablösung S.M.S. *Panther* das Schwesterschiff *Eber* nach dort entsandt (Panthersprung nach Agadir).

Aug./Sept.   S.M.S. *Bremen* schützt die deutschen Bewohner von Port-au-Prince während der Unruhen in Haïti.

Okt./März 1912   Die Schiffe des Kreuzergeschwaders werden anläßlich der Revolution in China zum Schutz der Europäer auf dessen Häfen verteilt.

Nov.   Anläßlich des italienisch-türkischen Krieges werden S.M.S. *Geier, Hertha* und *Vineta* im östlichen Mittelmeer stationiert. Das Flußkanonenboot *Otter* (einziges Kriegsschiff der Kaiserlichen Marine mit Gittermast) überwindet die Stromschnellen des Jangtsekiang in der Rekordzeit von 38 Fahrstunden.

1912   Bildung des III. Geschwaders der Hochseeflotte.

Indienststellung des ersten Marine-Luftschiffes *L 1* und der ersten Marine-Flugzeuge für Versuche.

Mai/Juni   Der Schlachtkreuzer *Moltke* erwidert gemeinsam mit S.M.S. *Stettin* und *Bremen* in New York den Besuch nordamerikanischer Seestreitkräfte in Kiel.

1912 27. 6.   Die 3. Novelle gibt dem Flottengesetz im wesentlichen folgende Fassung für den Sollbestand:

Flotte: 1 Flottenflaggschiff
           3 Geschwader zu 8 Linienschiffen
           8 Große Kreuzer
           18 Kleine Kreuzer

Reserve: 2 Geschwader zu 8 Linienschiffen
           4 Große Kreuzer
           12 Kleine Kreuzer

Ausland: 8 Große Kreuzer
           10 Kleine Kreuzer.

5.–8. 7.   Gründung einer Dachorganisation der Marinevereine in Düsseldorf. Teilnahme der Torpedoboote *S 177, S 178* und *S 179*, die auch Köln und Bonn besuchen.

14. 9.   Untergang des Torpedobootes *G 171* nach Rammstoß durch das Linienschiff *Zähringen*.

1. 11.   Emden wird Marinestandort, S.M.S. *Arcona* dort als Minenversuchsschiff stationiert.

18. 11.   Der Schlachtkreuzer *Goeben* landet gemeinsam mit Kriegsschiffen anderer Staaten auf Anforderung der türkischen Regierung 576 Mann zum Schutz der in Konstantinopel ansässigen Christen.

1. 12.   Laut A.K.O. Bildung einer Mittelmeer-Division, da die Spannungen, Unruhen und Kriege auf dem Balkan und in der Levante die ständige Anwesenheit mehrerer Kriegsschiffe zum Schutz der deutschen Interessen erfordern. Zur Division treten zunächst zusammen: S.M.S. *Goeben*, Kleiner Kreuzer *Breslau*, S.M.S. *Loreley, Geier, Hertha, Vineta*.

Dez.   S.M.S. *Bremen, Panther* und *Eber* schützen die deutschen Bewohner Liberias während der dortigen innenpolitischen Unruhen.

1913   Die Technische Hochschule Berlin richtet eine Professur für Kriegsschiffbau ein.

Vizeadmiral von Ingenohl wird Chef der Hochseeflotte, Vizeadmiral Pohl Chef des Admiralstabes.

114

	Beginn des Einbaus elektromagnetischer Abfeuereinrichtungen auf den Kriegsschiffen, die das Abfeuern aller Geschütze zur gleichen Zeit ermöglichen.
Jan.	Absturz des der Marine von der Provinz Westpreußen geschenkten Flugzeuges bei Putzig.
4. 3.	Untergang des Torpedobootes *S 178* nach Rammung durch den Panzerkreuzer *York*. Nach der Bergung wird es repariert und wieder in Dienst gestellt.
18. 3.	S.M.S. *Goeben* führt das Trauergeleit der Kriegsschiffe von sechs Staaten für König Georg I. von Griechenland von Saloniki nach Piraeus an.
April	S.M.S. *Hertha* und *Vineta* werden in der Mittelmeer-Division durch die Kleinen Kreuzer *Dresden* und *Straßburg* abgelöst.
April/Mai	S.M.S. *Goeben* sichert durch Kreuzfahrten im östlichen Mittelmeer, S.M.S. *Dresden* und *Loreley* in Konstantinopel, S.M.S. *Straßburg* und *Geier* vor der syrischen Küste die deutschen Interessen. S.M.S. *Loreley* überführt den abgedankten türkischen Sultan Abdul Hamid von Saloniki nach Konstantinopel.
10. 4.	Beginn der internationalen Blockade Montenegros zur Erzwingung der Freigabe der von dessen Truppen widerrechtlich besetzten albanischen Stadt Skutari. Deutscherseits ist S.M.S. *Breslau* beteiligt.
3. 5.	Laut A.K.O. Bildung der Marine-Luftschiffer-Abteilung in Berlin-Johannisthal und der Flieger-Abteilung in Kiel.
8. 7.	111 Mann vom I. und II. Seebataillon als Marine-Infanterie-Detachement lösen die Matrosen S.M.S. *Breslau* in Skutari ab. Auch die anderen Staaten entsenden Heerestruppen.
31. 7.	Feierliche Übergabe der von der Besatzung S.M.S. *Wittelsbach* bei Vangsnes und Balholm aufgestellten Denkmäler der Sagengestalten Frithjof und Bele, Geschenken Kaiser Wilhelms II. an Norwegen.
1. 8.	S.M.S. *Geier* löst S.M.S. *Breslau* vor der Bojana-Mündung ab.
9. 9.	Absturz des Marine-Luftschiffes *L 1* nordwestlich Helgoland.
23. 9.	Nach Beendigung des zweiten Balkankrieges scheiden S.M.S. *Dresden* und *Straßburg* aus der Mittelmeer-Division aus, am 14. 10. auch S.M.S. *Geier*.
Okt.	S.M.S. *Bremen* und *Hertha* sichern während der Revolution in Mexico die dortigen deutschen Interessen. S.M.S. *Nürnberg* steht zum gleichen Zweck vor der mexicanischen Westküste.

115

17. 10.	Das Marine-Luftschiff *L 2* verbrennt bei Berlin in der Luft.
1. 11.	Deutschland, Österreich-Ungarn und Italien schließen eine Marinekonvention für den Fall eines Krieges gegen Großmächte im Mittelmeer. Oberbefehlshaber der verbündeten Seestreitkräfte soll der österreichisch-ungarische Marinekommandant Admiral Haus werden.
Dez. 1913 Juni 1914	Die Schlachtschiffe *Kaiser, König Albert* und S.M.S. *Straßburg* besuchen die deutschen Schutzgebiete in Westafrika, sowie süd- und mittelamerikanische Häfen. Gesamtstrecke 22 000 sm.
1914 Febr.	S.M.S. *Bremen* und *Vineta* schützen die deutschen Staatsangehörigen während der Revolution in Haïti· Der Staatspräsident flüchtet vor den siegreichen Rebellen an Bord S.M.S. *Bremen*.
22.–28. 2.	Das Landungskorps S.M.S. *Cormoran* schlichtet gemeinsam mit der Kaiserlichen Polizeitruppe Streitigkeiten unter den Einwohnern auf der Insel Neu-Mecklenburg.
23. 6.	Ein Verband moderner britischer Linienschiffe und Kleiner Kreuzer unter dem Befehl von Vizeadmiral Sir Warrender, Bart. besucht Kiel.
28. 6.	Die in Kiel versammelten deutschen und britischen Kriegsschiffe setzen anläßlich der durch serbische Verschwörer veranlaßten Ermordung des österreichisch-ungarischen Thronfolgerpaares die Flaggen halbstocks.
29. 6.	S.M.S. *Breslau* landet zehn Mann in Durazzo als Schutzwache für die Gesandschaft in dem neu gebildeten Staat Albanien.
30. 6.	Die britischen Seestreitkräfte verlassen Kiel. Abschiedsfunkspruch des Admirals an die deutsche Flotte: »Friends today, friends in future, friends for ever«.
6. 7.	Kaiser Wilhelm II. beginnt, wie in jedem Jahr, seine Nordlandreise. Auch der Staatssekretär des Reichsmarineamtes, Großadmiral von Tirpitz und der Chef des Admiralstabes treten ihren Erholungsurlaub an.
14. 7.	Die Hochseeflotte beginnt ihre Sommermanöver und verteilt sich anschließend, wie in jedem Jahr, zur kurzen Erholung der Besatzungen auf mehrere norwegische Fjorde.
16. 7.	Die britische Flotte – acht Schlachtschiff-, elf Kreuzergeschwader – versammelt sich »in a state of mobilisation« in Portland.
25. 7.	Die britische Marine füllt ihre Führungsstellen auf. Die Kriegsvorbereitungen Rußlands, Serbiens und Österreich-Ungarns veranlassen Kaiser Wilhelm II., seine Nordland-

reise abzubrechen und beschleunigt nach Deutschland zurückzukehren.

26. 7. Die Hochseeflotte erhält den Heimreisebefehl und kehrt, ohne Gefechtsvorbereitungen zu treffen, in Manöverformation in ihre Heimathäfen zurück.

Der Erste Weltkrieg 1914–1919

Kriegsbeginn

1914 28. 7. Kriegserklärung Österreich-Ungarns an Serbien.
Ausbruch des ersten Weltkrieges.

29. 7. Die britische Regierung sendet ein »warning telegram« an Heer und Flotte.
Auslaufen der britischen I. Flotte von Portland entlang der Ostküste nach Scapa Flow. Dieser Weg wird gewählt, »weil Aussicht auf einen Zusammenstoß mit der in norwegischen Gewässern versammelten deutschen Flotte besteht«.

30. 7. Rußland ordnet die Gesamtmobilmachung an.
Kaiser Wilhelm II. befiehlt für die Hochseeflotte »Sicherung«, d. h. Warnung der eigenen Handelsschiffe auf See, Überwachung des Schiffsverkehrs in der Deutschen Bucht, Maßnahmen gegen einen etwaigen feindlichen Überfall vor der Kriegserklärung.
Fertigstellung der Verbreiterung des Kaiser Wilhelm-Kanals und seiner Schleusen nach den Maßen der damals modernen Großkampfschiffe.

31. 7. Österreich-Ungarn ordnet Allgemeine Mobilmachung an.
Deutschland erklärt den »Zustand drohender Kriegsgefahr«.
Die italienische Regierung erklärt, bei dem bestehenden Konflikt den Bündnisfall nicht als gegeben anzusehen.

1. 8. Großbritannien erklärt, jede Demonstration der deutschen Flotte an der französischen Küste verhindern zu wollen.
Frankreich antwortet auf die deutsche Anfrage bezüglich Neutralität in einem deutsch-russischen Kriege, es werde tun, was seine Interessen ihm geböten, und ordnet die allgemeine Mobilmachung an.
Deutschland beantwortet die britische Anfrage, ob es sich verpflichten würde, in einem Krieg gegen Rußland Frankreich nicht anzugreifen, falls dieses neutral bleibe, bejahend, vorausgesetzt, Großbritannien übernähme die Garantie für die französische Neutralität. Noch am gleichen Tage erklärt die britische Regierung die Anfrage als Mißverständnis.
Kriegserklärung Deutschlands an Rußland, da dieses seine Kriegsvorbereitungen nicht einstellt.

Belgien erklärt seine Neutralität.

2. 8. Offizielle Mobilmachung der britischen Marine, bindende Übernahme des Schutzes der französischen Küste und Schifffahrt gegen die deutsche Flotte.

Deutschland ordnet die Mobilmachung von Heer und Flotte an.

Deutschland fordert von Belgien das Durchmarschrecht, da es über französisch-belgische Abmachungen für den Kriegsfall unterrichtet ist. Es sichert völlige Unversehrtheit des Landes zu.

3. 8. Deutschland erklärt, die französische Nordküste nicht bedrohen zu wollen, solange Großbritannien neutral bleibt.

Mobilmachung des britischen Heeres.

Kriegserklärung Deutschlands an Frankreich, da dieses seine Kriegsvorbereitungen nicht einstellt.

Italien erklärt offiziell seine Neutralität, da ein Zusammengehen mit Österreich-Ungarn einen Aufstand im Innern entfesseln würde.

Deutschland erklärt Belgien den Krieg, da dieses die Forderung vom Vortage ablehnt.

4. 8. Großbritannien fordert ultimativ Zurückziehung der deutschen Forderung an Belgien und Beachtung von dessen Neutralität. Die Ablehnung bedeutet die Kriegserklärung an Deutschland.

Der Seekrieg in der Nordsee 1914

Der Risikogedanke des deutschen Flottengesetzes wirkt sich insoweit aus, als Großbritannien von einem Angriff auf die deutsche Flotte in oder vor ihren Stützpunkten, sowie von einer engen Blockade der Deutschen Bucht absieht. Es beginnt die Fernblockade an den Zugängen zur Nordsee und verlegt die Hauptstützpunkte für seine Flotte in deren Nähe. Angriffe von Einheiten der Hochseeflotte setzen daher die Überquerung der Nordsee voraus. Diese sind aber nur für einen Fahrbereich konstruiert, der Kampfhandlungen bis zur mittleren Nordsee ermöglicht. Die gewaltsame Schaffung von Stützpunkten an der norwegischen Küste, die diesen Nachteil hätte abschwächen können, liegt nicht in den Absichten der Reichleitung.

Deutscher Operationsplan:

1. Schädigung des Gegners durch offensive Vorstöße gegen seine Bewachungs- und Blockadestreitkräfte.

2. Minen- und U-Bootoffensive bis an die britische Küste.
3. Einsatz der Hochseeflotte zur Schlacht, nachdem durch Kriegführung nach 1. und 2. Kräfteausgleich geschaffen ist. Jede sich schon vorher bietende günstige Gelegenheit zum Schlagen soll ausgenutzt werden.
4. Handelskrieg nach Prisenordnung.

Stärkeverhältnis der schweren Kampfschiffe: 16 deutsche, 24 britische = 2:3.

Chef der Hochseeflotte: Admiral von Ingenohl

Befehlshaber der Aufklärungsstreitkräfte: Konteradmiral Hipper.

Britischer Operationsplan:
1. Wirtschaftliche Schädigung des Gegners mit allen Mitteln. Unterbindung seiner Ein- und Ausfuhr über See, sowie seiner Seeverbindungen mit den Neutralen.
2. Sicherung der militärischen Transporte auf allen Kriegsschauplätzen gegen feindliche Angriffe.
3. Sicherung der eigenen Überseeverbindungen.
4. Sicherung des Landes und der Dominien gegen Invasionen.

Chef der Grand Fleet: Admiral Sir Jellicoe.

5. 8.　Der Hilfsminenleger *Königin Luise* wird auf dem Wege zu einer Minenunternehmung in den Hoofden von 16 britischen Zerstörern und ihrem Führerkreuzer *Amphion* gestellt und nach Legung der Sperre und einstündigem Gefecht von der eigenen Besatzung versenkt.

6. 8.　H.M.S. *Amphion* sinkt auf dem Rückwege von der am Vortage begonnenen Aufklärungsfahrt auf der Minensperre S.M.S. *Königin Luise*. Die an Bord befindlichen 18 Geretteten des Minenlegers verraten die Lage der Sperre nicht. Sie gehen mit dem Kreuzer unter.

6.–11. 8　Erster Vorstoß von 10 U-Booten der I. Flottille in breiter Aufklärungslinie in die mittlere Nordsee zum Angriff auf dort vermutete britische schwere Einheiten. Gefechtsberührung nur mit leichten Streitkräften. *U 13* und *U 15* gehen verloren.

8.–11. 8.　4 U-Boote der II. Flottille unternehmen einen ergebnislosen Vorstoß in die Hoofden zur Störung der britischen Truppentransporte nach Frankreich.

15.–21. 8.　Die U-Boote *U 20* und *U 21* unternehmen einen ergebnislosen Vorstoß an die schottische Ostküste, *U 23* in die Humber-Mündung.

17.–19. 8.　S.M.S. *Straßburg* und *Stralsund* unternehmen einen Vorstoß in die Hoofden, wobei letzteres in Gefechtsberührung mit britischen Kreuzern und Zerstörern gerät. *U 19* und *U 24* liegen währenddessen vergeblich in Wartestellung.

21.–22. 8. S.M.S. *Rostock*, *Straßburg* und *Hamburg* sowie die VI. Torpedobootsflottille stoßen zur Doggerbank vor und versenken dort 9 britische Fischereifahrzeuge.

23.–26. 8. S.M.S. *Albatroß* legt, gesichert von S.M.S. *Stuttgart* und der 11. Torpedobootshalbflottille, Minen vor der Tyne-Mündung. 6 Fischdampfer werden versenkt.

S.M.S. *Nautilus* legt, gesichert von S.M.S. *Mainz* und der 3. Torpedobootshalbflottille, etwa 20 sm östlich der Humber-Mündung eine Minensperre. 1 Fischdampfer wird versenkt.

28. 8. Seegefecht in der Deutschen Bucht. Britische Kleine Kreuzer und Zerstörer greifen in den frühen Morgenstunden die deutschen leichten Sicherungsstreitkräfte nördlich und nordwestlich Helgoland an. Diese ziehen sich auf die Insel zurück, wobei das Torpedoboot *V 187* sinkt. Von den zur Unterstützung einzeln nachstoßenden Kleinen Kreuzern werden S.M.S. *Ariadne*, *Mainz* und *Cöln* bei diesigem Wetter von aus Westen anmarschierenden britischen Schlachtkreuzern versenkt. Die nachmittags zur Unterstützung auslaufenden deutschen Schlachtkreuzer treffen den Gegner nicht mehr an. Die auf beiden Seiten eingesetzten U-Boote erzielen keine Erfolge.

5. 9. Das U-Boot *U 21* versenkt vor dem Firth of Forth den britischen Kleinen Kreuzer *Pathfinder*. Erster U-Bootserfolg gegen ein Kriegsschiff in der Seekriegsgeschichte.

9. 9. Die Minenschiffe *Albatroß*, *Nautilus* und *Kaiser* legen eine Sperre zwischen Wangeroog und Helgoland.

13. 9. Untergang S.M.S. *Hela* auf dem Wege von Helgoland nach der Jade durch einen britischen U-Bootstorpedo.

22. 9. Das U-Boot *U 9* versenkt in den Hoofden innerhalb einer Stunde die dort zur Deckung von Truppentransporten nach Dünkirchen kreuzenden britischen Panzerkreuzer *Aboukir*, *Hogue* und *Cressy*. Einmalige Leistung in der Seekriegsgeschichte. Kaiser Wilhelm II. verleiht dem Boot die Berechtigung zur Führung des Eisernen Kreuzes.

26. 9. Das U-Boot *U 18* erreicht erstmalig die Enge Dover-Calais.

1. 10. Kaiser Wilhelm II. befiehlt der Flotte Zurückhaltung und Vermeidung von Aktionen, die zu größeren Verlusten führen können.

8. 10. Das britische U-Boot *E 6* versenkt nordwestlich der Westerems das Torpedoboot *S 116*.

11.–20. 10.	Erste Umrundung der britischen Inseln durch deutsche U-Boote *(U 20, U 29)*.
15. 10	Im Rahmen einer Angriffsoperation deutscher U-Boote versenkt *U 9* östlich Peterhead (Schottland) den britischen Kreuzer *Hawke* der Nordsee-Blockadelinie. Die britischen schweren Seestreitkräfte verlegen in Anbetracht der Unsicherheit an die Westküste, die Blockadestreitkräfte weichen nach Norden aus.
17. 10.	Die 7. Torpedobootshalbflottille *S 115, S 117, S 118, S 119* läuft zum Legen einer Minensperre in den Downs von der Ems aus. Sie wird von der niederländischen Küste von weit überlegenen britischen Seestreitkräften angegriffen und versenkt.
18. 10.	Das zur Rettung der Schiffbrüchigen der 7. Halbflottille entsandte Lazarettschiff *Ophelia* wird völkerrechtswidrig von britischen Seestreitkräften aufgebracht.
27. 10.	Das britische moderne Schlachtschiff *Audacious* sinkt nach einem Minentreffer auf einer von dem Hilfskreuzer *Berlin* gelegten Sperre.
31. 10.	Das U-Boot *U 27* versenkt vor Dünkirchen das britische Flugzeugmutterschiff *Hermes*.
2. 11.	Großbritannien erklärt die gesamte Nordsee als Kriegsgebiet und zwingt die neutrale Handelsschiffahrt durch Auslegung großer Minenfelder, unter der englischen Küste zu fahren, wo sie untersucht werden kann, ohne daß die Bewacher sich der Gefahr deutscher U-Boots-Angriffe aussetzen müssen.
2.–3. 11.	Erste Offensiv-Unternehmung der Hochseeflotte. Die I. und II. Aufklärungsgruppe vermint durch den Kleinen Kreuzer *Stralsund* den britischen Verkehrsweg Kanal-Ostküste sowie die Fischereigründe im Raum Great Yarmouth – Lowestoft und beschießt dort Küstenbefestigungen. Linienschiffe, Torpedoboote und U-Boote bilden Aufnahmestellungen für den Fall des Eingreifens überlegener britischer Seestreitkräfte. Erste Beschießung der britischen Insel seit etwa 250 Jahren.
4. 11.	Der Panzerkreuzer *York* gerät auf der Jade im Nebel und durch Stromversetzung auf eine eigene Minensperre und sinkt nach zwei Treffern.
4.–19. 11.	Zur Entlastung der an der flandrischen Küste kämpfenden, durch flankierendes Feuer von See aus schwer beeinträchtigten Truppen gehen die U-Boote *U 12* und *U 29*, in das Kampfgebiet. *U 12* läuft am 9. als erstes U-Boot in Zeebrügge ein, nachdem sich die britischen Kriegsschiffe zur Vermeidung von Torpedotreffern aus dem Küstenbereich

zurückgezogen haben. Nach dem Wiederauslaufen versenkt es am 11. in den Downs das britische Torpedokanonenboot *Niger*. U 29 trifft vor der flandrischen Küste keine gegnerischen Kriegsschiffe an, stößt in den Kanal vor und erreicht um Island und Schottland herum die Heimat.

21. 11.–8. 12.   U-Bootsunternehmungen gegen die britischen Flottenstützpunkte und Blockadelinien. Sie bleiben ergebnislos, da die *Grand Fleet* sich in See befindet. *U 18* dringt am 23. in den Hoxa-Sund ein, läuft in dem navigatorisch schwierigem Fahrwasser auf einen Felsen und muß von der Besatzung versenkt werden.

9.–10. 12.   Vorstoß deutscher Kleiner Kreuzer und Torpedoboote bis 100 sm NNW Helgoland zur Feststellung der nächtlichen Bewachung der Deutschen Bucht durch den Gegner.

15.–16. 12.   In der Annahme, die »Große Flotte« würde nach dem Angriff auf die britische Ostküste am 2.–3. 11. einen Teil ihrer Verbände zur Abwehr weiterer ähnlicher Operationen bereit halten und diese könnten zur Schlacht gezwungen werden, beschießen die I. und II. Aufklärungsgruppe die Befestigungen von Hartlepool, Scarborough und Whitby unter dem Schutz von Torpedobooten. Abgesehen von kurzfristigen Gefechtsberührungen findet der erwartete Zusammenprall der beiden Flotten nicht statt.

25. 12.   Ergebnisloser Angriff von 7 britischen von Mutterschiffen gestarteten Flugzeugen auf die Luftschiffhallen von Cuxhaven. Eigene Marine-Luftschiffe und Flugzeuge wehren diese durch Abschießen von 4 Stück und Angriff auf die Aufnahmestreitkräfte ab.

Der Seekrieg in der Nordsee 1915

1. 1.   Das U-Boot *U 24* versenkt südwestlich Portland das britische Linienschiff *Formidable*.

3.–4. 1.   Aufklärungsfahrt Kleiner Kreuzer und Torpedoboote in die Gegend westlich Amrum zur Feststellung britischer Minenfelder.

14.–15. 1.   S.M.S. *Stralsund* und *Straßburg* legen unter dem Schutz der IX. Torpedobootsflottille eine Minensperre.

19. 1.   Indienststellung des ersten Fernlenkbootes der Kaiserlichen Marine *FL 1*.
Erster Angriff deutscher Marineluftschiffe. *L 3* und *L 4* belegen Befestigungen und militärische Anlagen an der britischen Ostküste mit Bomben.

21. 1. Das U-Boot *U 22* versenkt vor der niederländischen Küste versehentlich *U 7*, das es für ein angreifendes britisches hält. Einziger Unfall dieser Art in der Kaiserlichen Marine.

24. 1. Die I. und II. Aufklärungsgruppe mit zwei Torpedobootsflottillen treffen bei Durchführung ihrer Aufgabe, die wiederholt auf der Doggerbank festgestellten gegnerischen leichten Seestreitkräfte und im Vorpostendienst stehenden Fischereifahrzeuge zu vertreiben, auf 5 britische Schlachtkreuzer und leichte Streitkräfte. Das britische Flaggschiff *Lion* und S.M.S. *Seydlitz* werden schwer beschädigt, der Panzerkreuzer *Blücher* geht verloren. Erstes und entscheidungsloses Aufeinandertreffen von Verbänden schwerer Kampfschiffe im ersten Weltkrieg.

29. 1. Das U-Boot *U 21* belegt Werftanlagen in Barrow (englische Westküste) mit Artilleriefeuer.

2. 2. Admiral von Pohl löste den bisherigen Flottenchef Admiral von Ingenohl ab, Admiral Bachmann wird Chef des Admiralstabes.

13. 2. Das Führungsboot der XVIII. Torpedobootsflottille *V 25* sinkt während der Sicherung einer Minensuchaufgabe südwestlich Amrum nach einem Torpedotreffer eines britischen U-Bootes.

18. 2. Die Luftschiffe *L 3* und *L 4* gehen während einer Aufklärungsfahrt im Schneesturm über Jütland verloren.

22. 2. Deutschland erklärt als Gegenmaßnahme gegen die Wirtschaftsblockade die Gewässer um Großbritannien und Irland als Kriegsgebiet.

28. 2. Stapellauf des ersten deutschen Schlachtschiffes mit 38 cm Geschützen, S.M.S. *Bayern*.

4. 3. Absturz des Marineluftschiffes *L 8* bei Tirlemont.

18. 3. Das U-Boot *U 29*, Kommandant Kapitänleutnant Otto Weddigen wird bei einem Angriff auf die britische Schlachtflotte vom Linienschiff *Dreadnought* durch Rammen zum Sinken gebracht.

29. 3. Bildung der U-Flottille Flandern.

29.–30. 3. Ergebnisloser Vorstoß von Teilen der Hochseeflotte bis nordöstlich Terschelling gegen dort vermutete gegnerische Verbände.

30. 3. Kaiser Wilhelm II. gesteht dem Flottenchef zur Erreichung des ihm gestellten Operationsziels Freiheit des Handelns zu, die nötige Vorsicht vorausgesetzt.

11. 4. Kleine Kreuzer und Torpedoboote stoßen zur Aufklärung in den Raum nordwestlich der Amrum-Bank vor und brin-

gen 13 Fischdampfer auf.

14. 4. Das Marineluftschiff *L 9* belegt kriegswichtige Anlagen am Tyne mit Bomben.

15.–16. 4. 3 Marineluftschiffe greifen die britische Küste zwischen Themse und Wash an.

17.–18. 4. S.M.S. *Stralsund* und *Straßburg* legen, gesichert durch Kleine Kreuzer und Torpedoboote, mit schweren Einheiten als Rückhalt, auf der Swarte-Bank eine Minensperre.

21. 4. Das Torpedoboot *S 21* wird vor der Weser-Mündung von S.M.S. *Hamburg* gerammt und durchschnitten, so daß es sinkt.

22. 4. Ergebnisloser Vorstoß der Hochseeflotte zur Doggerbank.

28. 4. Bildung der Torpedobootsflottille Flandern.

1. 5. Das U-Boot *UB 6* versenkt den britischen Zerstörer *Recruit* bei Galloper-Feuerschiff.
Die Torpedoboote *A 2* und *A 6* geraten bei Noordhinder-Feuerschiff in ein Gefecht mit 4 armierten Dampfern, deren Führerschiff sie versenken. Auf dem Rückmarsch werden sie von 4 britischen Zerstörern gestellt und vernichtet.

3. 5. Das Marineluftschiff *L 9* versenkt während eines Gefechtes mit 4 britischen U-Booten bei Haaks-Feuerschiff eines von ihnen.

17.–19. 5. S.M.S. *Stralsund* und *Straßburg* legen, gesichert durch Kleine Kreuzer und Torpedoboote, als Rückhalt schwere Einheiten, eine Minensperre am Ostrand der Doggerbank. Das Torpedoboot *V 150* wird während des Nachtmarsches von *V 157* gerammt und sinkt.

25.–26. 5. Die II. Aufklärungsgruppe, sowie die III. und IX. Torpedobootsflottille decken die Minensuchunternehmung der III. Sperrbrechergruppe im Raum nordwestlich Borkum.
S.M.S *Stuttgart* führt erstmalig ein Flugzeug an Bord.

29.–30. 5. Vorstoß der Hochseeflotte bis 50 sm nördlich Schiermonnikoog.

31. 5.–1. 7. Operationen deutscher U-Boote vor dem Firth of Forth. *U 40* geht dabei verloren.

4. 6. 2 Marineluftschiffe greifen Harwich und den Humber an.

6. 6. Das Marineluftschiff *L 9* greift Hull und Grimsby an.

15. 6. 2 Marineluftschiffe greifen die Tyne-Mündung und Hull an.

Juli Erste Einsätze der Minen-Boote der U-Flottille Flandern im Gebiet der Themse-Mündung.

4. 7. Vergeblicher britischer Flugzeugangriff auf die deutsche Küste von durch Seestreitkräfte gesicherten Mutterschiffen aus.

| 24. 7. | Die britische U-Boots-Falle *Prince Charles* versenkt westlich der Orkney-Inseln das U-Boot *U 36*. |

24. 7. Die britische U-Boots-Falle *Prince Charles* versenkt westlich der Orkney-Inseln das U-Boot *U 36*.

26. 7. Ein britisches U-Boot versenkt vor der Emsmündung das Torpedoboot *V 188*.

6.–10. 8. Der Hilfskreuzer *Meteor* legt im Moray-Firth drei Minensperren, vernichtet unweit seines Tätigkeitsgebietes den britischen Hilfskreuzer *The Ramsay* und wird, um der Vernichtung durch britische Kreuzer zu entgehen, nordwestlich Hornsriff von der eigenen Besatzung versenkt. Diese erreicht auf einem schwedischen Fischkutter Sylt.

9.–10. 8. Von den zum Angriff auf London eingesetzten 5 Marine-Luftschiffen gelingt es nur *L 10*, seine Bomben über der Stadt abzuwerfen. Die übrigen können des ungünstigen Wetters wegen nur näher gelegene Ziele angreifen.

12.–13. 8. Das Marineluftschiff *L 10* greift Harwich an.

17. 8. Der II. Torpedobootsflottille gelingt es in der Nähe von Hornsriff, ungesehen an einen britischen Zerstörer-Verband heranzukommen und das Führerschiff schwer zu beschädigen. Die übrigen drehen ab.

17.–18. 8. 3 Marineluftschiffe greifen London an.

22. 8. Das Torpedoboot *A 15* wird bei Middelkerke von 2 britischen Zerstörern versenkt.

3. 9. Admiral von Holtzendorff wird Chef des Admiralstabes.

8. 9. Das Torpedoboot *G 12* rammt durch einen Ruderversager südlich Hornsriff *V 1*, dessen Bugtorpedos detonieren und *G 12* zum Sinken bringen. *V 1* wird nach Wilhelmshaven eingeschleppt.

8.–9. 9. Das Marineluftschiff *L 13* greift London an, *L 14* Norwich.

11. 9. S.M.S. *Stralsund* und *Regensburg* legen, gestützt auf Teile der Hochseeflotte, bei Swarte Bank-Feuerschiff eine Minensperre.

15. 9. Das Marineluftschiff *L 11* greift Hainsborough an.

13. 10. 5 Marineluftschiffe greifen London an.

23.–24. 10. Vorstoß der Hochseeflotte in den Raum Hornsriff.

16.–17. 12. Die II. Aufklärungsgruppe, sowie die II., VI. und IX. Torpedobootsflottille stoßen in das Skagerrak und Kattegatt vor. Schwere Einheiten stehen zur Unterstützung in Bereitschaft.

Der Seekrieg in der Nordsee 1916

Beginn der Einführung von Fla-Geschützen auf den deutschen Kriegsschiffen.

6. 1. Das britische Linienschiff *King Edward VII.* sinkt auf einer von S.M.S *Möwe* vor der schottischen Nordküste ausgelegten Minensperre.

24. 1. Kaiser Wilhelm II. ernennt Vizeadmiral Scheer anstelle des erkrankten Admirals von Pohl zum Chef der Hochseeflotte. Der neue Flottenchef sieht seine Aufgabe darin,

1. die britische Grand Fleet durch planmäßige ständige Einwirkung auf sie zu zwingen, daß sie aus ihrer abwartenden Stellung heraus Teilstreitkräfte vorschiebt, wodurch günstige Angriffsmöglichkeiten geschaffen werden,

2. zu verhindern, beim Gegner ein Überlegenheitsgefühl aufkommen zu lassen, so daß er sich nicht mehr scheut, uns nach seinem Willen zur Schlacht zu stellen,

3. den Vorteil ausnutzen, bei den vielseitigen Angriffsflächen des Gegners trotz der Unterlegenheit als Angreifer auftreten zu können.

Die Durchführung dieser Aufgabe sieht der Flottenchef im U-Boot-Handelskrieg, Minenkrieg, Luftkrieg und in Vorstößen der Hochseeflotte.

28. 1. Britischer Flugzeugangriff auf den Flugstützpunkt Hage wird nicht durchgeführt, da das durch Zerstörer gesicherte Flugzeugmutterschiff *Vindex* irrtümlich glaubt, vor der Ems-Mündung durch ein U-Boot angegriffen worden zu sein.

31. 1. Die Marineluftschiffe *I. 16*, *L 17*, *L 15*, *L 13*, *L 11*, *L 14*, *L 21*, *L 19* und *L 20* greifen Ziele an der britischen West- und Ostküste an. Die schiffbrüchige Besatzung des notgewasserten *L 19* ertrinkt, da der britische Fischdampfer *King Stephen* seine Hilfe versagt.

1. 2. Nach einem vorherigen Provisorium wird in Neumünster die Organisation der Marine-Funkaufklärung geschaffen.

10.–11. 2. Gefecht der II., VI. und IX. Torpedobootsflottillen, unterstützt durch S.M.S. *Pillau,* nahe der Doggerbank gegen leichte britische Seestreitkräfte. Versenkung des Minensuchkanonenbootes *Arabis.*

11. 2. Der britische Kleine Kreuzer *Arethusa* sinkt auf dem Rückwege von der Doggerbank nach Harwich auf einer vom U-Boot *UC 7* gelegten Minensperre.

5. 3. 3 Marineluftschiffe greifen die britische Ostküste an.

5. 3.–6. 3. Vorstoß der Hochseeflotte in die Nordsee. Keine Gefechtsberührung mit dem Gegner.

15. 3. Verabschiedung des Großadmirals von Tirpitz als Staatssekretär des Reichsmarineamtes. Seine von Kriegsbeginn an zur politischen Reichsleitung gegensätzliche Auffassung über

den Einsatz der Flotte führt dazu, daß er bei grundsätzlichen Entscheidungen nicht mehr zu Rate gezogen wird. Die Verabschiedung löst beim Gegner große Befriedigung aus, der in ihm einen seiner gefährlichsten Widersacher sieht. Admiral von Capelle wird sein Nachfolger.

16. 3. Der Sperrbrecher *Ottensen* sinkt auf einer bis dahin unbekannten britischen Minensperre auf dem Borkumriff.

25.–26. 3. Vergeblicher britischer Fliegerangriff auf die Luftschiffhallen in Tondern vom durch leichte Seestreitkräfte und Schlachtkreuzer gesicherten Flugzeugmutterschiff *Vindex*. 3 Flugzeuge müssen notwassern, sie gehen verloren. Die Vorpostendampfer *Braunschweig* und *Otto Rudolf* sinken nahe Sylt im Feuer britischer Zerstörer. Der britische Zerstörer *Medusa* sinkt nach einem durch das Ausmanövrieren von Flugzeugbomben verursachten Zusammenstoß. Das Torpedoboot *G 194* sinkt, nachdem es in der Dunkelheit vom britischen Kleinen Kreuzer *Cleopatra* gerammt worden ist. Ein Vorstoß deutscher leichter Seestreitkräfte nach Westen, um den Gegner auf dem Rückmarsch zu stellen, mißlingt wegen der groben See. Das Torpedoboot *S 22* sinkt dabei durch Berührung mit einer losgerissenen Mine. Auch des Flugzeug *419* geht in diesem Raum verloren. Zu einer Gefechtsberührung der auf beiden Seiten ausgelaufenen Schlachtschiffe kommt es nicht.

28. 3. Der Verlust des Hilfsminensuchbootes *Volksdorf* durch Minentreffer unmittelbar vor der Elbemündung beweist erstmalig, daß ein britisches U-Boot dort eine Sperre gelegt hat.

31. 3.–1. 4. Vier Marineluftschiffe greifen London an. *L 15* stürzt vor der Themse-Mündung ab.

1.–2. 4. Angriff der Marineluftschiffe *L 13* und *L 17* auf Middlesborough und Sunderland.

2.–3. 4. Drei Marineluftschiffe greifen Edinburgh, Newcastle und den Tyne an.

3.–4. 4. Zwei Marineluftschiffe greifen Great Yarmouth an.

5.–6. 4. Zwei Marineluftschiffe greifen Whitby, Leeds und York an.

21. 4. Das Hilfsschiff *Libau*, das der irischen Befreiungsbewegung Waffen und Munition bringen soll, muß sich vor Queenstown selbst versenken, nachdem die Aktion verraten worden ist.

24. 4. Groß angelegter Vorstoß der Hochseeflotte gegen die britische Ostküste, um den Gegner zur Schlacht zu stellen. Flandrische U-Boote verminen die Hafeneinfahrten vom Tyne bis

zur Themse, Luftschiffe belegen befestigte Orte mit Bomben, die I. Aufklärungsgruppe beschießt Great Yarmouth und Lowestoft, das britische U-Boot *E 22* wird versenkt. Zu einer Gefechtsberührung mit den in Marsch gesetzten britischen schweren Einheiten kommt es allerdings nicht.

26. 4. Die Sondergruppe Schlieder, 3 Fischdampfer zur U-Bootsbekämpfung, versenkt auf der Doggerbank ein britisches Wachtschiff und bringt einen Fischdampfer ein.

2.–3. 5. 8 Marineluftschiffe greifen die britische Ostküste und Edinburgh an. *L 20* muß vor der norwegischen Küste notlanden und wird von der Besatzung vernichtet.

4. 5. Das Marineluftschiff *L 7* wird bei Vyl-Feuerschiff von britischen Kreuzern vernichtet.

17. 5. 19 deutsche U-Boote beginnen mit der Überwachung der britischen Ostküste zur Vorbereitung eines Unternehmens der Hochseeflotte. Dabei geht *U 74* verloren.

30. 5. Die britische Grand Fleet läuft gegen 23.00 aus ihren Stützpunkten in die Nordsee aus, da die Admiralität nach aufgefangenen deutschen Funksprüchen in Verbindung mit der Aktivität der U-Boote ein größeres Unternehmen der Hochseeflotte erwartet. Die Verbände sollen sich größtenteils etwa 100 sm östlich Aberdeen sammeln, um die Entwicklung abzuwarten. Weitere britische Seestreitkräfte stehen bereit, um gegebenenfalls in der südlichen Nordsee einzugreifen.

31. 5. Der deutsche Flottenchef beabsichtigt, den Gegner zu Bewegungen seiner Verbände zu veranlassen, indem die Aufklärungsstreitkräfte außer Sichtweite der dänischen Küste nach Norden vorstoßen, sich vor Anbruch der Dunkelheit an der norwegischen Küste zeigen und danach vor und im Skagerrak Handelskrieg führen. Etwa angetroffene oder angelockte gegnerische Einheiten sollen vernichtet oder auf das nachfolgende eigene Gros gezogen werden.

2.00 Auslaufen der I. und II. Aufklärungsgruppe, des II. Führers der Torpedoboote auf S.M.S. *Regensburg* mit der II., VI. und IX. Torpedobootsflottille.

3.30 Auslaufen des Flottenflaggschiffes, des I., II. und III. Geschwaders, der IV. Aufklärungsgruppe, des Führers der U-Boote auf S.M.S. *Hamburg,* des I. Führers der Torpedoboote auf S.M.S. *Rostock* mit der I., III., V. und VII. Torpedobootsflottille.

15.00 S.M.S. *Elbing,* der linke Flügelkreuzer der Aufklärungsstreitkräfte sichtet 40 sm westlich Bovbjerg den dänischen Dampfer *N. J. Fjord* und detachiert die Torpedoboote *B 109* und *B 110* zur Untersuchung. Der Dampfer kommt der Aufforderung zu stoppen nach und bläst Dampf ab.

15.15 Der Dampfer *N. J. Fjord* kommt den britischen Kleinen Kreuzern *Galathea* und *Phaeton* der östlichen Sicherung der auf konvergierendem Kurs zu den deutschen Verbänden laufenden Schlachtkreuzer in Sicht.

15.20 Gegenseitige Sichtung der beiden Gegner.

15.28 Feuereröffnung der beiden britischen Kreuzer und der beiden deutschen Torpedoboote.

15.35 S.M.S. *Elbing* erzielt auf H.M.S. *Galathea* den ersten Treffer dieser Schlacht.

15.51 Die britischen Aufklärer sichten die deutschen schweren Einheiten. Da das Flottenflaggschiff mit Beginn der Unternehmung sein F.T.-Anrufsignal mit dem der III. Einfahrt von Wilhelmshaven vertauscht hat, vermuten die britische Admiralität und der Chef der Grand Fleet die Schlachtschiffsgeschwader in ihrem Stützpunkt. Sie glauben, nur den deutschen Aufklärungsstreitkräften gegenüberzustehen und diese dank der erheblichen Überlegenheit vernichten zu können.

16.48 S.M.S. *Lützow* eröffnet auf 154 hm Entfernung das Feuer auf die britischen Schlachtkreuzer (5 gegen 6).

17.03 Untergang des Schlachtkreuzers *Indefatigable* im Feuer der deutschen Schlachtkreuzer.

17.11 Das V. Schlachtgeschwader, die modernsten, stärksten und schnellsten britischen schweren Einheiten, greift in den Kampf der Schlachtkreuzer ein (5 gegen 9).

17.20 Beide Seiten setzen zur Entlastung Torpedoboote ein. Es sinken S.M.S. *V 29, V 27* und der Zerstörer *Nomad*.

17.26 Untergang des Schlachtkreuzers *Queen Mary* im Feuer der deutschen Schlachtkreuzer.

17.46 Das Gros der Hochseeflotte erscheint auf dem Kampfplatz. Versenkung des Zerstörers *Nestor*.

17.48 S.M.S. *Wiesbaden* wird manövrierunfähig geschossen. Das Schiff sinkt am nächsten Tag 2.45. Der deutsche Dichter der See und der Seefahrt Gorch Fock findet dabei den Tod.

17.55 Zweiter Entlastungsangriff deutscher Torpedoboote auf die gegnerische Linie.

18.05 Der britische Flottenchef erfährt erst jetzt, daß seinen Verbänden die gesamte Hochseeflotte gegenüber steht.

18.55 Erneuter Angriff der Torpedoboote auf beiden Seiten.

Eingreifen des britischen III. Schlachtkreuzergeschwaders.

19.15 Der Zerstörer *Shark* sinkt im Feuer deutscher leichter Streitkräfte.

19.25 Der Panzerkreuzer *Defence* sinkt im Feuer der deutschen Linienschiffe. Der Panzerkreuzer *Warrior* wird wrack geschossen und sinkt am nächsten Tag 8.45.

19.29 Erneuter Zusammenprall der beiderseitigen Torpedoboote.

19.33 Der Schlachtkreuzer *Invincible* sinkt im Feuer der deutschen Schlachtkreuzer.

Der deutsche Flottenchef befiehlt der ganzen Flotte: »Gefechtskehrtwendung nach Steuerbord bis zur Herstellung der Kielwasserlinie in entgegengesetzter Richtung«. Die Ausführung dieses Manövers, das bis dahin keine andere Flotte beherrscht hat, entzieht die schweren Einheiten der von drei Seiten drohenden Umklammerung.

19.45 Der Schlachtschiff *Warspite* muß nach den Treffern der deutschen Linienschiffe den Kampfplatz verlassen.

19.47 S.M.S. *Lützow* kann infolge der erhaltenen Treffer die Linie nicht mehr halten und versucht, einzeln fahrend, sich dem Feuer des Gegners zu entziehen. Die Führung der Aufklärungsstreitkräfte geht auf den Kommandanten des Spitzenschiffes S.M.S. *Derfflinger*, Kapitän zur See Hartog über.

19.55 Der Flottenchef läßt die Hochseeflotte erneut auf Gegenkurs dem Gegner entgegen gehen.

20.13 Der Flottenchef befiehlt der an der Spitze der Linie stehenden I. Aufklärungsgruppe: »Schlachtkreuzer ran an den Feind, voll einsetzen«. Diese stoßen trotz der erheblichen Beschädigungen gegen die in weitem Bogen vor ihnen stehenden britischen schweren Einheiten vor.

20.15 Die deutschen Torpedoboote laufen zur Entlastung der schweren Einheiten massiert gegen die britische Linie an, die, um den Torpedos zu entgehen, abdreht. S.M.S. *S 35* sinkt.

20.16 Der Flottenchef läßt die Linienschiffsgeschwader erneut auf Gegenkurs gehen und sich vom Gegner lösen. Dadurch geht die Gefechtsfühlung zwischen den beiden Flotten verloren.

20.20 Die deutschen Schlachtkreuzer schließen sich der Bewegung der Linienschiffe an.

21.15 Erneute Gefechtsberührung der beiderseitigen leichten und schweren Streitkräfte, die gegen 22.00 abreißt.

21.30 S.M.S. *V 48* sinkt im Artilleriefeuer leichter Streitkräfte.

22.00 Die britische Flotte dreht auf einen Kurs in Richtung Helgoland und Emsmündung, um einer Nachtschlacht auszuweichen und am anderen Morgen den Gegner erneut angreifen zu können, ehe er seine Stützpunkte erreicht.

22.05 Der Befehlshaber der Aufklärungsstreitkräfte übernimmt nach Einschiffung auf S.M.S. *Moltke* wieder die Führung seiner Verbände.

22.10 Der deutsche Flottenchef befiehlt seinen Verbänden Kurs S SO ¼ O, da er am nächsten Morgen bei Hornsriff stehen will, um in seinen weiteren Angriffsentschlüssen frei zu sein. Der Marsch dorthin soll notfalls mit Gewalt erzwungen werden, also unter Inkaufnahme von Nachtgefechten.

23.35 S.M.S. *Frauenlob* sinkt im Feuer britischer Kleiner Kreuzer nach einem Torpedotreffer.

1. 6.   0.35 Der Zerstörer *Tipperary* wird durch das Feuer schwerer und leichter deutscher Einheiten zum Wrack geschossen. Er sinkt 2.45.

0.50 Der Zerstörer *Sparrowhawk* wird durch deutsches Artilleriefeuer und Rammstoß des Zerstörers *Broke* zum Wrack und sinkt später.

1.10 Die Zerstörer *Fortune* und *Ardent* werden durch deutsches schweres Artilleriefeuer zum Wrack und sinken später.

1.20 Der Panzerkreuzer *Black Prince* sinkt im Feuer deutscher Linienschiffe.

2.05 Der Zerstörer *Turbulent* sinkt im Feuer des Linienschiffes *Westfalen*.

2.20 S.M.S. *Lützow* muß von der Besatzung verlassen werden, da es nicht vor dem Sinken bewahrt werden kann.

3.00 S.M.S. *Elbing* sinkt an den Schäden des Rammens durch S.M.S. *Posen*.

3.10 S.M.S. *Pommern* sinkt nach einem britischen Torpedotreffer.

3.15 S.M.S. *V 4* sinkt infolge einer Detonation, dessen Ursache nicht aufgeklärt ist.

4.00 Das Gros der britischen Seestreitkräfte geht auf Nordkurs, versucht zunächst vergeblich, beschädigte deutsche

Kriegsschiffe abzufangen, sucht dann das Schlachtfeld nach eigenen Einheiten und Schiffbrüchigen ab und läuft im Laufe des Tages in die Stützpunkte ein.

5.07 Nach den vorliegenden Meldungen über den Standort der Grand Fleet rechnet der deutsche Flottenchef nicht mehr mit einer Gefechtsberührung und läßt die Flotte in ihre Stützpunkte einlaufen.

5.25 S.M.S. *Rostock* sinkt durch die Folgen eines Torpedotreffers.

6.20 S.M.S. *Ostfriesland* läuft auf eine Mine der drei Stunden zuvor von H.M.S. *Abdiel* östlich Lister Tief gelegten Sperre, bleibt aber einsatzbereit.

Es standen sich in der Skagerrakschlacht gegenüber:

	Schlacht-schiffe	Schlacht-kreuzer	ältere Linien-schiffe	ältere Panzer-kreuzer	Kleine Kreuzer	Torpedo-boote
Deutsch	16	5	6	0	11	61
Britisch	28	9	9	8	26	79

Verluste:	*Schiffe:*	*Besatzungen:*
Deutsch:	61 180 t	2551 Mann = 6,82 %
Britisch:	115 025 t	6094 Mann = 11,59 %

Trefferergebnis:	*schwere Artillerie:*
Deutsch:	3,33 %
Britisch:	2,17 %

5. 6. Untergang des britischen Panzerkreuzers *Hampshire* auf einer von *U 75* westlich der Orkney-Inseln gelegten Minensperre. Der zur militärischen Beratung nach Rußland entsandte Feldmarschall Lord Kitchener findet dabei den Tod.

7. 6. Die Entente hebt die Londoner Seerechtserklärung von 1909 auf.

8. 6. Gefecht der II. Torpedobootsflottille und der Flandern-Flottille gegen britische Zerstörer bei Ostende.

2.–13. 7. Einsatz von 14 U-Booten in der Nordsee. *U 51* geht auf dem Heimweg verloren. Erprobung der Aufstellung in fünf Kreisen.

22.–23. 7. Gefecht der II. Torpedobootsflottille gegen britische leichte Seestreitkräfte beim Nordhinder-Feuerschiff.

27. 7.–5. 8. Einsatz von 8 U-Booten in der Nordsee in zwei Standlinien.

28.–29. 7.	10 Marineluftschiffe greifen England an.
31. 7.–1. 8.	8 Marineluftschiffe greifen England an.
2.–3. 8.	6 Marineluftschiffe greifen England an.
8.–9. 8.	11 Marineluftschiffe greifen England an.
13. 8.	Das U-Boot *UB 10* versenkt bei Maas-Feuerschiff den britischen Zerstörer *Lassoo*.
18.–19. 8.	Ein Vorstoß der Hochseeflotte mit Unterstützung von U-Booten, unter Heranziehung von Luftschiffen zur Aufklärung, führt zu keiner Gefechtsberührung mit dem ebenfalls in See stehendem britischen Gros. Die britischen Kleinen Kreuzer *Nottingham* und *Falmouth* sinken nach U-Bootsangriffen.
24.–25. 8.	5 Marineluftschiffe greifen England an.
2.–3. 9.	11 Marineluftschiffe greifen England an, darunter London.
23.–24. 9.	10 Marineluftschiffe greifen England an, darunter London. *L 32* und *L 33* gehen dabei verloren.
25.–26. 9.	6 Marineluftschiffe greifen England an.
1.–2. 10.	8 Marineluftschiffe greifen England an, darunter London. *L 31* unter Kapitänleutnant Mathy, dem erfolgreichsten Luftschiffkommandanten, geht verloren.
18.–20. 10.	Vorstoß der Hochseeflotte in die mittlere Nordsee. Die Grand Fleet bleibt, obwohl sie davon erfährt, in den Häfen.
22. 10.	Ergebnisloser Einsatz britischer Flugzeuge vom durch leichte Streitkräfte gesicherten Mutterschiff *Vindex*, um Beobachtungen für den späteren Einsatz von Motorschnellbooten gegen die deutschen Flußmündungen vorzunehmen.
26.–27. 10.	Die III. und IX. Torpedobootsflottille sowie die Flandern-Flottille unternehmen von den flandrischen Stützpunkten aus einen Vorstoß gegen die Sperre Dover–Calais. 1 Torpedoboot, 8 Bewacher und 1 Dampfer werden versenkt.
1.–2. 11.	Die IX. Torpedobootsflottille stößt in den Raum Nord-Hinder/Maas-Feuerschiff vor.
5. 11.	Ergebnisloser Vorstoß der Hochseeflotte in die mittlere Nordsee.
21. 11.	Vorstoß von Teilen der IX. Torpedobootsflottille und der Flandernflottille in die Downs.
23. 11.	Wiederholung des Vorstoßes vom 21. 11.
26.–27. 11.	Die IX. Torpedobootsflottille und die Flandernflottille stoßen nach Maas-Feuerschiff vor und versenken 1 Bewacher.
27.–28. 11.	9 Marineluftschiffe greifen England an. *L 34* und *L 21* gehen verloren.
1. 12.	Umorganisierung der Hochseeflotte, Ausschaltung der älteren Einheiten.

27. 12. Vorstoß deutscher leichter Seestreitkräfte zur Großen Fischer-
bank.

Der Seekrieg in der Nordsee 1917

22.–23. 1. Die VI. Torpedobootsflottille gerät auf dem Wege nach Flandern bei Maas-Feuerschiff in ein Gefecht mit britischen leichten Streitkräften. Der Zerstörer *Simoon* wird versenkt. *V 69*
und *S 50* laufen schwer beschädigt in die Heimat zurück.

25. 1. Die VI. Torpedobootsflottille und die Flandern-Flottille beschießen Southwald.

29.–30. 1. Deutsche leichte Streitkräfte stoßen in die Hoofden vor.

16.–17. 3. 5 Marineluftschiffe greifen England an. *L 39* geht verloren.

17.–18. 3. Die Flandern-Torpedoboote versenken den Zerstörer *Para-
gon*, 1 Dampfer und 2 Drifter. Ein Vorstoß an die Themse-
Mündung führt zur Beschießung von Margate.

25.–26. 3. Flandern-Torpedoboote beschießen Dünkirchen.

29.–30. 3. Flandern-Torpedoboote versenken vor Lowestoft einen britischen Dampfer.

6. 4. Die USA erklären, sich im Kriegszustand mit Deutschland
zu befinden. Beginn der sich bis Kriegsende ständig steigernden gegnerischen U-Bootsabwehr durch Minen, Suchgruppen
und starken Geleitschutz. Steigender Einsatz von See-Flug-
zeugen auf der deutschen und der gegnerischen Seite gegen
See- und Landziele.

7.–8. 4. Britische Motortorpedoboote greifen Zeebrügge an und versenken das Torpedoboot *G 88*.

20.–21. 4. Flandern-Torpedoboote beschießen Calais und Dover. Im
Gefecht mit britischen Zerstörern sinken die Torpedoboote
G 42 und *G 85*.

24.–25. 4. Flandern-Torpedoboote beschießen Dünkirchen und versenken das französische Torpedoboot *Etendard*.

26.–27. 4. Flandern-Torpedoboote beschießen Margate und North Fore-
land.

2. 5. Gefecht von Flandern-Torpedobooten gegen britische Motortorpedoboote bei Middelkerke.

9. 5. Das U-Boot *UC 26* wird vor der Themse-Mündung durch
einen britischen Zerstörer versenkt.

10.–11. 5. Flandern-Torpedoboote geraten im Kanal mit britischen
leichten Seestreitkräften in Gefechtsberührung.

12. 5. Britische Seestreitkräfte versuchen vergeblich, die Schleusen-
anlagen von Zeebrügge zu zerstören.

14. 5. Das Marineluftschiff *L 22* geht bei Terschelling verloren.

19. 5.	Gefecht deutscher und französischer Torpedoboote bei Dünkirchen.
23.–24. 5.	6 Marineluftschiffe greifen England an.
26. 5.	Das Torpedoboot *V 84* sinkt vor der Emsmündung infolge Minentreffers.
4. 6.	Das Minensuchboot *M 23* sinkt bei Räumarbeiten.
5. 6.	Die Flandern-Torpedoboote *S 15* und *S 20* sinken vor Zeebrügge im Feuer überlegener britischer Seestreitkräfte.
8. 6.	Das Minensuchboot *M 47* sinkt bei Räumarbeiten.
14. 6.	Das Marineluftschiff *L 43* geht in der Nordsee verloren.
16.–17. 6.	Die Marine-Luftschiffe *L 48, L 42, L 44* und *L 45* greifen England an. *L 48* geht verloren.
18. 6.	Das Minensuchboot *M 9* sinkt bei Räumarbeiten.
20. 6.	Stapellauf des letzten Großkampfschiffes der Kaiserlichen Marine, S.M.S. *Württemberg.*
25. 6.	Das Torpedoboot *G 96* sinkt vor der flandrischen Küste infolge Minentreffer.
28. 6.	Das Minensuchboot *M 63* sinkt bei Räumarbeiten.
16. 7.	Der britische Kleine Kreuzer *Undaunted* zersprengt auf der Höhe von Texel einen deutschen Konvoi von sechs Handelsschiffen auf dem Wege von Rotterdam nach Emden. 2 werden auf Strand gesetzt, 4 aufgebracht.
20. 7.	Besatzungsteile von S.M.S. *Pillau* gehen in Wilhelmshaven kurzzeitig ohne Erlaubnis von Bord. Am 1. 8. ereignet sich ein ähnlicher Vorfall auf S.M.S. *Prinzregent Luitpold.* Außerdem kommen Anfang August Disziplinwidrigkeiten auf S.M.S. *Friedrich der Große* und am 16. 8. auf S.M.S. *Westfalen* vor. Der zur Erhaltung der Gefechtsbereitschaft erforderliche Routinedienst wird von den Besatzungen als langweilig empfunden, zumal er selten durch Einsätze unterbrochen wird und schon fast drei Jahre dauert. Die zwar ausreichende, aber eintönige Ernährung trägt nicht zur Besserung der Stimmung bei. Auch lockert sich mehr und mehr der Kontakt der Offizierkorps zu den Besatzungen, da die jüngeren Offizieren auf U-Boote kommandiert werden müssen und infolgedessen häufig wechseln. Während des Kriegsgerichtsverfahrens werden auch die rechtswidrigen Umtriebe der U.S.P.D. gegen die Flotte, als deren Folge die Vergehen auch anzusehen sind, aufgedeckt. Die Urteile lauten wegen im wesentlichen schwerer militärischer Vergehen, insbesondere kriegsverräterischer Aufstandserregung und militärischem Aufruhr in fünf Fällen auf Todesstrafe, in 75 Fällen auf 1 Jahr Gefängnis bis 15 Jahre Zuchthaus. Der Flotten-

chef läßt nur zwei Todesurteile nach Prüfung der Rechtslage seitens kriegsgerichtlich unabhängiger Juristen vollstrecken.

21. 7. Das U-Boot *U 52* versenkt bei den Shetland-Inseln das britische U-Boot *C 34*.

25. 7. Gefecht der 1. Torpedoboots-Halbflottille Flandern und der III. Torpedobootsflottille mit britischen Seestreitkräften vor der flandrischen Küste.

26. 7. Das U-Boot *UC 65* versenkt im Kanal den britischen Minenleger *Ariadne*.

16. 8. Gefecht der 5. und 6. Minensuch-Halbflottille mit britischen Kreuzern und Zerstörern in der Nordsee.
Das Torpedoboot *A 13* sinkt vor Ostende nach einem Fliegerbombentreffer.

21. 8. Einem von dem Kleinen Kreuzer *Yarmouth* gestarteten Seeflugzeug gelingt es, das Luftschiff *L 23* vor der dänischen Küste abzuschießen.

22. 8. 8 Marineluftschiffe greifen Ziele in Mittel-England an.

26. 8. Gefecht der Torpedoboote *V 70* und *V 73* mit einem britischen Monitor vor der flandrischen Küste.

1. 9. Die 3. Hilfsminensuch-Halbflottille wird etwa auf der Höhe von Lyngvig von britischen Kreuzern und Zerstörern angegriffen. Sie weicht in die dänischen Hoheitsgewässer aus, wird trotzdem weiter beschossen und von den Besatzungen daher auf Strand gesetzt.

5. 9. Das U-Boot *U 88* sinkt in der Nordsee nach einem Minentreffer.

6. 9. Erster – ergebnisloser – Einsatz eines Fernlenkbootes gegen einen britischen Monitor vor der flandrischen Küste.

11. 9. Gefecht deutscher Torpedo- und Minensuchboote gegen britische Zerstörer und Flugzeuge vor der flandrischen Küste.

15. 9. Stapellauf des letzten Schlachtkreuzers der Kaiserlichen Marine S.M.S. *Graf Spee*.

25. 9. 10 Marineluftschiffe greifen Ziele in Mittel-England an.

28. 9. Gefecht der Flandern-Torpedoboote gegen britische leichte Einheiten vor der flandrischen Küste.

1. 10. Gefecht deutscher Torpedoboote gegen britische Zerstörer vor der flandrischen Küste.

17. 10. Die Minenkreuzer *Brummer* und *Bremse* versenken auf der Linie Bergen–Lerwik aus einem britischen Geleitzug 9 Frachter, sowie die sichernden Zerstörer *Strongbow* und *Mary Rose*.

18.–19. 10. Flandern-Torpedoboote beschießen Dünkirchen und versenken den britischen Monitor *Terror*.

20. 10.	11 Marineluftschiffe greifen London und Ziele in Mittel-England an. *L 44, L 45, L 49, L 50* und *L 55* gehen auf dem Rückflug im Sturm verloren.
27. 10.	Gefecht der Torpedoboote *S 54, S 55* und *G 91* gegen überlegene britische Seestreitkräfte vor der flandrischen Küste.
28. 10.	Ein Fernlenkboot beschädigt vor der flandrischen Küste den britischen Monitor *Erebus* schwer.
1. 11.	Gefecht der Torpedoboote *V 70* und *V 71* gegen 1 britischen Monitor und 7 Zerstörer vor der flandrischen Küste.
2. 11.	Die U-Bootfalle *Marie* wird im Kattegatt durch britische Seestreitkräfte versenkt.
4. 11.	Das Torpedoboot *G 37* sinkt in der Nordsee nach einem Minentreffer.
12. 11.	Gefecht der Torpedoboote *V 70* und *G 91* gegen britische Seestreitkräfte vor der flandrischen Küste.
13. 11.	Gefecht der Torpedoboote *S 54* und *V 71* gegen britische Zerstörer vor der flandrischen Küste.
15. 11.	Gefecht der Torpedoboote *S 54* und *S 55* gegen britische Seestreitkräfte vor der flandrischen Küste.
17. 11.	Angriff britischer schwerer und leichter Seestreitkräfte auf deutsche Aufklärungsstreitkräfte, die 90 sm nordwestlich Helgoland Minensucher sichern. Sie drehen ab, als die Schlachtschiffe *Kaiser* und *Kaiserin* in Sicht kommen. Das Torpedoboot *A 50* sinkt vor der flandrischen Küste nach einem Minentreffer.
23. 11.	Das Torpedoboot *A 60* sinkt vor der flandrischen Küste nach einem Minentreffer.
29. 11.	Das U-Boot *UB 61* sinkt im Kanal nach einem Minentreffer.
2. 12.	Das U-Boot *UB 81* sinkt im Kanal nach einem Minentreffer.
6. 12.	Das U-Boot *U 53* versenkt in der Irischen See den US-Zerstörer *Jacob Jones*.
12. 12.	Die II. Torpedobootsflottille versenkt vor der Tyne-Mündung 2 bewaffnete Fischdampfer und 2 Frachter, auf dem Dampferweg Norwegen–Shetland-Inseln aus einem Geleitzug den Zerstörer *Portridge*, 4 Bewacher und 6 Frachter.
13. 12.	Das U-Boot *U 75* sinkt in der Nordsee nach Minentreffer. Gefecht der Torpedoboote *S 55, V 77* und *G 91* gegen britische Seestreitkräfte vor der flandrischen Küste.
23. 12.	Die britischen Zerstörer *Surprise, Tornado* und *Torrent* sinken auf einer von Flandern-Torpedobooten am Tage zuvor bei Maas-Feuerschiff gelegten Minensperre.
28. 12.	Das Minensuchboot *M 11* sinkt in der Nordsee nach einem Minentreffer.

5. 1. Die Marineluftschiffe *L 46*, *L 47*, *L 51*, *L 58* und *SL 20* werden durch Sabotage in den Hallen von Ahlhorn vernichtet.

20. 1. Die Torpedoboote *S 16*, *A 73* und *A 77*, sowie das U-Boot *UB 22* sinken auf einer britischen Minensperre 50 sm nordwestlich Helgoland.

23. 1. Gefecht der 1. Zerstörer-Halbflottille gegen britische Seestreitkräfte vor der flandrischen Küste.

2.–4. 2. 7 Hilfsminensuchboote sinken während eines Einsatzes in der Nordsee.

7. 2. Das Torpedoboot *A 10* sinkt vor der flandrischen Küste nach einem Minentreffer.

14. 2. Die II. Torpedobootsflottille rollt die britische Sperre Dover–Calais auf und vernichtet dabei einen Teil der Bewacher.

2. 3. Das Torpedoboot *A 57* und 3 Hilfsminensucher sinken auf einer Minensperre in der Nordsee.

10.–15. 3. Leichte deutsche Seestreitkräfte stoßen zum Handelskrieg bis in das Kattegatt vor.

13. 3. 5 Marineluftschiffe greifen Ziele in Mittel-England an.

21. 3. Flandern-Torpedoboote beschießen Dünkirchen und La Panne.

23. 3. Die Minensuchboote *M 36* und *M 40* sinken auf einer Minensperre in der Nordsee.

29. 3. Das Minenräumboot *F 32* sinkt auf einer Minensperre in der Nordsee.

30. 3. Das Torpedoboot *G 87*, *G 93* und *G 94* sinken auf einer britischen Minensperre südöstlich der Doggerbank.

9. 4. Flandern-Torpedoboote beschießen La Panne.

12. 4. 5 Marineluftschiffe greifen Ziele in England an.

14. 4. S.M.S. *Arcona*, die 11. Torpedoboots-Halbflottille und die 2. Minensuch-Halbflottille legen eine 10 sm lange Minensperre in der Nordsee.

18. 4. Flandern-Torpedoboote beschießen die Küste zwischen Dünkirchen und Nieuport.

20. 4. Die Minensuchboote *M 39*, *M 64* und *M 95* sinken auf einer gegnerischen Minensperre in der südlichen Nordsee.

23.–25. 4. Letzter Vorstoß der Hochseeflotte in die nördliche Nordsee. Keine Begegnung mit britischen Kriegsschiffen. Untergang des Minensuchers *M 67* nach Minentreffer.

23. 4. Groß angelegter, aber vergeblicher, mit großen Verlusten durchgeführter Versuch britischer Seestreitkräfte, die Hafeneinfahrten von Zeebrügge und Ostende zu sperren.

3. 5. Die Torpedoboote *G 9* und *A 71* sinken in der Nordsee nach Minentreffern.

10. 5. Zweiter vergeblicher Versuch britischer Seestreitkräfte, die Hafeneinfahrt von Ostende zu sperren.

16. 5. Der Kleine Kreuzer *Stuttgart* stellt nach entsprechendem Umbau als Flugzeugmutterschiff für 3 Seeflugzeuge in Dienst.

30. 5. Das Torpedoboot *T 68* und Minensuchboot *M 48* sinken nach Minentreffern in der Nordsee.

31. 5. Der britische Zerstörer *Fairy* vernichtet vor der englischen Küste das U-Boot *UC 75* durch Rammen, sinkt aber infolge der dabei erlittenen Beschädigungen.

1. 7. Die Minensuchboote *M 83* und *M 92* sinken in der Nordsee nach Minentreffern.

6. 7. Die Torpedoboote *T 138* und *T 172* sinken in der Nordsee nach Minentreffern.

10. 7. Die Torpedoboote *S 62*, *S 66* und *A 79* sinken in der mittleren Nordsee nach Minentreffern.

19. 7. Britische Flugzeuge zerstören in Tondern die Marineluftschiffe *L 54* und *L 60*.

31. 7. Das Minensuchboot *M 6* sinkt in der Nordsee nach einem Minentreffer.

5.–6. 8. Letzter Luftschiffangriff auf England. *L 70* stürzt mit dem F.d.L. Fregattenkapitän Strasser an Bord ab.

5. 8. Das Minensuchboot *M 62* sinkt in der Nordsee nach einem Minentreffer.

8. 8. Das Torpedoboot *V 68* sinkt vor der flandrischen Küste nach einem Minentreffer.

11. 8. Neuorganisation und neue Personalbesetzung der Marineführung. Admiral Scheer wird Chef des Admiralstabes, Vizeadmiral Behncke Staatssekretär des Reichsmarineamts, Vizeadmiral Ritter von Hipper Chef der Hochseeflotte, Konteradmiral von Reuter Befehlshaber der Aufklärungsstreitkräfte. Im Admiralstab wird als Operationsabteilung die Seekriegsleitung (SKL) neugebildet.
Erfolgloser britischer Flottenvorstoß in die Deutsche Bucht. Seeflieger versenken bei Ameland britische Schnellboote; das Marineluftschiff *L 53* geht verloren.

13. 8. Das Torpedoboot *T 65* sinkt in der Nordsee nach einem Minentreffer.

15. 8. Das Torpedoboot *A 58* sinkt vor der flandrischen Küste nach einem Minentreffer.

22. 8. Flandern-Torpedoboote versenken auf der Reede von Dünkirchen 2 britische Torpedoboote.

23. 8.	Ergebnisloser Angriff deutscher Schnellboote auf britische und französische Kriegsschiffe vor der flandrischen Küste.
Sept.	Vizeadmiral Ritter von Mann Edler von Tiechler wird Staatssekretär des Reichsmarineamtes.
6. 9.	Das Minensuchboot *M 41* sinkt in der Nordsee nach einem Minentreffer.
3. 10.	Deutsches Friedensangebot an USA auf der Basis der 14 Punkte des Präsidenten Wilson vom 8. 1. 1918.
14. 10.	Das Torpedoboot *T 122* sinkt in der Nordsee nach einem Minentreffer. Das Minensuchboot *M 22* sinkt in der Nordsee nach einem Minentreffer.
15. 10.	Das Torpedoboot *S 34* sinkt auf dem Rückmarsch von Flandern nach einem Minen-, *S 33* nach einem Torpedotreffer.
16. 10.	Plan des Stabschefs der Hochseeflotte zu einem Vorstoß in den Kanal für den Fall, daß eine etwaige Aufgabe des U-bootkrieges nicht den Waffenstillstand zur Folge haben sollte. Stapellauf des letzten Kleinen Kreuzers der Kaiserlichen Marine S.M.S. *Frauenlob*.
21. 10.	Durch die Einstellung des U-Bootkrieges erhält die Hochseeflotte ihre operative Freiheit wieder.
22. 10.	Die SKL teilt der O.H.L. ihre Ansicht mit, daß die Hochseeflotte jetzt, da die Nation auf das schwerste kämpfe, nicht untätig bleiben dürfe. Der Einsatz unter Mitwirkung von U-Booten ließe Erfolge erwarten.
27. 10.	Fertigstellung des Operationsbefehls für einen Flottenvorstoß in die Hoofden, an die Flandernküste und vor die Themsemündung. U-Bootlinien und Verminungen sollen die Unternehmung unterstützen. Der Gegner soll zur Entsendung von Flottenteilen in die deutsche Rückmarschlinie veranlaßt werden. Diese sollen zur Schlacht gestellt werden, vorausgesetzt, daß ein Zusammentreffen erfolgt. Vorgesehener Beginn der Unternehmung 30. 10. früh. Britische und nordamerikanische Seestreitkräfte beenden die Auslegung einer Minensperre quer über die Nordsee zwischen Bergen und den Orkney-Inseln. Damit sollen Operationen deutscher U-Boote außerhalb der Nordsee verhindert werden.
29. 10.	Beginn schwerer disziplinarischer Ausschreitungen und Gehorsamsverweigerungen auf einigen Großkampfschiffen und Kreuzern, die sich auf andere Einheiten ausbreiten.
31. 10.	Der Flottenchef läßt den geplanten Vorstoß nicht durchführen.

9. 11. Ein Seeflugzeug der Station Borkum sichtet britische Seestreitkräfte im Anmarsch auf die innere Deutsche Bucht. Auf
seinen Funkalarm laufen lediglich aus der Emsmündung
S.M.S. *Königsberg* und *Cöln*, von List S.M.S. *Graudenz* aus,
dazu einige U-Boote und Torpedoboote, unter ihnen *B 98*,
B 110 und *B 111*. Sie sichten den Gegner jedoch nicht.

11. 11. Inkrafttreten des Waffenstillstandsvertrages.

Der Seekrieg in der Ostsee 1914

Deutscher Operationsplan:
1. Etwaige russische Offensive soviel wie möglich stören.
2. Sicherung der Kieler Bucht gegen feindliche Angriffe.
3. Schädigung des feindlichen Ostseehandels.
4. Offensives Vorgehen durch Minenunternehmungen vor der
russischen Küste und durch gelegentlichen Einsatz von Teilen der Hochseeflotte.

Russischer Operationsplan (aus historischer Sicht):
Grundsätzlich: Defensive; gelegentlich: Offensive Minen-
unternehmungen.
Da die östliche Ostsee monatelang vereist ist, ruhen in der
Zeit alle Kampfhandlungen.

30. 7. Der Generalinspekteur der Marine, Großadmiral Prinz Heinrich von Preußen, wird zum Oberbefehlshaber der Ostseestreitkräfte ernannt. Die ihm unterstellten Verbände glie-
dern sich in:
Küstenschutzdivision der Ostsee, Chef Konteradmiral Mischke (2 moderne, 5 ältere Kleine Kreuzer, 3 moderne, 6 ältere
Torpedoboote, 3 U-Boote, einige wenig kampfkräftige Einheiten).
Hafenflottille Kiel (dem Chef der Marinestation der Ostsee
unterstellt) einige ältere kleine Einheiten.

1. 8. Russische Landstreitkräfte beginnen die Kampfhandlungen
gegen Ostpreußen.

2. 8. S.M.S. *Augsburg* und *Magdeburg* legen eine Minensperre vor
Libau und beschießen die Hafenanlagen.

5. 8. Sperrung der Südausgänge des Großen und des Kleinen Beltes deutscherseits durch Minen.

6. 8. Dänemark gibt die Schließung des Großen und des Kleinen
Beltes sowie des dänischen Teils des Öresunds durch eigene
Minensperren bekannt.

9.–13. 8. Vorstoß S.M.S. *Augsburg* und *Magdeburg* sowie einiger Torpedoboote bis zu den Baltischen Inseln.

13. 8.	S.M.S. *Augsburg* beschießt russische Stellungen bei Polangen.
15.–20. 8.	Vorstoß S.M.S. *Augsburg* und *Magdeburg* mit Torpedobooten und einem Hilfsminenleger zum Finnischen Meerbusen. Auslegen einer Minensperre vor der Einfahrt. Kurze Gefechtsberührung mit russischen Kriegsschiffen.
21. 8.	Die Küstenschutzdivision beschränkt ihr Einsatzgebiet auf die westliche und mittlere Ostsee. Für die Operationen gegen Rußland wird der Verband des »Detachierten Admirals« geschaffen. Chef: Konteradmiral Behring.
23.–29. 8.	Vorstoß des »Detachierten Admirals« in den Finnischen Meerbusen. S.M.S. *Magdeburg* strandet im dichten Nebel vor Odensholm und wird von der eigenen Besatzung gesprengt. Gefechtsberührung S.M.S. *Augsburg* mit russischen Kriegsschiffen, die vergeblich von dem U-Boot *U 3* angegriffen werden.
3.–9. 9.	Großadmiral Prinz Heinrich von Preußen stößt mit seinen Kriegsschiffen und Teilen der Hochseeflotte gegen den Finnischen Meerbusen vor. Nur kurze Gefechtsberührung. S.M.S. *Augsburg* versenkt zwei Dampfer im Bottnischen Meerbusen.
12.–15. 9.	S.M.S. *Amazone* und *S 124* helfen bei der Sicherung von Memel gegen die aus Ostpreußen flüchtenden russischen Truppen.
20.–26. 9.	Wiederholung des Vorstoßes vom 3.–9. 9. bis Windau. Vortäuschung einer Truppenlandung.
11. 10.	Das U-Boot *U 26* versenkt während einer Unternehmung der Seestreitkräfte des Detachierten Admirals den russischen Panzerkreuzer *Pallada* am Eingang des Finnischen Meerbusens.
18. 10.	Britische U-Boote dringen in die Ostsee ein. Sie benutzen Libau als Stützpunkt für die vorgesehenen Einsätze gegen deutsche Seestreitkräfte und zur Störung der Erzzufuhr.
24.–30. 10.	Vorstoß der Ostseestreitkräfte an die russische Küste. Vorsorgliche Maßnahmen für den Fall eines russischen Angriffs auf Memel.
17. 11.	Das Flaggschiff des Detachierten Admirals S.M.S. *Friedrich Carl* sinkt nach einem Minentreffer 33 sm westlich Memel. Es wird durch sein Schwesterschiff *Prinz Adalbert* ersetzt. Sperrung der Libauer Hafeneinfahrten durch Blockschiffe und Beschießung der Anlagen durch S.M.S. *Amazone* und *Lübeck*.
15.–28. 11.	Das U-Boot *U 25* dringt in den Finnischen Meerbusen bis Reval und Hangö vor.
3.–8. 12.	Der Hilfsminenleger *Deutschland* legt vor Björneborg und

Raumö im Bottnischen Meerbusen eine Sperre.

15.–18. 12. Die Ostseestreitkräfte stoßen in die Aalandsee vor. Irrtümliches Gefecht S.M.S. *Thetis* gegen das Vorpostenboot *Senator Strandes,* das mit dessen Versenkung endet.

26.–30. 12. Vorstoß der Ostseestreitkräfte mit Teilen der Hochseeflotte in den Raum Öland.

Der Seekrieg in der Ostsee 1915

6.–9. 1. Vorstoß der Ostseestreitkräfte bis vor den Finnischen Meerbusen.

25. 1. S.M.S. *Augsburg* und *Gazelle* erhalten in der mittleren Ostsee Minentreffer. Ausweitung der russischen Minenoffensive, Auslegung von Sperren bis in den Raum Rügen.
Der Dampfer *Answald* wird als Flugzeugmutterschiff eingerichtet, um die Minensuchverbände zu unterstützen.
Das Marineluftschiff *PL 19* greift Libau an, wird aber durch russisches Geschützfeuer über der Ostsee abgeschossen.

19.–24. 3. S.M.S. *Straßburg* stößt zum Handelskrieg in die Aalandsee vor.

23. 3. Ostseestreitkräfte und Teile der Hochseeflotte beschießen im Rückzug befindliche russische Truppen nördlich Memel.

28. 3. S.M.S. *Lübeck* und 2 Torpedoboote beschießen Libau.

7. 4. S.M.S. *Lübeck* wiederholt die Beschießung von Libau.

15. 4. Der Hilfsminenleger *Deutschland* wirft unter dem Schutz leichter Seestreitkräfte eine Sperre vor dem Finnischen Meerbusen.

24. 4. Das Torpedoboot *V 108* beschießt russische Truppen bei Polangen.

20. 4. Neuformierung der Seestreitkräfte der Ostsee in:
Küstenschutzdivision (Konteradmiral Mischke)
Aufklärungsstreitkräfte (Konteradmiral Hopmann)

27.–28. 4. Ostseestreitkräfte beschießen russische Stellungen zwischen Memel und Libau.

1.–2. 5. Die Torpedoboote *V 107* und *V 108* dringen, gedeckt durch S.M.S. *Thetis,* in den Rigaischen Meerbusen vor und zerstören Signalmittel auf der Insel Runö.

7. 5. Einnahme von Libau durch Heerestruppen mit Unterstützung der Ostseestreitkräfte. Teile der Hochseeflotte, die als Rückhalt dienen, geraten in kurze Gefechtsberührung mit russischen Panzerkreuzern.

8.–10. 5. Vorstoß des IV. Geschwaders der Hochseeflotte vor den Finnischen Meerbusen.

9. 5.	Beginn der Einrichtung eines Marinestützpunktes in Libau.
21. 5.	Das Küstenpanzerschiff *Beowulf* übernimmt die örtliche Sicherung von Libau.
23.–25. 5.	Der Hilfsminenleger *Deutschland* legt, gedeckt durch Ostseestreitkräfte, vor dem Finnischen Meerbusen eine Sperre.
4. 6.	Das U-Boot *U 26* versenkt an der estnischen Küste den russischen Minenleger *Jennissei*.
3.–5. 6.	Die Ostseestreitkräfte legen vor der Irben-Straße eine Minensperre. Kurze Gefechtsberührung mit russischen Kriegsschiffen.
11.–13. 6.	Vorstoß der Ostseestreitkräfte in die östliche Ostsee.
16.–17. 6.	Auslegen einer weiteren Minensperre durch Ostseestreitkräfte vor dem Rigaischen Meerbusen.
28. 6.	S.M.S. *Beowulf* beschießt Windau. Ostseestreitkräfte geraten bei Lyserort in ein Gefecht mit russischen Zerstörern.
30. 6.	Ostseestreitkräfte verlegen eine zweite Minensperre vor den Rigaischen Meerbusen.
1.–2. 7.	5 russische Panzerkreuzer unternehmen einen Vorstoß gegen Memel, brechen ihn aber vorzeitig ab, als sie aus Funksprüchen eine deutsche Minenunternehmung erfahren. Sie hoffen, die gegnerischen Seestreitkräfte auf dem Rückmarsch abfangen zu können. Es kommt zu Gefechten, wobei sich der Minenleger *Albatroß* beschädigt in schwedisches Hoheitsgewässer zurückziehen muß. Da die Russen das Feuer trotzdem nicht einstellen, wird das Schiff bei Östergarn/Gotland auf Strand gesetzt. Schiff und Besatzung kehren erst Ende 1918 aus der schwedischen Internierung in die Heimat zurück.
4.–5. 7.	Vorstoß der Ostseestreitkräfte bis Gotland.
10.–11. 7.	Das IV. Geschwader und die VIII. Torpedobootsflottille der Hochseeflotte stoßen mit Teilen der Ostseestreitkräfte in den Raum Rigaischer/Finnischer Meerbusen vor.
12. 7.	S.M.S. *Brandenburg* und *Wörth* übernehmen stationär die Sicherung Libaus.
17. 7.	Gefecht S.M.S. *Bremen* gegen russische Zerstörer bei Lyserort.
18.–22. 7.	Vorstöße des IV. Geschwaders in die östliche Ostsee.
22. 7.	Ein Landungskorps des IV. Geschwaders wird zur Mithilfe bei der Sicherung der kurländischen Küste zwischen Windau und Pissen ausgeschifft. Die Hilfsminensuchdivision Swinemünde verlegt nach Windau.
4. 8.	Das U-Boot *UC 4* legt vor dem Finnischen Meerbusen eine Minensperre, auf der am 14. das damals größte russische Minenschiff *Ladoga* verlorengeht.

6.–8. 8.	Starke Kräfte der Hochseeflotte sollen im Verein mit den Ostseestreitkräften in den Rigaischen Meerbusen eindringen, die russischen Kriegsschiffe niederkämpfen, den Moonsund durch Minen sperren, den Hafen von Pernau verblocken, sowie Dünamünde und Utö beschießen. Da das Räumen der Minensperren in der Irben-Straße längere Zeit als vorgesehen in Anspruch nimmt, wird der Plan aufgegeben.
16.–20. 8.	Wiederholung der Unternehmung gegen den Rigaischen Meerbusen. Versenkung von Dampfern, Auslegung von Minensperren, Sperrung des Hafens Pernau durch Blockschiffe, Versenkung des Kanonenbootes *Ssiwutsch*. Untergang der Torpedoboote *S 31* und *V 99*, sowie der Minensuchboote *T 46, T 52* und *T 58* nach Minentreffern.
19. 8.	Das britische U-Boot *E 13* strandet beim Versuch, in die Ostsee einzudringen, in der Flintrinne und wird vom Torpedoboot *G 132* zerstört.
29.–31. 8.	Vorstoß der Ostseestreitkräfte zum Finnischen Meerbusen.
9.–11. 9.	Vorstoß der Ostseestreitkräfte bis zu den Baltischen Inseln.
21.–23. 9.	Vorstoß der Ostseestreitkräfte und des IV. Geschwaders der Hochseeflotte in die östliche Ostsee.
8. 10.	Vorstoß von Teilen der in der Ostsee versammelten Streitkräfte der Hochseeflotte in die östliche Ostsee.
15. 10.	Untergang des Torpedobootes *T 100* bei Saßnitz durch Rammung.
22. 10.	Ein russischer Landungstrupp wird unter dem Schutz des Linienschiffes *Slava* an der Kurländischen Küste bei Kap Domesnaes an Land gesetzt, aber nach kurzem Gefecht wieder eingeschifft.
23. 10.	Untergang S.M.S. *Prinz Adalbert* westlich Libau nach einem Torpedotreffer des britischen U-Bootes *E 8*.
Okt./Nov.	Britisch/russischer U-Boot-Handelskrieg in der Ostsee.
7. 11.	Untergang S.M.S. *Undine* nördlich Arkona nach einem Torpedotreffer des britischen U-Bootes *E 19*. Das Torpedoboot *A 3* sinkt nach einem Minentreffer in der mittleren Ostsee.
20. 11.	Ostseestreitkräfte stoßen zum Finnischen Meerbusen vor.
17. 12.	S.M.S. *Bremen* und *V 191* sinken nach Minentreffern vor Windau.
23. 12.	Untergang des Torpedobootes *S 177* nach einem Minentreffer vor Windau.

Die russische Kriegsmarine legt sich noch größere Zurückhaltung als bisher auf. Die beiden Gegner führen, abgesehen
von vereinzelten Überwasseroperationen, Minenkrieg. Die
Seestreitkräfte der Ostsee sichern darüberhinaus die Erz-
transporte von Schweden nach Deutschland, die häufig das
Angriffsziel russischer Kriegsschiffe und britischer U-Boote
sind. Unterseeboote, Seeflugzeuge und Marineluftschiffe werden nur in beschränktem Umfang eingesetzt. Die deutschen
Überwasserstreitkräfte werden stark reduziert, weil die verfügbaren älteren Einheiten den Torpedos und Seeminen
nicht gewachsen sind und der Personalbedarf der U-Boots-
waffe nur durch Außerdienststellung anderer Kriegsschiffe
gedeckt werden kann.

30. 3.– 3. 5.	Groß angelegte Minenverseuchung des Eingangs zum Fin- nischen Meerbusen mit Unterstützung leichter Einheiten der Hochseeflotte.
5. 6.	Konteradmiral Langemak wird Befehlshaber der Aufklä- rungsstreitkräfte der Ostsee.
13. 6.	4 russische Zerstörer versenken bei der Insel Häfringe das einen Geleitzug sichernde Hilfsschiff *Hermann*.
17.–18. 7.	Ein Flottenverband stößt zum Finnischen Meerbusen vor.
10. 11.	Die X. Torpedobootsflottille gerät bei einer Unternehmung gegen die Bewachung und den Schiffsverkehr im Finnischen Meerbusen sowie zur Beschießung von Baltisch-Port auf Mi- nensperren. Die Boote *S 57, S 58, S 59, V 72, V 75, V 76* und *G 90* sinken.
Dez.	Konteradmiral Hopmann wird Befehlshaber der Aufklä- rungsstreitkräfte der Ostsee.

Der Seekrieg in der Ostsee 1917

März	Ausbruch der russischen Revolution. Meutereien auf den Kriegsschiffen sowie in den Marinelandeinrichtungen.
20. 5.	Das U-Boot *UC 78* bringt zwei für die finnische Freiheits- bewegung wichtige Personen zu den Alands-Inseln.
21. 5.	Versenkung des russischen U-Bootes *Bars*.
10. 6.	Seeflugzeuge zerstören die russischen Flugstationen Lebora und Arensburg auf der Insel Ösel.
3. 9.	Deutsche Truppen besetzen im Rahmen einer Offensive Riga.
4. 9.	Deutsche Truppen besetzen mit Marineunterstützung Düna- münde.

11.–23. 10.	Teile der Hochseeflotte und die Ostseestreitkräfte erobern im Verein mit auf Transportern herangeführten Heerestruppen in der ersten deutschen amphibischen Operation größeren Stils die dem Rigaischen Meerbusen vorgelagerten Baltischen Inseln. Chef des Marine-Sonderverbandes: Vizeadmiral Ehrhardt Schmidt, Chef der Heerestruppen: Generalleutnant von Kathen. Die Kriegsschiffe kämpfen die Landbefestigungen nieder und ermöglichen ihren Landungskorps und den Heerestruppen die Landung und den Angriff auf die russischen Truppen. Das Linienschiff *Sslava* und der Zerstörer *Grom* werden vernichtet. Danach Rückmarsch der Teile der Hochseeflotte und Reduzierung der Ostseestreitkräfte. Deutsche Totalverluste (außer Hilfsschiffe): Minensuchboote *M 31*, *M 68*, *A 32*, *T 54*, *T 56*, *T 66* und *S 64*.
27. 10.	Das Hilfsschiff *Equity* verläßt mit Waffen und Munition für die finnische Unabhängigkeitsbewegung Neufahrwasser. Es erreicht am 31. 10. die finnischen Gewässer zur Übergabe der Ladung.
7. 11.	Ausbruch der bolschewistischen Revolution in Rußland.
3. 12.	Das Hilfsschiff *Equity* befördert zum zweiten Male Waffen und Munition nach Finnland.
6. 12.	Finnland erklärt sich zur von Rußland unabhängigen Republik.
7. 12.	Beginn des Waffenstillstands zwischen den Mittelmächten und Rußland. Er dauert bis zum 4. 1. 1918.

Der Seekrieg in der Ostsee 1918

Auf Grund der wiederholten Hilfeersuchen seitens der finnischen Regierung und wegen der Gefahr der Einflußnahme der Entente entschließt sich Deutschland, Truppen zum Schutz der Bevölkerung vor dem russischen Bolschewismus nach Finnland zu entsenden.

20. 2.	Befehl zur Bildung des »Sonderverbandes Ostsee« unter Führung von Konteradmiral Meurer. Den Rückhalt für die Transporter, Minensucher, Sperrbrecher und Troßschiffe bilden S.M.S. *Westfalen*, *Rheinland*, *Posen*, *Kolberg*, *Stralsund*, *T 139*, *T 143*, *T 155* und *T 160* (später *T 152*). Bildung der »Ostseedivision« des Heeres unter Generalmajor Graf von der Goltz, darunter das ausschließlich aus finnischen Freiwilligen gebildete Königlich Preußische Jägerbataillon Nr. 14.
23. 2.	Beginn der Einschiffungen und des Vormarsches des Sonderverbandes Ostsee.

3. 3.   Unterzeichnung des Friedensvertrages zu Brest-Litowsk zwischen den Mittelmächten und Rußland.

7. 3.   Beginn der Besetzung der Aaland-Inseln·

23. 3. Beginn der Landung von Entente-Truppen in Murmansk, die bis September auf 7400 Briten, 1000 Franzosen, 1350 Italiener, 1200 Serben und 4000 Russen/Finnen verstärkt werden. Ihre Aufgabe ist, die deutsche bzw. finnische Besetzung dieses Hafens und der nach Süden führenden Bahnlinie zu verhindern und gemeinsam mit den Russen erneut eine Ostfront aufzubauen.

3. 4.   Beginn der Besetzung von Hangö.

11. 4. S.M.S. *Rheinland* läuft auf einen Felsen westlich Lagskär auf und fällt für den Rest des Krieges aus.

13. 4. Beginn der Besetzung von Helsingfors.

21. 4. Beendigung der Besetzung aller russischer Befestigungen und militärischen Anlagen an der finnischen Südküste.

31. 5. Auflösung des Sonderverbandes Ostsee.

5. 8.   Nach den Hilfegesuchen der russischen Regierung trifft der Admiralstab gemäß den Vorstellungen der OHL Anordnungen für die Mitwirkung der Marine an dem unter dem Tarnnamen »Schlußstein« geplanten Unternehmen. Unter dem Befehl von Vizeadmiral Boedicker wird ein Sonderverband gebildet, und zwar aus den Linienschiffen *Ostfriesland*, *Thüringen*, *Nassau*, den Kleinen Kreuzern *Regensburg*, *Straßburg*, *Stralsund*, *Kolberg*, *Frankfurt*, 3 Torpedoboots-Halbflottillen, Minensuchern, Sperrbrechern und Hilfsschiffen. Zur Verfügung steht außerdem die Organisation des Befehlshabers der Baltischen Gewässer.

9. 8.   Die Russen beginnen, Minensperren vor Kronstadt zu legen.

12. 8. Beginn der deutschen Minenräumarbeiten im inneren Finnischen Meerbusen.

18. 8. Die Kreuzer und Torpedoboote treffen von Kiel aus in Libau ein.

20. 8. Die IV. Aufklärungsgruppe und die V. Torpedobootsflottille gehen von Libau nach Björkö. Die Linienschiffe verbleiben in Kiel.

24. 8. Der Verbandschef tritt auf einem Kreuzer von Libau eine Informationsfahrt nach Reval, Dorpat, Björkö und Narwa an. Eintreffen in Helsingfors 5. 9.

27. 8. In einem Geheimvertrag verpflichtet sich Rußland zur Entfernung der Entente-Truppen aus seinen nördlichen Gebieten, Deutschland zu eigenem Vorgehen, falls die russischen

Maßnahmen keinen Erfolg haben sollten. Allerdings sollen deutsche Truppen dabei das Gebiet zwischen dem Finnischen Meerbusen und dem Ladogasee, darunter St. Petersburg, nicht betreten.

1. 9.   Verschiebung des Beginns des Unternehmens Schlußstein. Fortführung der Minenräumarbeiten.

29. 9.   Aufgabe des Unternehmens Schlußstein, da das Heer Truppen aus der Ostfront zur Stützung der Balkanfront abziehen muß.

1. 11.   Beginn von Ausschreitungen und Gehorsamsverweigerungen auf Kriegsschiffen und Landeinrichtungen der Marine.

4. 11.   Der sozialdemokratische Reichstagsabgeordnete Noske trifft, mit Regierungsvollmacht versehen, in Kiel ein, um Ruhe und Ordnung wieder herzustellen.

5. 11.   Der Kommandant S.M.S. *König*, der Meuterer an der Hissung der roten Flagge hindern will, wird durch einen Schuß von der Dockmauer aus schwer verwundet, zwei weitere Offiziere fallen.

Der Seekrieg im Mittelmeerraum 1914

Die Seestreitkräfte des Dreibundes sind im Mittelmeer ein Machtfaktor, der im Kriegsfalle der Entente gewachsen wäre, vorausgesetzt, die deutsche Marine bindet die britische weitgehend in der Nordsee. Die tatsächliche Haltung Italiens ändert das Machtverhältnis erheblich zugunsten der Entente. Die Donau-Monarchie steht nun mit ihrer Flotte, die schon immer die kleinste unter denen der Großmächte ist, den Franzosen und Briten allein, später auch den Italienern gegenüber. Die k.u.k. Seekriegsleitung sieht daher ihre Aufgabe darin, die eigene Küste feindfrei zu halten und Angriffe auf sie zu verhindern bezw. abzuwehren, die Seeverbindung längs der Küste für die eigene Schiffahrt zu sichern und die Seeflanke des auf dem Balkan operierenden Heeres zu decken.

18. 7.   Befehl an die k.u.k. Eskadre zur Ergänzung der Kohlevorräte.

22. 7.   Entsendung der II. Division der k.u.k. Eskadre nach Cattaro.

24. 7.   Verstärkung der k.u.k. schweren Einheiten in Cattaro durch Kleine Kreuzer, Zerstörer, Torpedoboote und Seeflugzeuge.

28. 7.   Kriegserklärung Österreich-Ungarns an Serbien. Mobilisierung der k.u.k. Marine.

30. 7.   Das I. Geschwader der italienischen Marine erhält Befehl,

Anschluß an die k.u.k. Flotte zu suchen, das II., einen etwaigen französischen Angriff abzuwehren.

1. 8.   S.M.S. *Breslau* nimmt die Gesandschaftswache von Durazzo wieder an Bord.

Konteradmiral Souchon befiehlt dem Marine-Infanterie-Detachement in Skutari: »Im Kriegsfalle im engen Einvernehmen mit österreichischem Befehlshaber handeln«.

2. 8.   Die Mittelmeer-Division trifft, aus Triest und Durazzo kommend, in Messina, dem für die italienischen, österreichisch-ungarischen und deutschen Seestreitkräfte im Kriegsfalle vertraglich festgelegten Aufmarschhafen ein. Da dort keine verbündeten Kriegsschiffe angetroffen werden, die italienischen Behörden sogar Kohlenübernahme nur nach Neutralitätsregeln gestatten, außerdem keine Weisungen aus der Heimat eingehen, läuft der Verband ohne die vorgesehenen leichten Seestreitkräfte Österreich-Ungarns und Italiens zur Schädigung der französischen Truppentransporte von Algerien nach dem Mutterland aus.

3. 8.   Die diplomatischen Vertreter Deutschlands und der Donau-Monarchie verlassen die albanische Hauptstadt Durazzo.

Abschluß eines geheimen Bündnisses zwischen dem Deutschen Reich und der Türkei.

Neutralitätserklärung Italiens. Dadurch werden die Befehle vom 30. 7. hinfällig.

4. 8.   Allgemeine Mobilmachung der Donau-Monarchie.

S.M.S. *Goeben* beschießt den algerischen Hafen Philippeville, S.M.S. *Breslau* Bône. Auf dem Wege dorthin unterrichtet der Admiralstab den Verbandschef vom mit der Türkei abgeschlossenen Bündnis und weist ihn an, nach dort zu gehen.

5. 8.   Montenegro bricht die diplomatischen Beziehungen zu Österreich-Ungarn ab.

Die Mittelmeer-Division ankert wieder vor Messina, nachdem sie unterwegs britische schwere Seestreitkräfte dank der überlegenen Geschwindigkeit abgeschüttelt hat. Die angeforderte Unterstützung durch k.u.k. Kriegsschiffe ist nicht möglich, da die Regierung in Wien hofft, den Krieg gegen Großbritannien vermeiden zu können, ferner weil überlegene britische und französische Seestreitkräfte aus Entfernungsgründen vorher vor Messina eintreffen können.

6. 8.   Obwohl der Admiralstab den Befehl, nach Konstantinopel zu gehen, widerruft, entschließt sich Konteradmiral Souchon, ihn doch auszuführen. Bei seiner Kenntnis der Ver-

hältnisse in der Türkei glaubt er, diese zum Eintritt in den Krieg an der Seite der Mittelmächte bewegen zu können. Die beiden Schiffe laufen zunächst in Richtung Adria aus, werden von britischen Kleinen Kreuzern verfolgt, drehen später auf die griechische Südspitze zu und kommen den Verfolgern aus Sicht.

Das deutsche Skutari-Detachement trifft auf dem Land- und Wasserweg in Cattaro ein. Es tritt als 5. Kompanie zum 4. Bataillon des k.u.k. Infanterie-Regiments Freiherr von Succovati Nr. 87.

Kriegserklärung Serbiens an Deutschland.

7. 8.　Ein k.u.k. Verband von 6 Schlachtschiffen, 2 Kreuzern und 19 Torpedoeinheiten läuft von Pola aus, um S.M.S. *Goeben* und *Breslau* aufzunehmen, sofern diese Kurs auf die Adria nehmen sollten.

Der deutsche Admiralstab wünscht aus politischen und militärischen Gründen Mitwirkung der k.u.k. Flotte in der Türkei bzw. gegen Rußland. Diese lehnt aus gewichtigen Gründen ab.

8. 8.　S.M.S. *Szigetvar*, *Zenta*, der Zerstörer *Uskoke* und *T 72* zerstören die Radiostation sowie Hafen- und Bahnanlagen in Antivari.

Erste Beschießung der k.u.k. Marineanlagen in der Bucht von Cattaro durch montenegrinische Batterien vom Lovčen-Berg aus.

10. 8.　Die Mittelmeer-Division trifft vor den Dardanellen ein, nachdem inzwischen auch vom Admiralstab eine entsprechende neue Weisung eingegangen ist. Die Türkei gestattet das Einlaufen in die seit dem 6. durch Minensperren geschützte Meerenge.

Beginn der Blockade der montenegrinischen Küste durch k.u.k. Kriegsschiffe.

11. 8.　Kriegserklärung Montenegros an Deutschland.

15. 8.　Beginn der Bomenbangriffe von k.u.k. Seeflugzeugen auf Montenegro und der Aufklärungsfahrten über der Adria von Cattaro aus.

16.–19. 8.　Das deutsche Skutari-Detachement kämpft im Verband der k.u.k. 6. Armee an der Drina gegen Serbien.

16. 8.　S.M.S. *Goeben* und *Breslau* gehen als *Sultan Yawuz Selim* und *Midilli* vorläufig in den Besitz der Türkei über und führen deren Flagge. Diese Maßnahme wird damit begründet, daß Großbritannien zwei an englische Werften vergebene Linienschiffsneubauten beschlagnahmt hat. Konteradmiral

Souchon wird türkischer Flottenchef. Die türkischen Kriegsschiffe erhalten deutsche Besatzungsteile.

Weit überlegene britische und französische Seestreitkräfte greifen die k.u.k. Blockadeschiffe vor der montenegrinischen Küste an und versenken den Kleinen Kreuzer *Zenta*. Der überlebende Teil der Besatzung gerät in montenegrinische Gefangenschaft und kann erst 1916 befreit werden. Die Blockade wird nunmehr durch eine Verminung ersetzt.

Französische Seestreitkräfte blockieren den Adria-Ausgang auf der Linie Fano–Santa Maria di Leuca.

20. 8. Das deutsche Skutari-Detachement erstürmt in Serbien die vom Gegner zäh verteidigte Höhe 954 bei Visegrad.

23. 8. Das k.u.k. Torpedoboot *26* sinkt vor Pola nach einem Minentreffer.

24. 8. Beschießung montenegrinischer Küstenstellungen durch k.u.k. Kriegsschiffe.

28. 8. Unterstützung der k.u.k. Landtruppen durch Kriegsschiffe bei den Operationen gegen Montenegro.

29. 8. Ein Sonderkommando unter Admiral von Usedom, bestehend aus Offizieren, Unteroffizieren und Mannschaften, trifft zur Reorganisierung der türkischen Marine und der Meerengen-Verteidigung in Konstantinopel ein.

Sept.   Aufstellung eines k.u.k. Seebataillons in Triest.

Die k.u.k. Marine-Akademie wird von Fiume nach Wien in die Stifts-Kaserne verlegt, kurzfristig danach nach Schloß Schloßhof bei Marchegg.

1. 9.   Erster – wirkungsloser – Angriff französischer Seestreitkräfte auf die Bucht von Cattaro.

3. 9.   Der zum Herrscher von Albanien ausersehene Fürst Wilhelm verläßt an Bord des italienischen Panzerschiffes *Dandolo* sein Land, da er der widerstreitenden innenpolitischen Kräfte nicht Herr wird.

Das deutsche Skutari-Detachement wird auf der Heimfahrt von Serbien nach Deutschland in Wien vom Kaiser und von der Bevölkerung als die erste deutsche Formation, die gemeinsam mit k.u.k. Truppen gekämpft hat, sehr gefeiert.

7. 9.   Auflösung des deutschen Skutari-Detachements. Die Fahne wird dem II. Bataillon des 3. Marine-Infanterie-Regiments verliehen. Vom Ende des 1. bis zum Ende des 2. Weltkrieges ist sie im Museum für Meereskunde in Berlin aufgestellt, danach verschollen.

17. 9. Zerstörung einer französischen Radiostation an der Küste von Montenegro durch k.u.k. Kriegsschiffe.

Zweiter, ebenfalls wirkungsloser Angriff französischer See-streitkräfte auf die Bucht von Cattaro.

19. 9. Französische Kriegsschiffe zerstören Nachrichtenanlagen auf den Inseln Lissa und Pelagosa in der mittleren Adria.

26. 9. Die Türkei sperrt die Meerengen für jeglichen Handelsverkehr.

4. 10. Französische Kriegsschiffe greifen Ragusa und Gravosa mit unbedeutendem Erfolg an, um von einem Lebensmitteltransport nach Antivari abzulenken.

17. 10. Gefecht zwischen dem französischen Panzerkreuzer *Waldeck-Rousseau* und k.u.k. Torpedoeinheiten nordwestlich Cattaro.

19. 10. Auf dem Lovčen-Berg neu eingebaute französische Geschütze beschießen wirkungsvoll die Bucht von Cattaro.

22. 10. Beginn der Niederkämpfung der Batterien auf dem Lovčen-Berg durch das k.u.k. Linienschiff *Radetzky*.
Der türkische Kriegsminister Enver Pascha legt in einem Befehl für den Flottenchef fest, die türkische Flotte solle die russische auch ohne Kriegserklärung angreifen und die See-herrschaft im Schwarzen Meer zu erringen suchen.

27.–31. 10. S.M.S. *Goeben, Breslau* und türkische Kriegsschiffe greifen erstmalig russische Häfen an und zwar folgende:
1. Sewastopol, wo auch Minen gelegt, der Minenleger *Pruth* versenkt, ein Dampfer aufgebracht und einer versenkt werden.
2. Odessa, wo auch das Kanonenboot *Kubanez* und mehrere Handelsschiffe versenkt, sowie Minen gelegt werden.
3. Noworossisk.
4. Feodosia, wo auch 2 Dampfer versenkt werden.

1. 11. Britische Kriegschiffe versenken in Smyrna ein türkisches Kanonenboot.
Ein starker französischer Flottenverband greift die Haupthäfen der Inseln Lagosta und Lissa an und nimmt völker-rechtswidrig Geiseln mit, die jedoch auf Befehl des Geschwaderchefs freigelassen werden. Die Aktion wird beim Herannahen k.u.k. Torpedoboote, U-Boote und Seeflugzeuge abgebrochen.

2. 11. Kriegserklärung Rußlands an die Türkei.

3. 11. Britische und französische Kriegsschiffe beschießen die Außenforts der Dardanellen.

5. 11. Kriegserklärung Frankreichs und Großbritanniens an die Türkei.

5.–6. 11. Leichte Seestreitkräfte geleiten türkische Truppentransporte von anatolischen Häfen zur Kaukasusfront. Derartige Unternehmen finden in der Folgezeit häufig statt.

6. 11. Russische schwere und leichte Einheiten beschießen Aufberei-
tungsanlagen bei Sunguldak, dem einzigen Kohlevorkom-
men der Türkei.

7. 11. S.M.S. *Breslau* beschießt Poti.

17. 11. Russische Kriegsschiffe beschießen Trapezunt.
Der türkische Minenleger *Nilufer* kehrt von einer Unternehmung gegen die Donau-Mündungen nicht zurück.

18. 11. Seegefecht S.M.S. *Goeben* und *Breslau* gegen weit überlegene
russische schwere und leichte Einheiten bei Balaklawa (Krim).

19. 11. Der Kleine Kreuzer *Hamidieh* beschießt Tuapse.
Das französische U-Boot *Curie* wird bei dem vergeblichen
Versuch, die Hafensperre von Pola zu durchbrechen, ver-
senkt.

29. 11. Dem französischen U-Boot *Cugnot* gelingt erfolglos das Eindringen in die Bucht von Cattaro.

5.–6. 12. S.M.S. *Breslau* sichert einen Transporter, der 24 türkische
in russische Uniformen gekleidete Reiter an der russischen
Küste zur Zerstörung einer Eisenbahnlinie an Land setzt.

10. 12. S.M.S. *Goeben* beschießt Batum.

13. 12. Das britische U-Boot *B 11* versenkt vor Tschanak (Dardanellen) das als Schwimmende Batterie verankerte alte Linienschiff *Messudieh*.

19. 12. Vorstoß mehrerer k.u.k. Torpedoverbände von Sebenico aus
in die südliche Adria.

21. 12. Wiederholung der k.u.k. Unternehmung vom 19. 12.
Dem k.u.k. U-Boot *U 12* gelingt es, auf dem französischem
Schlachtschiff *Jean Bart* zwei Treffer zu erzielen.

24. 12. Der Kleine Kreuzer *Hamidieh* beschießt Batum.

24.–25. 12. Mehrere Gefechtsberührungen S.M.S. *Breslau* mit russischen
Kriegsschiffen.

Ende Dez. Auslegung von über Land herangebrachten Minen vor Akaba
am Roten Meer (Sinai-Halbinsel) als Maßnahme gegen die
häufige Beschießung des Hafens durch britische Kriegsschiffe.

Die k.u.k. Donauflottille 1914

23. 7. Indienststellung der k.u.k. Donauflottille in ihrer vollen
Stärke.

29.–30. 7. Erster Vorstoß k.u.k. Donau-Streitkräfte auf Save und Donau. Danach Deckung des linken Flügels der in Serbien vor-
dringenden Landtruppen.

2.–17. 8. K.u.k. Monitore bekämpfen serbische Artillerie-Stellungen
an der Donau.

12. 8.	Mitwirkung der k.u.k. Monitore bei der Erstürmung von Sabac.
14. 8.	Niederkämpfung serbischer Batterien bei Misar durch k.u.k. Flußeinheiten.
23. 8.–10. 9.	K.u.k. Einheiten auf Donau und Save decken die durch Truppenabzug an die galizische Front notwendig gewordene Rücknahme von in Serbien operierenden Heereseinheiten.
5.–8. 9.	K.u.k. Monitore verhindern einen serbischen Truppenübergang über die Save.
9. 9.	Besetzung von Pancsova durch serbische Verbände. Die abgeschnittenen k.u.k. Patrouillenboote *d* und *g* werden von den Besatzungen gesprengt.
14. 9.–23. 10.	Unterstützung der k.u.k. Heeresoperationen an Save und Donau durch Flußeinheiten.
23. 10.	S.M.S. *Temes* sinkt nach einem Minentreffer vor der Save-Insel Grabovci.
27. 10.–7. 12.	Unterstützung des k.u.k. Heeres im Save/Drina-Raum und auf der Donau zur Besetzung von Belgrad durch Flußeinheiten. Räumung von Minenfeldern.
10.–15. 12.	Die Flußeinheiten decken die Rücknahme der Heerestruppen auf die nördlichen Donau- und Save-Ufer.
27. 12.	Die Serben sprengen die Eisenbahnbrücke Belgrad–Zemum. Dadurch wird die Save für die Monitore unbefahrbar.

Der Seekrieg im Mittelmeerraum 1915

4. 1.	Die Kleinen Kreuzer *Breslau* und *Hamidieh* geraten in ein Gefecht mit russischen schweren und leichten Einheiten. Die fortwährenden Angriffsfahrten der türkischen Kriegsschiffe erstrecken sich über das ganze Schwarze Meer. Die Durchführung von Minenaufgaben, Küstenbeschießungen und Geleitschutz bringen häufig Gefechtsberührung mit dem Gegner, der unter dem energischen Flottenchef Vizeadmiral Eberhard versucht, bei allen Unternehmungen mit überlegenen Streitkräften aufzutreten.
15. 1.	Das französische U-Boot *Saphir* geht bei Nagara in den Dardanellen verloren.
14. 2.	K.u.k. leichte Einheiten beschießen Antivari und Dulcigno.
17. 2.	Die Linienschiffe *Haireddin Barbarossa* und *Torgud Reiss* werden zur Verstärkung der Dardanellen-Verteidigung eingesetzt.
18. 2.	Vorstoß der k.u.k. I. Torpedoflottille von Sebenico in die südliche Adria.

19. 2.	Beginn des Großangriffs der britischen und französischen schweren Seestreitkräfte auf die Dardanellen. Die Westmächte haben sich, dem russischen Drängen nach Hilfe nachgebend, entschlossen, die Meerengen durch eine reine Flottenoperation zu öffnen.
24. 2.	Der französische Zerstörer *Dague* sinkt vor Antivari nach einem Minentreffer.
25. 2.	Zweite Beschießung der Dardanellen-Forts durch alliierte Kriegsschiffe.
26. 2.	Dritte Beschießung der Dardanellen-Forts durch alliierte Kriegsschiffe. Kurze Landungsunternehmung, um den Grad der Zerstörung der Außenforts festzustellen.
1. 3.	Vierte Beschießung der Dardanellen-Forts durch alliierte Kriegsschiffe. Vergeblicher Versuch, die türkischen Minensperren zu räumen.
2. 3.	Fünfte Beschießung der Dardanellen-Forts durch alliierte Kriegsschiffe. Vergeblicher Versuch, die türkischen Minensperren zu räumen. Die k.u.k. Zerstörer *Czikos, Streiter* und *Ulan* sowie die Torpedoboote 57, 60 und 67 greifen Antivari an, zerstören trotz heftiger Gegenwehr Hafenanlagen, legen Minen und versenken die Königsjacht *Rumija*.
4. 3.	Die sechste Beschießung der Dardanellen-Forts endet mit der Niederkämpfung der Außenforts. Mißglückte Landung britischer Marineinfanterie.
5. 3.	Siebente Beschießung der Dardellen-Forts durch alliierte Kriegsschiffe. Angriff k.u.k. Seeflugzeuge auf französische schwere Einheiten vor Antivari.
6. 3.	Achte Beschießung der Dardanellen-Forts durch alliierte Kriegsschiffe. Vergeblicher Versuch, die türkischen Minensperren zu räumen.
7. 3.	Neunte Beschießung der Dardanellen-Forts durch alliierte Kriegsschiffe.
7.–8. 3.	Das türkische Torpedoboot *Timur Hissar* verläßt, vom Gegner unbemerkt, die Dardanellen, läuft in den Golf von Smyrna, kommt aber infolge Versagens der Torpedos zu keinem Erfolg. Die Besatzung zerstört ihr Boot vor der griechischen Insel Chios und geht in die Internierung.
10.–14. 3.	Erfolgreiche Nachtgefechte zur Verhinderung der Tätigkeit der britischen Minensucher am Eingang der Dardanellen.
16. 3.	Großbritannien entsendet zur Unterstützung der Flotte eine Division Landtruppen nach den Dardanellen.

18. 3. Zehnte Beschießung der Dardanellen-Forts durch alliierte Kriegsschiffe. Das französische Linenschiff *Bouvet* und die britischen Linienschiffe *Ocean* und *Irresistible* sinken.

25. 3. Die deutschen U-Boote *U 7* und *U 8* treffen auf dem Marsch nach den Dardanellen in Pola ein.

28. 3. Ergebnislose Beschießung der Bosporus-Mündung durch schwere russische Einheiten.

30. 3. Russische schwere Einheiten beschießen mit Flugzeugunterstützung die anatolische Kohlenküste zwischen Eregli und Sunguldak.

Der erste Versuch, der türkischen Front Munition zu Schiff donauabwärts und durch Bulgarien zu senden, mißglückt, da der Dampfer *Belgrad* oberhalb Vinča nach einem Minentreffer völlig zerstört wird. Die Serben haben die Donau von Belgrad bis Orsova vermint, sowie Artillerie- und Torpedostellungen errichtet.

1.–4. 4. Bei einer Unternehmung türkischer leichter Seestreitkräfte sinkt der Kleine Kreuzer *Medschidieh* auf einer russischen Minensperre vor Odessa. S.M.S. *Goeben* und *Breslau* geraten nur in kurze Gefechtsberührung mit russischen Einheiten, versenken aber zwei Handelsschiffe.

3.–4. 4. Weitere vergebliche britische Versuche zur Räumung der Minensperren in den Dardanellen.

6. 4. Auslegen einer durch die Wüste transportierten türkischen Mine im Suez-Kanal.

10. 4. Vorstoß der k.u.k. I. Torpedoflottille von Sebenico in die südliche Adria.

15. 4. Russische Kriegsschiffe beschießen die anatolische Kohlenküste.

17. 4. Vernichtung des in die Dardanellen eingedrungenen britischen U-Bootes *E 15*.

23. 4. Vergeblicher Angriff eines serbischen Torpedomotorbootes gegen bei Zemum ankernde k.u.k. Monitore.

25. 4. Beginn der Landung britischer und australischer Truppen auf der Halbinsel Gallipoli mit Unterstützung der Flotte. Die Alliierten haben erkannt, daß Kriegsschiffe allein die Meerengenverteidigung nicht niederringen können.

Vergeblicher Landungsversuch französischer Truppen auf dem asiatischen Ufer der Dardanellen.

Russische Kriegsschiffe beschießen erneut die Bosporus-Mündung.

27. 4. Das britische U-Boot *E 14* versenkt ein türkisches Kanonenboot.

Das k.u.k. U-Boot *U 5* versenkt in der südlichen Adria den französischen Panzerkreuzer *Léon Gambetta*.

30. 4. Das Torpedoboot *Sultan Hissar* versenkt in den Dardanellen das britische U-Boot *AE 2*.

1. 5. Vernichtung des französischen U-Bootes *Joule* im Marmarameer.

2. 5. Dritte russische Beschießung der Bosporus-Mündung.
Eine Landungsabteilung S.M.S. *Goeben* und *Breslau* greift, mit Maschinengewehren ausgerüstet, in die Dardanellen-Verteidigung ein.

2.–6. 5. Der k.u.k. Kleine Kreuzer *Novara* schleppt das deutsche U-Boot *U 8* bis südlich der Straße von Otranto. Beim Auftauchen gegnerischer Einheiten läuft das U-Boot allein unter Wasser nach der Türkei weiter.

4. 5. Italien kündigt den Bündnis-Vertrag mit Deutschland und Österreich-Ungarn.

6.–10. 5. Unternehmung S.M.S. *Goeben* und *Breslau,* sowie des Kleinen Kreuzers *Hamidieh* zur Beunruhigung des Gegners an seiner Küste. Gefecht mit russischen Linienschiffen, die auf dem Marsch nach dem Bosporus sind. Russische Kommandounternehmung gegen Eregli.

11.–16. 5. Der k.u.k. Zerstörer *Triglav* schleppt das deutsche U-Boot *U 7* auf dem Wege nach der Türkei bis nahe Kap Sta. Maria di Leuca.

13. 5. Das Torpedoboot *Muavenet* versenkt in der Morto-Bucht das britische Linienschiff *Goliath*.
Das deutsche U-Boot *U 21* läuft, von Wilhelmshaven kommend, in Cattaro ein. Auslaufen nach der Türkei am 20. 5.

15. 5. Das k.u.k. Patrouillenboot *c* sinkt auf der Donau nach serbischen Artillerietreffern.

22.–28. 5. Dem britischen U-Boot *E 11* gelingt es, bis Konstantinopel vorzudringen und ein Kanonenboot sowie zwei Dampfer zu versenken.

24. 5. Kriegserklärung Italiens an Österreich-Ungarn.
Das Deutsche Reich bricht die diplomatischen Beziehungen zu Italien ab.

24.–25. 5. K.u.k. schwere und leichte Seestreitkräfte beschießen, unterstützt von Seeflugzeugen, italienische Küstenorte von Venedig bis Manfredonia. Versenkung des Zerstörers *Turbine*.

25. 5. Das deutsche U-Boot *U 21*, das erste, das eine derartig lange Strecke trotz erheblicher Schwierigkeiten zurückgelegt hat, versenkt vor den Dardanellen das britische Linienschiff *Triumph*.

26. 5.	Italien erklärt Blockade der Küste der Donau-Monarchie.
27. 5.	Das deutsche U-Boot *U 21* versenkt das britische Linienschiff *Majestic*. Die Erfolge dieses U-Bootes tragen entscheidend dazu bei, daß die Widerstandskraft der Dardanellen-Verteidiger nicht erlahmt.
Juni	Die von der deutschen an die k.u.k. Marine abgegebenen ersten U-Boote *UB 1* und *UB 15* treffen per Bahn in Triest ein.
2. 6.	Das deutsche U-Boot *U 8* läuft nach einem Zwischenaufenthalt in Smyrna in die Dardanellen ein.
5. 6.	Das k.u.k. Seeflugzeug *L 48* schießt über der nördlichen Adria das italienische Luftschiff *Città di Ferrara* ab. Kriegsschiffe der Entente beschießen Orte an der südlichen Adriaküste der Donau-Monarchie.
8. 6.	Das k.u.k. U-Boot *U 5* versenkt in der Adria den italienischen Hilfskreuzer *Principe Umberto*.
9. 6.	Das k.u.k. U-Boot *U 4* torpediert den britischen Kreuzer *Dublin* in der südlichen Adria. Er kann jedoch eingeschleppt werden.
11. 6.	Gefecht S.M.S. *Breslau* gegen zwei russische Zerstörer vor der Borsporus-Mündung. Italienische Kriegsschiffe besetzen die Insel Pelagosa in der mittleren Adria. Das k.u.k. U-Boot *U 11* versenkt vor Venedig das italienische U-Boot *Medusa*.
17.–18. 6.	K.u.k. Kriegsschiffe beschießen italienische Landanlagen an der nördlichen Adria.
18. 6.	Der k.u.k. Zerstörer *Warasdiner* beschießt Tankanlagen bei Monopoli.
21. 6.	Das deutsche U-Boot *U 7* erreicht von Pola aus Konstantinopel.
27. 6.	Unternehmung k.u.k. leichter Seestreitkräfte gegen Ancona und Pesaro. Versenkung des italienischen Torpedobootes *5 PN* durch das U-Boot *U 10*.
Ende Juni	Zur Unterstützung der türkischen Truppen in Mesopotamien wird in Bagdad unter dem Namen *Doghan* ein 130 t großer Dampfer mit 6 leichten Geschützen in Dienst gestellt.
Sommer	Wiederholte Angriffe russischer Kriegsschiffe auf türkische Kohlentransporter und auf Verladeanlagen an der Kohlenküste. Erhebliche Gefährdung der Energieversorgung der türkischen Flotte und Rüstungsindustrie. Daher Sicherung des Transportweges durch Kriegsschiffe, die die gegnerischen Angriffe abwehren.

Gleichzeitig führen die türkischen Streitkräfte erbitterte Kämpfe gegen durch die Dardanellen vorstoßende britische U-Boote, die nicht nur den Schiffsverkehr und damit den Nachschub für die Front gefährden, sondern auch die Küste des Marmara-Meeres beschließen.

Einrichtung eines Marine-Nachrichten- und Etappendienstes entlang der türkischen Mittelmeerküste.

Verlegung der k.u.k. Marine-Akademie von Schloßhof nach Braunau/Inn.

Juli	Einsatz der ersten drei aus Deutschland nach der Türkei entsandten Seeflugzeuge.
7. 7.	Das k.u.k. U-Boot *U 26* versenkt nahe Chioggia den italienischen Panzerkreuzer *Amalfi*.
8. 7.	Das Flußkanonenboot *Doghan* und das Motorkanonenboot *Nr. 7* zwingen auf dem Tigris bei Ali Gharbi vier britische Kanonenboote zum Rückzug.
12. 7.	Unentschiedenes Gefecht des Kanonenbootes *Doghan* gegen fünf britische Kanonenboote und zwei armierte Leichter auf dem Tigris.
18. 7.	Italienische und französische schwere und leichte Seestreitkräfte beschießen die Küste bei Ragusa. Versenkung des Panzerkreuzers *Giuseppe Garibaldi* durch das k.u.k. U-Boot *U 4*.
23. 7.	Die k.u.k. I. Torpedoflottille beschießt die mittelitalienische Adriaküste.
26. 7.	Untergang des französischen U-Bootes *Mariotte* in den Dardanellen.
28. 7.	Vergeblicher Versuch k.u.k. leichter Seestreitkräfte und deren Landungsdetachements, die Insel Pelagosa zurückzuerobern.
5. 8.	Das k.u.k. U-Boot *U 5* versenkt vor Pelagosa das italienische U-Boot *Nereide*.
8. 8.	Das britische U-Boot *E 11* versenkt in den Dardanellen das türkische Linienschiff *Haireddin Barbarossa*.
11. 8.	K.u.k. Zerstörer beschießen Bari und Molfetta.
12. 8.	Das k.u.k. U-Boot *U 12* geht im Golf von Venedig nach einem Minentreffer verloren.
13. 8.	Das k.u.k. U-Boot *U 3* geht vor der Bucht von Cattaro nach einem Minentreffer verloren. Das italienische Luftschiff *Città di Jesi* wird vor Pola abgeschossen.
16. 8.	K.u.k. leichte Seestreitkräfte und Seeflugzeuge beschießen die italienischen Stellungen auf Pelagosa.
18. 8.	Die italienische Besatzung räumt die Insel Pelagosa.

Sept.	Die Entente sperrt die Straße von Otranto durch von Fischdampfern gehaltene, mit Minen versehene Netze.
5.–16. 9.	Das deutsche U-Boot *UB 8* läuft als erstes aus dem Bosporus zum Handelskrieg vor der Krim aus.
6. 9.	Bündnisvertrag zwischen Deutschland, Österreich-Ungarn und Bulgarien.
21. 9.	Gefecht S.M.S. *Goeben* gegen russische Zerstörer vor der anatolischen Küste.
Ende Sept.	Das italienische Linienschiff *Benedetto Brin* sinkt vor Brindisi nach einer inneren Explosion. Britische, französische und italienische Truppenlandungen in Saloniki zum Einsatz auf dem Balkan.
Okt.	Das deutsche Kaiserliche Motorbootkorps bildet die 20.–24. Flottille und setzt diese während der Operation gegen Serbien für Transporte auf der Donau ein.
3. 10.	Kriegseintritt Bulgariens an der Seite der Mittelmächte. Dessen Kriegsmarine besteht aus 2 Jachten, 1 Schulschiff und 6 Torpedobooten, die zur Verteidigung der Häfen Warna und Burgas dienen. Sie treten unter den Befehl des Konteradmirals Souchon. Euxinograd bei Warna wird U-Boots-Stützpunkt.
6. 10.	Beginn des konzentrischen Angriffs deutscher, österreichisch-ungarischer und bulgarischer Heeresverbände auf Serbien. Einheiten der Donau-Flottille unterstützen auf Donau und Save die Truppen durch Feuerschutz, Artilleriebekämpfung, Räumung von Minen und Transporte. Danach ist der Wasserweg für die Versorgung der Türkei frei.
30. 10.	Erbeutung des in die Dardanellen eingedrungenen französischen U-Bootes *Turquoise,* das in die türkische Marine eingereiht wird.
5. 11.	Das U-Boot *UB 14* versenkt im Marmara-Meer das britische U-Boot *E 20*.
29. 11.	Das U-Boot *UC 13* strandet an der anatolischen Küste. Zwei zur Hilfe entsandte türkische Kanonenboote werden von russischen Zerstörern versenkt.
3. 12.	Versenkung des Torpedobootes *Jarhissar* durch ein britisches U-Boot in den Dardanellen.
5. 12.	K.u.k. leichte Seestreitkräfte beschießen San Giovanni di Medua, versenken im Hafen 8 Handelsschiffe und beschädigen 6 weitere schwer. S.M.S. *Warasdiner* zerstört das gestrandete französische U-Boot *Fresnel*.
10. 12.	Zwei türkische Kanonenboote werden bei dem erneuten Versuch, *UC 13* abzubringen, von russischen Zerstörern versenkt.

18. 12.	K.u.k. Kriegsschiffe versuchen vergeblich, den gemeldeten italienischen Zerstörer mit dem König von Serbien an Bord abzufangen.
19. 12.	Beginn der Räumung der Halbinsel Gallipoli durch die Alliierten, da die durch den Zusammenbruch Serbiens erfolgte Öffnung des direkten Weges Deutschland – Türkei und der schlechte Gesundheitszustand der Truppen die Erreichung des Ziels aussichtslos erscheinen läßt.
24. 12.	Die k.u.k. Seeflugzeuge *L 60* und *L 61* versenken im Hafen von San Giovanni di Medua vier Handelsschiffe.
29. 12.	K.u.k. leichte Seestreitkräfte greifen Durazzo an und versenken drei Handelsschiffe sowie das französische U-Boot *Monge*. Die k.u.k. Zerstörer *Lika* und *Triglav* sinken nach Minentreffern. Das anschließende Gefecht mit überlegenen britischen und italienischen Kriegsschiffen bringt diesen keine Erfolge. S.M.S. *Helgoland* gelingt der Durchbruch aus der völligen Einkreisung seitens des Gegners.

Der Seekrieg im Mittelmeerraum 1916

Jan. – Juli	Die k.u.k. Donauflottille sichert die Munitions- und Materialtransporte für Bulgarien und die Türkei, sowie die Getreidetransporte aus Rumänien.
Jan.	Die Kanonenboote *Doghan*, *Nr. 7* und drei den Briten abgenommene Kanonenboote greifen in die Kämpfe gegen die in Kut-el-Amara eingeschlossene britische Armee mit Artilleriefeuer und Treibminen ein.
8.–10. 1.	S.M.S. *Budapest, Kaiser Karl VI., Aspern, Kaiser Franz Joseph I., Panther, Huszar,* 4 Torpedoboote und Seeflugzeuge kämpfen gemeinsam mit Heerestruppen den stark befestigten Lovčen-Berg nieder.
8. 1.	Die Russen setzen erstmalig das neu in Dienst gestellte Großkampfschiff *Imperatriza Maria* ein, das S.M.S. *Goeben* beträchtlich überlegen ist.
27. 1.	Gefecht k.u.k. leichter Seestreitkräfte mit alliierten nahe Cattaro.
Febr.	Der Flottenchef schaltet sich erfolgreich in die türkische Lebensmittelerzeugung ein.
3. 2.	K.u.k. Kriegsschiffe beschießen Verkehrsanlagen bei Ortona.
4.–6. 2.	S.M.S. *Goeben* befördert Truppen und Material nach Trapezunt zur Verstärkung der in schweren Abwehrkämpfen stehenden türkischen Armee.
6. 2.	K.u.k. Seestreitkräfte versenken in Durazzo 5 Handelsschiffe.

Gefecht S.M.S. *Wildfang* gegen überlegene Entente-Einheiten.

27. 2. Durazzo wird von k.u.k. Heeresverbänden besetzt.

28. 2. S.M.S. *Breslau* befördert Truppen und Material nach Trapezunt.

13. 3. S.M.S. *Breslau* befördert Truppen und Material nach Tireboli.

18. 3. Das k.u.k. U-Boot *U 6* versenkt vor Durazzo den französischen Zerstörer *Renaudin*.

21. 3. Das U-Boot *UC 15* legt vor Sewastopol eine Minensperre.

3. 4. Errichtung der »Deutschen Donauflottille« (»Kaiserlich Deutsche Motorbootsflottille auf der Donau«).

S.M.S. *Breslau* befördert Truppen und Material nach Trapezunt. Anschließend beschießt es russische Stellungen. Auf dem Rückmarsch gerät es in Gefechtsberührung mit dem Linienschiff *Imperatriza Maria*.

4.–8. 5. S.M.S. *Breslau* legt Minensperren vor der Donau-Mündung und vor der Krim.

6. 5. Über See herangeführte Marine-Landgeschütze versenken vor Smyrna einen britischen Monitor.

11. 5. Das k.u.k. U-Boot *U 6* gerät in der Straße von Otranto in ein Schleppnetz und versenkt sich selbst, da es sich von diesem nicht befreien kann.

25. 5. Das U-Boot *UB 8* wird an die bulgarische Kriegsmarine übergeben.

27. 5. In der Nacht zum 28. dringt das italienische Motortorpedoboot *24 OS* in den Hafen von Triest ein und schießt zwei Torpedos gegen die Mole, die es für ein Schiff hält.

Frühjahr Aufstellung einer Euphrat-Flußflottille für militärische und Transport-Zwecke. Sie wird bis zum Sommer auf vier Motorboote und ca. 80 landesübliche Schartours (ca. 7 t Tragfähigkeit) gebracht.

1. 6. Angriff k.u.k. leichter Seestreitkräfte auf die Otranto-Sperre. Versenkung eines Bewachers.

12. 6. Vergebliches Kommandounternehmen italienischer Torpedoeinheiten gegen Parenzo zur Zerstörung der k.u.k. Seeflugstation. Abwehr durch Seeflugzeuge.

23. 6. Fünf k.u.k. Torpedoeinheiten beschießen militärische Objekte bei Giulianova.

Das k.u.k. U-Boot *U 15* versenkt vor der albanischen Küste den französischen Zerstörer *Fourche* und den italienischen Hilfskreuzer *Città di Messina*.

10. 7. Das k.u.k. U-Boot *U 17* versenkt südlich Valona den italienischen Zerstörer *Impetuoso*.

14. 7.   Das k.u.k. Torpedoboot *66* versenkt das italienische U-Boot *Ballila*.

9. 7.   S.M.S. *Novara* versenkt in der Otranto-Sperre zwei Bewacher.

22. 7.   Gefecht S.M.S. *Breslau* gegen die zwei neuen russischen Großkampfschiffe *Imperatriza Maria* und *Jekaterina II.* sowie vier Zerstörer.

Aug.   Vorbereitende Maßnahmen der k.u.k. Donau-Flottille für den Fall des Kriegseintritts Rumäniens an der Seite der Entente. Dessen Flußstreitkräfte setzen sich aus vier Monitoren, je fünf Kanonenbooten, Torpedobooten und Wachtbooten zusammen.

1. 8.   Angriff 14 italienischer Großflugzeuge auf Umago, Triest und Fiume.

2. 8.   K.u.k. Torpedoeinheiten beschießen militärische Ziele bei Molfetta. Sie und der zur Aufnahme entgegengesandte Kleine Kreuzer *Aspern* geraten in ein Gefecht mit überlegenen Entente-Einheiten.
Das moderne italienische Schlachtschiff *Leonardo da Vinci* sinkt in Tarent nach einer Munitionsexplosion.
Das in der Nähe von Pola gestrandete italienische U-Boot *Giacinto Pullino* sinkt während des Abschleppens.

10. 8.   Italienische leichte Einheiten beschießen Sistiana, Grignano und Santa Croce, ohne nennenswerte Schäden zu erzielen.

25. 8.   Ein Angriff russischer schwerer Seestreitkräfte mit Flugzeugunterstützung auf Warna wird durch deutsche Seeflugzeuge vereitelt.

27. 8.   Kriegserklärung Rumäniens an die Mittelmächte.

28. 8.   Kriegserklärung Italiens an das Deutsche Reich.
Beschießung des rumänischen Flußhafens Giurgiu durch k.u.k. Flußstreitkräfte. Versenkung des rumänischen Minenlegers *Rosario*.

29. 8.   Das deutsche Flußkanonenboot *Weichsel* greift auf der Donau in die Operationen gegen Rumänien ein.

Sept.   Die k.u.k. Donau-Flottille sichert Geleite, bekämpft rumänische Artillerie und räumt Minen.

1.–8. 9.   Einheiten der k.u.k. Donau-Flottille unterstützen Heeresverbände bei der Verdrängung der Rumänen von bulgarischem Gebiet, verhindern gegnerische Truppennachschübe, zerstören Rückzugslinien, bekämpfen Artillerie und räumen Minen.

7. 9.   Das U-Boot *UB 42* beschießt den rumänischen Hafen Mangalia.

13. 9.	Untergang des türkischen Torpedobootes *Kütachja* durch einen Minentreffer.
15. 9.	Die k.u.k. Seeflugzeuge *L 132* und *L 135* versenken vor der Bucht von Cattaro das französische U-Boot *Foucault*.
29. 9.	Das Flußkanonenboot *Weichsel* nimmt an einer Operation gegen Corabia teil.
Sept./Okt.	Intensive russische Minentätigkeit vor der bulgarischen und türkischen Küste.
Okt.	Die Kohleverknappung zwingt die deutsch-türkischen Seestreitkräfte zur zeitweiligen Einstellung der Kampfhandlungen.
	Das russische Großkampfschiff *Imperatriza Maria* sinkt im Hafen von Sewastopol nach einem Munitionsbrand.
	Untergang des U-Bootes *UB 7* auf einer Minensperre vor Sewastopol.
	Die Entente baut das Sperrsystem in der Straße von Otranto erheblich aus.
7.–8. 10.	Das Flußkanonenboot *Weichsel* wirkt gemeinsam mit k.u.k. Einheiten und deutschen Motorbooten bei Operationen gegen Rumänien mit.
8.–21. 10.	Auslegen von Minen gegen rumänische Monitore, die flankierend bulgarische Truppen beschießen.
17. 10.	Das k.u.k. U-Boot *U 16* versenkt den französischen Zerstörer *Nembo* und den Transporter *Bormida,* sinkt aber unmittelbar danach selbst.
Okt./Nov.	Deutsche Flußfahrzeuge beteiligen sich an der Sicherung des Donau-Überganges der verbündeten Truppen bei Sistov und Rustschuk.
2. 11.	Zwei italienischen Motortorpedobooten gelingt es, die Drahttaubarrikade vor dem Kanal von Fasana zu überfahren. Die beiden abgeschossenen Torpedos verfehlen jedoch das Wachtschiff *Mars*.
6. 11.	Untergang des U-Bootes *UB 45* nach einem Minentreffer vor Warna.
Mitte Nov.	Untergang des U-Bootes *UC 15* auf einer russischen Minensperre vor der Donau-Mündung.
21. 11.	Kaiser und König Franz Joseph I. gestorben. Nachfolger: Kaiser und König Karl I.
23. 11.	Beginn der Offensive gegen Rumänien aus dem bulgarischen Grenzgebiet mit Unterstützung der k.u.k. Flußstreitkräfte. Anschließend räumen diese alle Hindernisse auf der Donau bis Braila.
28. 11.	Errichtung der »Deutschen Donau-Halbflottille«.

7. 12. Das U-Boot *UB 46* sinkt vor dem Bosporus nach einem Minentreffer.

8. 12. Die k.u.k. Seeflugzeuge erhalten den Befehl, Angriffe auf offene italienische Städte und deren Bahnhöfe bis auf Gegenbefehl zu unterlassen.

11. 12. Das italienische Linienschiff *Regina Margherita* sinkt nach einem Minentreffer vor der italienischen Küste.

Der Seekrieg im Mittelmeerraum 1917

8. 2. Admiral Njegovan wird k.u.k. Marinekommandant.

19. 3. Das U-Boot *U 64* versenkt das französische Linienschiff *Danton*. Größter deutscher U-Bootserfolg gegen ein feindliches Kriegsschiff im ersten Weltkrieg.

31. 3. Das k.u.k. U-Boot *U 30* sinkt in der mittleren Adria bei dem Wasserbombenangriff einer britischen Einheit.

Mai Umwandlung der deutschen Motorbootflottille in die Deutsche Donauwachtflottille.
K.u.k. Seeflugzeuge unterstützen das Heer während der 10. Isonzo-Schlacht.

15. 5. Ein k.u.k. Verband, bestehend aus S.M.S. *Novara, Helgoland, Saida, Czepel* und *Balaton* unter dem Befehl des *Novara*-Kommandanten, Linienschiffskapitän von Horthy stößt in die Straße von Otranto vor. Die Zerstörer versenken ein italienisches Geleit, bestehend aus dem Zerstörer *Borea* und zwei Dampfern. Die Kreuzer versenken 14 Bewacher und ein Flugzeug, geraten aber auf dem Rückmarsch in ein Gefecht mit überlegenen gegnerischen Kreuzern und Zerstörern. S.M.S. *Novara* wird bewegungsunfähig geschossen, der Kommandant schwer verwundet. S.M.S. *Saida*, Kommandant Linenschiffskapitän Ritter von Purschka beginnt trotz des Gefechtes ein Schleppmanöver, das von S.M.S. *Helgoland*, Kommandant Linienschiffskapitän Heyssler gedeckt wird. Der Gegner dreht ab, als der von Cattaro zur Aufnahme ausgesandte Panzerkreuzer *Sankt Georg* mit zwei Zerstörern und vier Torpedobooten in Sicht kommt.

7. 6. K.u.k. Seeflugzeuge greifen Tarent und Brindisi an.
Das k.u.k. U-Boot *U 89* torpediert vor Brindisi den britischen Kreuzer *Dartmouth*, der aber eingeschleppt werden kann. Auf einer der ausgelegten Minen sinkt der französische Zerstörer *Boutefeu*.

20. 6. Wiederindienststellung des 1914 auf der Save gesunkenen Monitors *Temes*.

25. 6.	Nach dem Legen einer Minensperre in der Nähe der Schlangen-Insel gerät S.M.S. *Breslau* in ein Gefecht mit dem dritten neuen russischen Großkampfschiff *Jekaterina II*.
2. 7.	Griechenland erklärt auf den Druck der Entente den Kriegszustand mit den Mittelmächten.
8.–10. 7.	Das deutsche U-Boot *U 39* landet in Tripolis eine deutsch/türkische Heeresabordnung mit Kriegsmaterial zur Aufwiegelung der dort ansässigen Stämme gegen Italien.
9.–10. 7.	Erster britischer Luftangriff auf Konstantinopel. Versenkung des Torpedobootes *Jadigar*.
9.–15. 7.	Das U-Boot *UC 23* legt Minen im Golf von Saloniki und im Golf von Orphani.
21. 7.	Auflösung der Deutschen Donau-Halbflottille.
28. 7.	K.u.k. Seeflugzeuge greifen Grado an.
Sommer	Rege Tätigkeit der k.u.k. Donau-Flottille zur Unterstützung des Heeres, Säuberung der Donau von Hindernissen und Sicherung von Geleiten.
Aug./Sept.	K.u.k. Seeflugzeuge unterstützen das Heer während der 11. Isonzo-Schlacht.
Aug.	Deutsche Flußeinheiten greifen in die Kämpfe an der Donau im Moldau-Gebiet ein.
	Die Euphrat-Flußabteilung hat ihren Fahrzeugbestand auf 400 Scharturs erweitert, die in der Hauptsache zu Transporten, aber auch als schwimmende Batterien und Minenleger verwendet werden.
3. 8.	K.u.k. Seeflugzeuge greifen Pontelagoscura an.
11. 8.	K.u.k. Seeflugzeuge greifen Brindisi und Valona an.
14. 8.	K.u.k. See- und Heeresflugzeuge greifen Venedig an.
26. 8.	S.M.S. *Wien* und *Budapest* werden von Cattaro nach Muggia verlegt, um etwaige italienische Landungsversuche abzuwehren.
4. 9.	Vizeadmiral Souchon wird zum Chef des IV. Geschwaders der Hochseeflotte ernannt. Sein Nachfolger in der Türkei wird Vizeadmiral von Rebeur-Paschwitz.
20. 9.	Das k.u.k. U-Boot *U 47* versenkt vor der albanischen Küste das französische U-Boot *Circé*.
22. 9.	Der k.u.k. Monitor *Inn* sinkt nach einem Minentreffer auf der Donau bei Braila.
27. 9.	K.u.k. Seeflugzeuge greifen Brindisi an.
	K.u.k. Seeflugzeuge zerstören die Luftschiffhalle bei Jesi und ein Luftschiff.
30. 9.	K.u.k. Seeflugzeuge zerstören bei Ferrara eine Luftschiffhalle und ein Luftschiff.

	Gefecht von je drei k.u.k. Zerstörern und Torpedobooten gegen acht italienische Zerstörer vor der Po-Mündung.
Okt.	Einrichtung eines Küstenschutzes bei Adana zur Sicherung des Weges Konstantinopel – Mesopotamien.
	Einrichtung eines Marinekommandos auf dem See Genezareth (1 Motorboot, 1 Leichter).
5. 10.	Einem Teil der Besatzung des k.u.k. Torpedobootes *11* (vornehmlich Slaven) gelingt es, die Führung an sich zu reißen und mit diesem nach Italien zu desertieren.
9. 10.	Das U-Boot *UB 42* landet an der georgischen Küste Waffen und Munition für eine gegen Rußland gerichtete Freiheitsbewegung.
19. 10.	Vorstoß leichter k.u.k. Seestreitkräfte in den Raum Brindisi.
24. 10.	Beginn der Offensive der Mittelmächte gegen Italien unter Mitwirkung schwerer und leichter Seestreitkräfte und Seeflugzeuge. Besondere Einsatzerfolge in dem Lagunen-Gebiet zwischen Isonzo- und Piave-Mündung.
26. 10.	K.u.k. Seeflugzeuge greifen Villa Vicentina an.
31. 10.	Untergang des Torpedobootes *Hamid Abad* im Gefecht gegen russische Zerstörer.
20.–21. 11.	Das U-Boot *UC 38* greift vor der Küste Kleinasiens im Raum Gaza britische Seestreitkräfte an und versenkt dabei den Monitor *M 15* sowie den Zerstörer *Staunch*. Fühlbare Entlastung des türkischen rechten Heeresflügels.
28. 11.	K.u.k. Zerstörer und Torpedoboote beschießen militärische Ziele bei Senigallia und Rimini.
7. 12.	Beginn des Waffenstillstandes zwischen den Mittelmächten und Rußland. Bildung einer »Schwarzen Meer-Kommission«, in der Deutschland, Österreich-Ungarn, Türkei, Bulgarien, Rumänien und Rußland vertreten sind. Sie soll für die Wiederaufnahme und Sicherung der Handelsschiffahrt im Schwarzen Meer sorgen.
	K.u.k. Zerstörer und Torpedoboote beschießen militärische Ziele zwischen Pesaro und Fano.
9. 12.	Beginn des Waffenstillstandes zwischen den Mittelmächten und Rumänien.
10. 12.	Einem italienischen Motortorpedoboot gelingt das Eindringen in den Hafen von Triest und die Versenkung S.M.S. *Wien*.
13. 12.	K.u.k. Zerstörer stoßen in die Straße von Otranto vor.
Mitte Dez.	Beendigung der Offensive gegen Italien im Tagliamento/Piave-Raum.

Jan.   Die Kampfgruppe der Euphrat-Flußabteilung besteht aus 2 armierten Leichtern, 3 Motorkanonenbooten und 3 Kanonenscharturs.

20. 1.   S.M.S. *Goeben* und *Breslau* unternehmen einen Vorstoß in die Ägäis, um die alliierten Truppentransporte von Saloniki nach der Palästina-Front zu stören. Trotz eines Minentreffers auf dem Schlachtkreuzer greift der Verband die Insel Imbros an, zerstört eine Signalstation und die Monitore *Raglan* und *M 28*. Auf dem Wege nach der Mudros-Bucht sinkt S.M.S. *Breslau* nach vier Minentreffern. S.M.S. *Goeben* läuft mit insgesamt drei Minentreffern wieder in die Dardanellen ein, gerät dort auf die Nagara-Bank und kommt nicht mit eigener Kraft frei.

22. 1.   Die Einförmigkeit des Dienstes in der Enge auf den Schiffen, das Fehlen überragender Erfolge, die Seltenheit von Urlaub und die Verschlechterung der Ernährung, die Pressenachrichten über die innenpolitischen Streitigkeiten, dazu die sozialistische Agitation beginnen Mitte 1917, Stimmung und Disziplin in Teilen der k.u.k. Marine zu untergraben. Beginn eines Streiks der Arbeiter im Seearsenal Pola, der friedlich beigelegt wird.

26. 1.   S.M.S. *Goeben* kommt von der Sandbank frei, nachdem es tagelang Artilleriebeschuß und Fliegerangriffe über sich ergehen lassen mußte.

28. 1.   Das britische U-Boot *E 14* wird in den Dardanellen versenkt.

Febr.   Die Flußflottille auf dem Tigris besteht aus 5 armierten Dampfern.
Die k.u.k. Donau-Flottille wird zur Lösung wirtschaftlicher Probleme auf der Donau-Wasserstraße herangezogen.

1. 2.   In Cattaro meutern Besatzungsteile S.M.S. *Gäa, Sankt Georg, Kaiser Karl VI., Helgoland* und *Kronprinz Erzherzog Rudolf*.

3. 2.   Niederschlagung der Meuterei in Cattaro. Die Haupträdelsführer werden am 11. 2. standrechtlich erschossen.

5. 2.   Beginn der völligen Schließung der Straße von Otranto durch eine stark bewachte Netzsperre. Ende der Arbeiten 30. 9.

9. 2.   Der neu gebildete Staat Ukraine schließt mit den Mittelmächten Frieden.

21. 2.   Das k.u.k. U-Boot *U 23* sinkt in der Straße von Otranto.

24. 2.	K.u.k. Seeflugzeuge greifen die Flugstation von Venedig an.
26. 2.	K.u.k. Seeflugzeuge greifen das Arsenal von Venedig an.
27. 2.	Konteradmiral Horthy de Nagybanya wird k.u.k. Flotten-kommandant, Vizeadmiral von Holub Chef der Marine-sektion im Kriegsministerium.
3. 3.	Friedensvertrag zwischen den Mittelmächten und Rußland.
9.–17. 3.	Durchführung von Minenräumarbeiten auf der Donau von Galatz bis zur Sulina-Mündung in das Schwarze Meer durch k.u.k. Flußeinheiten.
16. 3.	K.u.k. Seeflugzeuge greifen Ancona und Porto Corsini an.
17. 3.	Bildung der »Nautisch-technischen Kommission« für das Schwarze Meer aus Vertretern Deutschlands, Österreich-Ungarns, der Türkei, Bulgariens, Rumäniens, Rußlands und der Ukraine zur Herstellung minenfreier Wege, Einrichtung der Häfen und Werften, Regelung der Schiffahrt.
26.–27. 3.	Die Euphrat-Flußflottille greift bei Anah in die Landkämpfe ein und versenkt sich selbst nach Verschießen der Munition und Aufgabe der türkischen Stellungen.
1. 4.	Die k.u.k. Donau-Flottille bildet die »Flottillenabteilung Wulff« zur Sicherung der Lebensmitteltransporte Bug- und Dnjepr-abwärts, über das Schwarze Meer und Donau-auf-wärts. Die ältesten k.u.k. Donau-Monitore aus dem Jahre 1878, *Maros* und *Leitha* treten den Marsch donauaufwärts zur letzten Abrüstung in Budapest an.
12. 4.	Die k.u.k. Flottillenabteilung Wulff tritt von der Donau-Mündung den Marsch nach Odessa an. Von dort werden die Einheiten auf wichtige Punkte der beiden Flüsse als Statio-näre verteilt. Sie organisieren auch die einzelnen Transporte.
16. 4.	Der k.u.k. Zerstörer *Streiter* sinkt im Quarnero nach einer Kollision.
23. 4.	Gefecht zwischen k.u.k. und britischen Zerstörern südlich Valona.
30. 4.	Die modernen Einheiten der russischen Flotte verlegen von Sewastopol nach Noworossisk.
April/Sept.	Die Einheiten der k.u.k. Donau-Flottille sind zu strom-polizeilichen und Minenräum-Arbeiten eingesetzt, vor allem im Mündungsgebiet und im Schwarzen Meer bis zur Schlan-geninsel.
2. 5.	S.M.S. *Goeben* und der Kleine Kreuzer *Hamidieh* laufen in den Hafen von Sewastopol ein und besetzen die dort vorhan-denen russischen Kriegsschiffe, darunter den 1915 gesunkenen, von den Russen gehobenen türkischen Kleinen Kreuzer *Med-schidieh*. Die Werften werden wieder in Betrieb genommen.

7. 5.	Friedensvertrag zwischen den Mittelmächten und Rumänien.
9. 5.	Vergeblicher Versuch k.u.k. Zerstörer, durch ein Landungs-detachement die Bahnlinie zwischen Mutignano und Silvi zu sprengen.
14. 5.	Das k.u.k. U-Boot *U 27* versenkt in der Adria den britischen Zerstörer *Phoenix*.
4. 6.	Vergeblicher Versuch eines k.u.k. Kommandotrupps, in Ancona italienische Kampfboote zu zerstören.
9. 6.	K.u.k. Seeflugzeuge greifen Brindisi an.
10.–11. 6.	Die Unternehmung leichter k.u.k. Seestreitkräfte von Cattaro aus gegen die Netzsperre in der Straße von Otranto mit Rückhalt von Linienschiffen wird abgebrochen, da S.M.S. *Szent Istvan* auf dem Marsch von Pola nach Süden am 11. 6. gegen 3.30 früh westlich der Insel Premuda durch das italienische Motortorpedoboot *MAS 21* zwei Treffer erhält, die es 6.12 zum Sinken bringen. Diese Unternehmung ist die letzte groß angelegte der k.u.k. Marine.
19. 6.	Das russische Linienschiff *Wolja* ex *Imperator Alexander III.* und 6 Zerstörer gehen vertragsgemäß nach Sewastopol zurück, die übrigen Kriegsschiffe versenken sich selbst.
27. 6.	S.M.S. *Goeben* läuft mit türkischen Kriegsschiffen in Noworossisk ein und stellt die dort noch vorhandenen Handelsschiffe sicher. Der Abtransport von Kriegsgefangenen der Mittelmächte wird in die Wege geleitet.
Anfang Juli	Von russischen Kriegsschiffen werden unter deutscher Flagge in Dienst gestellt: 1 Torpedoboot, 1 U-Boot, 4 Minenräumboote, 5 flachgehende Fahrzeuge (für das Asowsche Meer), 1 Werkstattschiff, 1 Kreuzer (als Wohnschiff). Später kommen noch 2 Zerstörer hinzu. Die Einheiten werden zur Unterstützung der Heerestruppen längs der russischen Schwarzmeerküste eingesetzt und versehen den Wach- und Minensuchdienst sowie Abtransport ehemaliger Kriegsgefangener. Die k.u.k. Marine bildet die Dienststelle »Marine-Inspizierender der Ostarmee«, dem alle um das Schwarze Meer errichteten Dienststellen und Fahrzeuge unterstellt sind. Beginn einer neuen Offensive gegen Italien an der Piave unter Mitwirkung der k.u.k. Marine, die nur Teilerfolge bringt.
2. 7.	Gefecht der k.u.k. Zerstörer *Balaton, Csikos* und 2 Torpedoboote gegen 7 italienische Torpedoboote südlich Caorle.
4. 7.	Das italienische U-Boot *F 14* versenkt im Golf von Triest das k.u.k. U-Boot *U 20*.

24. 7.	K.u.k. Marinemannschaften wehren in Mariampol einen Bolschewisten-Überfall ab.
3. 8.	Das deutsche U-Boot *U 53* geht in der Netzsperre der Otranto-Straße verloren.
22. 8.	K.u.k. Seeflugzeuge greifen Porto Corsini an.
3. 9.	Laut Befehl des k.u.k. Armee-Oberkommandos beginnt die Flottillenabteilung Wulff den Rückmarsch von Odessa nach Braila.
11. 9.	Die k.u.k. Donauflottille beginnt die militärische Sicherung der Donau von der Mündung bis Serbien und die Unterstützung der deutschen Truppen bei deren Lösung aus bulgarischen Verbänden und Rückmarsch über die Donau.
29. 9.	Bulgarien schließt mit der Entente einen Waffenstillstand ab.
Okt./Nov.	Deutsche Flußeinheiten wirken beim Abtransport der verbündeten Truppen aus dem Gebiet der unteren Donau mit.
1. 10.	Vergeblicher Angriff von schweren und leichten Entente-Einheiten auf Durazzo.
19. 10.	Französische Truppen erreichen die Donau beim Lom Palanka (Bulgarien).
22. 10.	Beginn des Einsatzes der k.u.k. Flußeinheiten gegen Entente-Truppen auf dem Südufer der Donau.
Ende Okt.	Das russische Schlachtschiff *Wolja* geht erstmalig unter deutscher Flagge und mit deutscher Besatzung von Sewastopol aus in See.
30. 10.	Waffenstillstandsangebot Österreich-Ungarns an die Entente. Mitte 1918 beginnen die Auflösungserscheinungen der Donau-Monarchie. Die einzelnen Nationalitäten bereiten die staatlichen Selbständigkeit vor. Das Heer weicht wegen Nachlassens der Disziplin, Mangel an Verpflegung, Waffen und Munition auf die Reichsgrenzen zurück. Auch in der k.u.k. Marine wirken sich diese Verhältnisse negativ aus, vor allem unter den balkanslavischen Besatzungsteilen. Auf Weisung Kaiser und König Karls I. verfügt die Marine-Sektion im Kriegsministerium am 30. 10. für die Kriegsmarine:

1. Allen nicht südslavischen Mannschaften auf Wunsch Heimkehr gestatten.
2. Flotte, Anlagen und sonstiges Eigentum an Südslavischen Nationalrat Agram/Pola übergeben.
3. Etwaige Rechte anderer Nationalitäten vorbehalten.
4. Schiffe können, da sofortiger Flaggenwechsel aus internationalen Gründen nicht möglich, nach Übergabe neben der Kriegsflagge nationale Abzeichen führen.

5. Den Offizieren steht frei, weiter Dienst zu tun.

6. Ausscheiden von Offizieren nur nach und nach im Interesse ordnungsmäßiger Abwicklung.

7. Festlegung und Bekanntgabe weiterer Einzelheiten folgt.

8. Die k.u.k. Behörden und Kommandos sind für Aufrechterhaltung der Ordnung verantwortlich.

31. 10. Übergabe der k.u.k. Flotte in Pola an die legalisierten Delegierten des Nationalrates der Slowenen, Kroaten und Serben. 16.45: Der letzte Kommandant der k.u.k. Marine, Konteradmiral Horthy de Nagybanya verläßt das Flottenflaggschiff S.M.S. *Viribus Unitis* nach der Kommandoübergabe. Die Donau-Flottille erhält den Befehl zur Übergabe an die ungarischen Behörden. Die Besatzungsangehörigen nichtungarischer Volkszugehörigkeit machen von ihrem Recht, die Schiffe sofort zu verlassen, keinen Gebrauch. Der k.u.k. Monitor *Bodrog* geht bei Višnica durch Strandung verloren.

1. 11. Die k.u.k. Einheiten in der Bucht von Cattaro holen 8.00 früh als letzte die rot-weiß-rote Kriegsflagge unter dem Grabessalut von 21 Schuß und drei Hurras der Besatzungen nieder.

Damit endet eine Kriegsmarine, die, abgesehen von Vorläufern, seit dem 18. Jahrhundert die Interessen der von den Herrschern aus dem Hause Habsburg gelenkten Länder an deren südlicher Meeresgrenze und in Übersee gewahrt und verteidigt hat. Im Kriege 1914/18 gehen die Einsätze der k.u.k. Kriegsmarine weit über die in diesem Buchabschnitt aufgeführten Daten hinaus. U-Boote, Minensucher, Minenleger, Geleitschutzfahrzeuge und Seeflugzeuge haben in vielen weiteren Unternehmungen gegen die weit überlegene Entente ihre Pflicht vorbildlich erfüllt.

2 Schlachtschiffe, 2 Kreuzer, 4 Zerstörer, 2 Torpedoboote, 7 U-Boote, Hilfsschiffe und 47 Seeflugzeuge sind vor dem Feinde gesunken.

6.30 melden sich zwei italienische Kampfschwimmer-Offiziere bei dem neuen südslawischen Flottenkommandanten Linienschiffskapitän Vukovič an Bord des Flaggenschiffes *Viribus Unitis* in Pola mit der Meldung, sie hätten am Rumpf zwei Sprengkörper befestigt. Die Besatzung müßte daher sofort von Bord gehen. Unmittelbar danach ereignen sich zwei Explosionen, nach denen das Schiff kentert und 350 Mann mit in die Tiefe nimmt, darunter Kapitän Vukovič. Die Türkei ist am Ende ihrer Widerstandskraft und schließt mit ihren Gegnern einen Waffenstillstand ab.

2. 11. Vizeadmiral von Rebeur-Paschwitz übergibt weisungsgemäß S.M.S. *Goeben* endgültig dem türkischen Staat. Die deutschen Marineangehörigen treten über Odessa die Heimreise an.

3. 11. Abdankung Karls I. als Kaiser von Österreich.

4. 11. Der am 30. 10. angebotene Waffenstillstand tritt in Kraft.

6. 11. Die k.u.k. Donau-Flottille läuft in Budapest ein.

7. 11. Beginn der Räumung der Netz-Sperre in der Straße von Otranto durch Entente-Einheiten.

9. 11. Die italienische Marine übernimmt sämtliche k.u.k. Kriegsschiffe und läßt die südslawischen Ansprüche unberücksichtigt.

10.–12. 11. Selbstversenkung der noch vorhandenen deutschen Flußeinheiten auf der unteren Donau.

24. 11. Einlaufen des britischen Kreuzers *Canterbury* in Sewastopol.

23. 12. Die letzten deutschen Marineangehörigen verlassen die Stützpunkte am Schwaren Meer und kehren in die Heimat zurück.

1973 4. 6. Letzte feierliche Flaggeneinholung auf dem Schlachtkreuzer *Yavuz* ex S.M.S. *Goeben*. Danach Beginn der Abwrackung.

Der Krieg mit Überwasserstreitkräften im Atlantik, Indik und Pazifik 1914

Der Operationsbefehl an die Schiffe im Ausland sieht Handelskrieg nach der Pariser Seerechtsdeklaration vom 16. 4. 1856 und der Londoner Erklärung vom 26. 2. 1909 vor. Die für diese Aufgabe nicht geeigneten Kriegsschiffe sollen Hilfskreuzer ausrüsten.

Ziel der Handelskriegsführung ist die Schädigung des gegnerischen, Schutz des eigenen Überseehandels und damit die Bindung möglichst großer Teile der feindlichen Streitmacht zur Entlastung der Kriegführung in den heimischen Gewässern.

31. 7. S.M.S. *Geier* erhält auf dem Wege von Deutsch-Ostafrika nach Australien vom Admiralstab den Befehl, zunächst nach Jap (Karolinen) zu gehen und im Kriegsfall einen Hilfskreuzer auszurüsten.

S.M.S. *Planet* erhält vom Admiralstab den Befehl, den Schutz der Funk- und Kabelstation Jap (Karolinen) zu übernehmen.

2. 8. Vom (ostasiatischen) Kreuzergeschwader, Chef Vizeadmiral Reichsgraf von Spee, liegen S.M.S. *Scharnhorst, Gneisenau*

und der Begleitdampfer *Titania* vor Ponape (Karolinen), S.M.S. *Emden* in Tsingtau. S.M.S. *Nürnberg* befindet sich auf dem Wege von der mexicanischen Westküste nach Ponape, S.M.S. *Leipzig* liegt vor Mazatlan (Mexico).

3. 8. Die Kaiserliche Regierung veröffentlicht die deutsche Prisenordnung, die sämtliche Bestimmungen der Londoner Erklärung vom 26. 2. 1909 enthält.

4. 8. S.M.S. *Emden,* Fregattenkapitän von Müller, bringt auf dem Schiffahrtsweg Nagasaki – Wladiwostok den Dampfer *Rjäsan* der russischen Freiwilligen Flotte auf.
Der als Hilfskreuzer ausgerüstete Schnelldampfer *Kaiser Wilhelm der Große* des Norddeutschen Lloyd verläßt Bremerhaven zum Handelskrieg im Atlantik.

5. 8. Die Besatzungen S.M.S. *Luchs* und *Tiger* stellen in Tsingtau den Dampfer *Prinz Eitel Friedrich* des Norddeutschen Lloyd als Hilfskreuzer in Dienst.
S.M.S. *Eber* verläßt Lüderitzbucht (Deutsch-Südwestafrika), um im Bereich der südamerikanischen Ostküste einen Hilfskreuzer auszurüsten.

6. 8. S.M.S. *Emden* und der Hilfskreuzer *Prinz Eitel Friedrich* treten von Tsingtau aus den Marsch zur Vereinigung mit dem Kreuzergeschwader an.
S.M.S. *Dresden* unterbricht die Heimreise von Westindien und trifft vor dem Amazonas zur Handelskriegsführung ein.
S.M.S. *Karlsruhe* rüstet östlich der Bahama-Inseln den Schnelldampfer *Kronprinz Wilhelm* des Norddeutschen Lloyd als Hilfskreuzer aus. Die Schiffe trennen sich, als der britische Panzerkreuzer *Suffolk* in Sicht kommt. Am Abend hat S.M.S. *Karlsruhe* eine kurze Gefechtsberührung mit H.M.S. *Bristol* und kann sich der eingeleiteten Einkreisung durch britische Seestreitkräfte entziehen.

7. 8. Die Besatzung S.M.S. *Cormoran* stellt in Tsingtau die russische Prise *Rjäsan* als Hilfskreuzer *Cormoran* in Dienst. Sie wird durch Besatzungsteile S.M.S. *Iltis* und *Vaterland* sowie durch Freiwillige und Reservisten verstärkt.

10. 8. Der Hilfskreuzer *Cormoran* tritt von Tsingtau aus den Marsch zur Vereinigung mit dem Kreuzergeschwader an.

11. 8. Das Kreuzergeschwader läuft in Pagan (Marianen) ein.

12. 8. Der britische Panzerkreuzer *Minotaur* beschießt mit geringem Erfolg die Funkstation Jap.

12.–17. 8. S.M.S. *Leipzig* kreuzt vor nordamerikanischer Westküste.

14. 8. S.M.S. *Emden* verläßt das Kreuzergeschwader zum Handelskrieg im Indik.

18. 8. – 18. 9.   S.M.S. *Leipzig* führt vor der mittelamerikanischen Westküste Handelskrieg.

19.–20. 8.   S.M.S. *Emden* und *Geier* treffen vor Angaur (Marianen) zusammen.

19.–21. 8.   Das Kreuzergeschwader liegt vor Eniwetok (Marshall-Inseln).

20. 8.   S.M.S. *Dresden* und *Eber* treffen vor der brasilianischen Insel Trinidada zusammen.

22. 8.   S.M.S. *Nürnberg* geht zur Beförderung und Einholung von Nachrichten nach Honolulu (Hawaii-Inseln).

26. 8.   Der Hilfskreuzer *Kaiser Wilhelm der Große* wird im Hafen der neutralen spanischen Kolonie Rio de Oro völkerrechtswidrig vom britischen Großen Kreuzer *Highflyer* angegriffen. Die Besatzung versenkt ihren Hilfskreuzer nach Verschießen der Munition selbst und geht in die Internierung, bis auf den Teil, der sich bei Beginn des Gefechtes auf dem Kohlendampfer *Bethania* befindet. Dieser versucht, die Vereinigten Staaten von Amerika zu erreichen, wird aber unterwegs von einem britischen Kriegsschiff aufgebracht. Versenkungszahl des Hilfskreuzer: ca. 11 000 BRT.

26.–30. 8.   Das Kreuzergeschwader liegt vor Majuro (Marshall-Inseln).

28. 8. – 3. 9.   S.M.S. *Eber* rüstet vor Trinidada den Schnelldampfer *Cap Trafalgar* der H.S.D.G. als Hilfskreuzer aus. Das Kanonenboot geht mit dem Besatzungsrest nach Bahia in die Internierung.

29. 8.   Die Hilfskreuzer *Cormoran* und *Prinz Eitel Friedrich* werden aus dem Kreuzergeschwader zur Handelskriegsführung in den westaustralischen Gewässern entlassen.

5. 9.   S.M.S. *Leipzig* trifft nach erfolgreichem Handelskrieg in der Orange-Bucht nahe Kap Horn zur Vornahme von Reparaturen ein.

6. 9.   S.M.S. *Nürnberg* zerstört gemeinsam mit dem Begleitdampfer *Titania* die Kabelstation auf der Insel Fanning (Polynesien) und unterbricht das canadisch-australische Kabel.

8.–24. 9.   S.M.S. *Emden* führt Handelskrieg im Golf von Bengalen.

14. 9.   S.M.S. *Scharnhorst* und *Gneisenau* gehen nach Samoa, treffen dort aber keine gegnerischen Seestreitkräfte an.
Gefecht des Hilfskreuzers *Cap Trafalgar* mit dem britischen Hilfskreuzer *Carmania* bei Trinidada. Der Gegner läuft nach Erhalt schwerer Treffer ab. *Prinz Eitel Friedrich* muß aus dem gleichen Grunde von der eigenen Besatzung versenkt werden. Diese wird vom Dampfer *Eleonore Woermann* nach Argentinien gebracht.

17.–30. 9.	Der Hilfskreuzer *Cormoran* liegt vor Jap und übernimmt die Besatzung S.M.S. *Planet.*
19. 9. – 2. 10.	S.M.S. *Leipzig* führt vor der südchilenischen Küste Handelskrieg.
22. 9.	S.M.S. *Scharnhorst* und *Gneisenau* beschießen Küstenbatterien bei Papeete (Tahiti) und versenken das französische Kanonenboot *Zélée.*
	S.M.S. *Emden* beschießt die Hafenanlagen von Madras (Indische Ostküste).
24. 9.	Der Hilfskreuzer *Cormoran* liegt vor Alexishafen (Kaiser Wilhelms-Land), als gegnerische Seestreitkräfte im benachbarten Friedrich Wilhelms-Hafen Truppen landen. Er läuft in der darauffolgenden Nacht unbemerkt aus.
25. 9.–22. 10.	S.M.S. *Emden* führt Handelskrieg vor der indischen Südküste.
26. 9. – 1. 10.	Das Kreuzergeschwader vereinigt sich vor Nukuhiva (Marquesas-Inseln, Polynesien).
30. 9.	Der Hilfskreuzer *Cormoran* läuft von Jap zu einer Landungsunternehmung gegen die in Friedrich Wilhelms-Hafen stehenden australischen Truppen aus. Sie muß wegen in der Nähe festgestellter erheblicher gegnerischer Seestreitkräfte unterbleiben.
	Der Hilfskreuzer *Prinz Eitel Friedrich* tritt vom Bismarck-Archipel den Marsch zur südamerikanischen Westküste an.
7. 10.	Ein japanisches Kriegsschiff besetzt vorübergehend Jap, nachdem die Funkstation vorher unbrauchbar gemacht worden ist.
7.–14. 10.	S.M.S. *Geier* kreuzt vor den Hawaii-Inseln, um einen gegnerischen zum Hilfskreuzer geeigneten Dampfer aufzubringen.
12.–18. 10.	Das Kreuzergeschwader ankert bei der Osterinsel und vereinigt sich dort mit S.M.S. *Dresden* und *Leipzig.*
12. 10.	Der Hilfskreuzer *Cormoran* entsendet von Jap aus einen Segelkutter nach der den Vereinigten Staaten von Amerika gehörenden Insel Guam zur Beschaffung von Kohle und Lebensmitteln.
15. 10.	S.M.S. *Geier* läuft zur Vornahme von Reparaturen und Kohlebeschaffung Honolulu an.
26.–27. 10.	Das Kreuzergeschwader ankert vor Mas a Fuera (Juan Fernandez-Inseln, Chile) und trifft dort mit dem Hilfskreuzer *Prinz Eitel Friedrich* zusammen.
28. 10.	S.M.S. *Emden* beschießt Hafenanlagen von Penang (Malakka-Straße) und versenkt dort den russischen Kleinen Kreu-

zer *Schemtschug* sowie den französischen Zerstörer *Mousquet*.

31. 10. Der am 16. 10. zu einer Minenunternehmung im Norden der Irischen See ausgelaufene Hilfskreuzer *Berlin* stößt nach Erledigung dieser Aufgabe von der Dänemark-Straße aus zum Handelskrieg nach Osten vor.

1. 11. Die Nachricht vom Einlaufen eines britischen Kreuzers in Coronel veranlaßt Vizeadmiral Graf von Spee, mit seinem Geschwader die chilenische Küste entlang nach Süden zu fahren, um den Gegner abzufangen. S.M.S. *Nürnberg* läuft parallelen Kurs, jedoch dichter unter Land.

16.17 auf 36° 25' s B, 73° 25' w L bekommt das Kreuzergeschwader, S.M.S. *Scharnhorst, Gneisenau, Leipzig* und *Dresden*, im Westen gegnerische Kriegsschiffe in Sicht.

17.30 Den Deutschen stehen die Panzerkreuzer *Good Hope, Monmouth*, der Kleine Kreuzer *Glasgow* und der Hilfskreuzer *Otranto*, Chef Konteradmiral Cradock gegenüber.

18.34 Die deutschen Kriegsschiffe eröffnen das Feuer.

18.42 Die britischen Kriegsschiffe eröffnen das Feuer.

19.00 H.M.S. *Otranto* läuft nach der dritten Salve von S.M.S. *Dresden* beschädigt nach Westen ab.

19.20 H.M.S. *Monmouth* stellt nach den erlittenen schweren Beschädigungen das Feuer ein.

19.23 H.M.S. *Good Hope* stellt nach den erlittenen schweren Beschädigungen das Feuer ein.

19.30 H.M.S. *Glasgow* entzieht sich nach schweren Treffern durch die Flucht der völligen Vernichtung.

19.36 Die deutschen Kriegsschiffe stellen das Feuer ein.

ca. 20.00 Untergang H.M.S. *Good Hope*.

20.58 H.M.S. *Monmouth* sinkt nach erneuter Beschießung durch S.M.S. *Nürnberg*.

S.M.S. *Scharnhorst* hat zwei, S.M.S. *Gneisenau* drei unwesentliche Treffer erhalten. Die Kleinen Kreuzer bleiben unversehrt. Taktisch hat Graf von Spee seine Stellung zwischen der neutralen Küste und dem Gegner behaupten, strategisch die Seeherrschaft an der südamerikanischen Westküste erringen können. Militärpolitisch bedeutet Coronel die erste Begegnung deutscher und britischer Verbände in offener Seeschlacht. Die Niederlage zerstört den Ruf der Unüberwindbarkeit der britischen Flotte und legt den Handel an der Westküste Südamerikas längere Zeit lahm.

3.–4. 11. S.M.S. *Scharnhorst, Gneisenau* und *Nürnberg* laufen Valparaiso an, die übrigen Einheiten gehen nach den Juan Fernandez-Inseln zur Brennstoffaufnahme.

4. 11. Auf S.M.S. *Karlsruhe* ereignet sich auf 11° 7' n B, 55° 25' w L eine Explosion, die das Vorschiff abreißt. Da auch der übrige Teil des Rumpfes nicht über Wasser gehalten werden kann, steigen die Überlebenden, 146 Mann, auf den Begleitdampfer *Rio Negro* über. Als Ursache wird die Entzündung von mit Petroleum gemischtem Heizöl, das in der Nähe der Torpedomunition, des Sprengdynamits und scharfer 15 cm-Munition liegt, vermutet. Aufbringungszahl: 76 000 BRT. Der Admiralstab stellt dem Kreuzergeschwader anheim, den Durchbruch in die Heimat zu versuchen.

7. 11. Die nordamerikanischen Behörden in Honolulu internieren S.M.S. *Geier*.

9. 11. S.M.S. *Emden* läuft die Cocos-Inseln südwestlich Sumatra an, um die Kabel- und Funkstation Port Refuge zu zerstören, die Schiffahrt durch den Alarm zu beunruhigen und britische Kriegsschiffe aus den indischen Gewässern fortzulokken, wo der Kommandant Handelskrieg zu führen beabsichtigt. Nachdem das Landungskorps ausgeschifft ist, kommt der australische Kleine Kreuzer *Sydney* in Sicht, der einen Alarmruf der Funkstation aufgefangen hat. Mit seiner überlegenen Artillerie beschädigt er S.M.S. *Emden* derartig, daß dieses vom Kommandanten auf ein Riff gesetzt werden muß. 182 Mann werden durch die Australier geborgen. Damit findet eine der ruhmvollsten Kreuzerlaufbahnen der Seekriegsgeschichte den Abschluß. Aufbringungszahl: 83 000 BRT.

Noch am gleichen Tage verläßt das Landungskorps S.M.S. *Emden* unter Kapitänleutnant von Mücke auf dem Schoner *Ayesha* den Hafen und trifft am 27. 11. unter Kriegsflagge und Wimpel in Padang (Sumatra) ein.

13. 11. S.M.S. *Dresden* und *Leipzig* laufen Valparaiso an, um die britische Behauptung ihrer Versenkung zu widerlegen.

18. 11. Das Kreuzergeschwader tritt den Marsch nach dem Feuerland an. Der Hilfskreuzer *Prinz Eitel Friedrich* wird aus dem Verband entlassen. Den Dampfer *Seydlitz* des NDL stellt das Geschwader als Lazarettschiff in Dienst.

17. 11. Der Hilfskreuzer *Berlin* muß nach dem vergeblichen Versuch, im Nördlichen Eismeer Handelskrieg zu führen, wegen Kohlenmangel und Kesselschäden Drontheim anlaufen und in die Internierung gehen.

29. 11. Der Hilfskreuzer *Prinz Eitel Friedrich* beginnt von neuem

den Handelskrieg, nachdem er längere Zeit den Funkverkehr des Kreuzergeschwaders vor Juan Fernandez vorgetäuscht hat.

2. 12. Das Kreuzergeschwader rundet Kap Horn mit dem Ziel, nach der Nordsee durchzubrechen.

5. 12. Der Dampfer *Rio Negro* trifft mit dem Besatzungsrest S.M.S. *Karlsruhe* in der Heimat ein.

6. 12. Vizeadmiral Graf von Spee entschließt sich zum Angriff auf den Haupthafen der britischen Falkland-Inseln, Port Stanley. S.M.S. *Gneisenau* und *Nürnberg* sollen die Unternehmung durchführen, die anderen deren Deckung übernehmen. Die Ansichten der Kommandanten über die Zweckmäßigkeit dieser Maßnahme sind geteilt.

8. 12.   5.00 S.M.S. *Gneisenau* und *Nürnberg* laufen auf Port Stanley zu.

   9.00 Die Kreuzer erkennen, daß im Hafen Kriegsschiffe liegen. Der Geschwaderchef befiehlt daher Abbrechen der Unternehmung und versucht nach Osten abzulaufen.

  10.00 Auf dem Geschwader wird erkannt, daß sich bei den gegnerischen Einheiten Schlachtkreuzer befinden, die hinsichtlich Artillerie und Geschwindigkeit den Panzerkreuzern weit überlegen sind.

  12.55 H.M.S. *Invincible* eröffnet das Feuer. Das britische Geschwader, Chef Vizeadmiral Sir Sturdee, besteht aus 2 Schlachtkreuzern, 3 Panzerkreuzern und 1 Kleinen Kreuzer. Es stehen an schweren Artillerie den deutschen 16–21 cm Geschützen beim Gegner die gleiche Anzahl 30,5 cm und 4–19 cm gegenüber. Die Überlegenheit des Gegners im Geschoßgewicht einer Breitseite ist 3,7fach.

  13.20 Der Admiral entläßt die Kleinen Kreuzer mit der Weisung, sie sollen zu entkommen versuchen. Die beiden Panzerkreuzer nehmen das Gefecht an, in der Hoffnung, dadurch die Kleinen Kreuzer zu entlasten.

  16.00 Der Admiral entläßt S.M.S. *Gneisenau*, mit der Weisung zu versuchen, sich dem Gegner zu entziehen.

  16.17 Untergang S.M.S. *Scharnhorst*. Keine Überlebenden.

  18.00 Untergang S.M.S. *Gneisenau*. 187 Gerettete.

  19.20 Untergang S.M.S. *Leipzig*. 18 Gerettete.

  19.21 Untergang S.M.S. *Nürnberg*. 10 Gerettete. Vier Mann der Besatzung halten auf dem sinkenden Schiff an einer Stenge eine Kriegsflagge hoch, bis sie selbst untergehen. Diese Szene hat den Marinemaler Bohrdt zu dem eindrucksvollen, allerdings historisch unrichtigen Gemälde »Der letzte Mann« angeregt.

S.M.S. *Dresden* gelingt es zu entkommen, ebenso dem Lazarettschiff *Seydlitz*, das nach Argentinien in die Internierung geht.

12. 12. S.M.S. *Dresden* ergänzt in Punta Arenas in der Magallanes-Straße aus einem deutschen Dampfer Kohlen und hält sich danach nacheinander in mehreren abgelegenen Buchten des Feuerlandes verborgen, wohin mit Hilfe des in Punta Arenas ansässigen Deutschen Pagels der Nachschub gelenkt wird.

14. 12. Die Besatzung S.M.S. *Ayesha* steigt auf 3° 23' s B, 99° 28' ö L auf den aus Padang nachgefahrenen Dampfer *Choising* des Norddeutschen Lloyd über.

Der Hilfskreuzer *Cormoran* läuft aus Mangel an Kohlen und Nahrungsmitteln Guam an und wird dort interniert.

Der Krieg mit Überwasserstreitkräften im Atlantik, Indik und Pazifik 1915

8. 1. Die Besatzung S.M.S. *Ayesha* landet vom Dampfer *Choising* aus in Hodeida (Südarabien).

27. 1. Die Besatzung S.M.S. *Ayesha* beginnt den Landmarsch nach **Sanaa**.

12. 2. Der Hilfskreuzer *Kronprinz Wilhelm* entsendet 73 nicht mehr dienstpflichtige Matrosen mit einem Dampfer nach Argentinien.

14. 2. S.M.S. *Dresden* geht in den Pazifik, da es nicht gelingt, seine Kohleversorgung zum Durchbruch in die Heimat sicherzustellen.

8. 3. Kurze Begegnung S.M.S. *Dresden* mit dem britischen Panzerkreuzer *Kent*.

9. 3. S.M.S. *Dresden* läuft die Juan-Fernandez-Insel Mas a Tierra an. Eintreffen der Funknachricht Kaiser Wilhelms II. mit der Genehmigung, das Schiff aufzulegen.

10. 3. Der Hilfskreuzer *Prinz Eitel Friedrich* läuft den nordamerikanischen Hafen Norfolk an, um Reparaturen ausführen zulassen. Da diese zu lange Zeit erfordern würden, legt der Kommandant das Schiff auf und geht mit der Besatzung in die Internierung. Aufbringungszahl: ca. 33 500 BRT.

14. 3. H.M.S. *Kent* und *Glasgow* treffen vor der Cumberland-Bucht der neutralen Insel Juan-Fernandez ein. Sie eröffnen das Feuer auf den im Hafen nicht gefechtsklar liegenden

Kleinen Kreuzer *Dresden*. Die Besatzung versenkt ihn nach kurzem Gefecht selbst und geht in die Internierung. Die Verwundeten werden von H.M.S. *Orama* nach Valparaiso überführt.

Da der Landweg durch aufständische Araber versperrt ist, fährt die Besatzung S.M.S. *Ayesha* auf Küstenbooten von Jabana nach Norden bis El Rid.

31. 3.–4. 4. Auf dem am 24. 8. begonnenen Landwege von El Rid nach Norden wehrt die Besatzung S.M.S. *Ayesha* den Überfall im britischen Sold stehender Araber ab. Ankunft in Djidda 4. 4.

9. 4. Die Besatzung S.M.S. *Ayesha* fährt auf Küstenbooten von Djidda nach Scherm Mumaiburra, um von dort aus Anschluß an die Eisenbahn nach Konstantinopel zu erreichen. Ankunft 28. 4.

11. 4. Der Hilfskreuzer *Kronprinz Wilhelm* läuft den nordamerikanischen Hafen New Port News an, da die Antriebsanlage reparaturbedürftig ist, Kohle und Proviant fast verbraucht sind und die Besatzung teils völlig erschöpft, teils krank ist. Er wird am 26. auf Befehl des Admiralstabes aufgelegt. Die Besatzung geht in die Internierung. Aufbringungszahl: ca. 60 000 BRT.

6. 5. Die Besatzung S.M.S. *Ayesha* erreicht marschierend El Ula und fährt von dort, teils per Bahn, teils auf Wagen nach Konstantinopel.

24. 5. Kapitänleutnant von Mücke meldet in Konstantinopel Konteradmiral Souchon den Landungszug S.M.S. *Emden* = Besatzung S.M.S. *Ayesha* in Stärke von 4 Offizieren, 1 Unteroffizieren und 45 Mann zur Stelle.

30. 5. Der Hilfskreuzer *Meteor* läuft zu einer Minen- und Handelskriegsunternehmung in das Nördliche Eismeer aus.

7.–8. 6. Der Hilfskreuzer *Meteor* legt Minen vor Archangelsk.

17. 6. Der Hilfskreuzer *Meteor* kehrt in die Heimat zurück, nachdem es ihm nach Erledigung seiner Minenaufgabe nur gelungen ist, ca. 3200 BRT Schiffsraum aufzubringen.

26. 12. Der Bananendampfer *Pungo* der Afrikanischen Fruchtkompagnie stellt als Hilfskreuzer *Möwe* in Dienst. Nach den Erfahrungen mit den zu Hilfskreuzern umgebauten Schnelldampfern entschließt sich die Kaiserliche Marine nun, Frachtdampfer mit geringerer Geschwindigkeit und entsprechend wenigem Kohlebedarf, mit großer Ladefähigkeit und unauffälligem Aussehen einzusetzen.

29. 12. Der Hilfskreuzer *Möwe* verläßt die Elbe zum Handelskrieg im Atlantik.

9.–10. 1. Der Hilfskreuzer *Möwe* legt nach Erledigung seiner Minenaufgabe an der schottischen Nordküste Minen vor der Gironde-Mündung.

15. 1. Der Hilfskreuzer *Möwe* befreit auf dem aufgebrachten britischer Dampfer *Appam* 14 deutsche Zivilisten und 8 Angehörige der Schutztruppe.

17. 1. Der Dampfer *Appam* geht mit den Besatzungen aller vom Hilfskreuzer *Möwe* bis dahin aufgebrachten Schiffe nach dem nordamerikanischen Hafen Norfolk, wo er am 1. 2. eintrifft.

9. 2. Der Hilfskreuzer *Möwe* entsendet den aufgebrachten britischen Dampfer *Westburn* mit Gefangenen nach Teneriffa (Kanaren).

22. 2. Der Dampfer *Westburn* gibt die Gefangenen des Hilfskreuzers *Möwe* auf Santa Cruz de Teneriffa ab. Er wird danach außerhalb der spanischen Hoheitsgewässer von der deutschen Besatzung versenkt.

27. 2. Der zum Hilfskreuzer *Wolf* ausgerüstete Hapag-Dampfer *Belgravia* kommt bei der Ausreise in der Elbmündung auf Grund und erleidet so schwere Beschädigungen, daß er außer Dienst gestellt werden muß.

4. 3. Der Hilfskreuzer *Möwe* trifft vom Handelskrieg im Atlantik in der Heimat ein. Aufbringungszahl: ca. 38 000 BRT.

23. 11. Der Hilfskreuzer *Möwe* verläßt Kiel zu seiner zweiten Handelskriegunternehmung im Atlantik.

30. 11. Der als Hilfskreuzer *Wolf* ausgerüstete Dampfer *Wachtfels* der Hansa-Reederei tritt die Ausreise zum Handels- und Minenkrieg im Indik an. Er führt ein Seeflugzeug an Bord.

2. 12. Kapitänleutnant Graf von Luckner stellt in Blexen das 1915 als Prise aufgebrachte nordamerikanische Vollschiff mit Hilfsmotor *Pass of Balmaha* als Hilfskreuzer *Seeadler* in Dienst.

11. 12. Die vom Hilfskreuzer *Möwe* aufgebrachte britische Prise *Yarrowdale* tritt mit Gefangenen an Bord den Marsch nach Deutschland an. Sie trifft dort am 31. 12. ein.

25. 12. Der Hilfskreuzer *Seeadler* wird zwischen Island und den Färöer-Inseln von einem britischen Hilfskreuzer angehalten. Es gelingt durch geschickte Tarnmaßnahmen, den Prisenoffizier zu täuschen und die Genehmigung für die Weiterfahrt zu erhalten.

26. 12. Der britische Dampfer *St. Theodore* wird von S.M.S. *Möwe* zum Hilfskreuzer *Geier* ausgerüstet.

12. 1. Der Hilfskreuzer *Möwe* entsendet den aufgebrachten japanischen Dampfer *Hudson Maru* mit Gefangenen nach Pernambuco.

16. 1. Der Hilfskreuzer *Wolf* legt vor Kapstadt Minen.

14. 2. Der Hilfskreuzer *Geier* wird wegen der starken Abnutzung der Kessel und Maschinen von der Besatzung versenkt. Aufbringungszahl: 1442 BRT.

15. 2. Der Hilfskreuzer *Wolf* legt vor Colombo (Ceylon) Minen.

16. 2. Der Hilfskreuzer *Wolf* legt vor der Südspitze Indiens Minen.

19.–20. 2. Der Hilfskreuzer *Wolf* legt vor Bombay Minen.

27. 2. Der Hilfskreuzer *Wolf* bringt auf dem Schiffahrtsweg Aden–Colombo den britischen Dampfer *Turritella* ex deutsch *Gutenfels* auf und rüstet ihn als Hilfskreuzer *Iltis* aus.
Der Hilfskreuzer *Greif* verläßt die Elbe zum Handelskrieg im Atlantik.

29. 2. Untergang des Hilfskreuzers *Greif* auf 62° n Br, 1° ö L. im Gefecht mit den britischen Hilfskreuzern *Alcantara* und *Andes*, später mit einem weiteren britischen Kleinen Kreuzer und 2 Zerstörern. *Alcantara* sinkt nach einem Torpedotreffer ebenfalls.

4.–5. 3. Der Hilfskreuzer *Iltis* legt Minen vor Aden.

5. 3. Die Besatzung des Hilfskreuzers *Iltis* versenkt beim Erscheinen britischer Seestreitkräfte vor dem Bab el Mandeb ihr Schiff.

10. 3. Die als Hilfskreuzer *Leopard* ausgerüstete britische Prise *Yarrowdale* verläßt Kiel zum Handelskrieg im Atlantik.

16. 3. Der Kommandant S.M.S. *Geier* holt in Honolulu auf seinem internierten Schiff Flagge und Wimpel nieder, nachdem wichtige Maschinenteile durch die Besatzung entfernt worden sind.
Der Hilfskreuzer *Leopard* sinkt auf 0° ö. L., 65° n. Br. im Gefecht mit dem britischen Panzerkreuzer *Achilles* und dem Hilfskreuzer *Dundee*.

19. 3. Der Hilfskreuzer *Wolf* verlegt seine Tätigkeit vom nördlichen Indik in den Raum Neu-Seeland/Neu-Guinea.

22. 3. Der Hilfskreuzer *Möwe* trifft von seiner zweiten Unternehmung in Kiel ein. Aufbringungszahl: ca. 123 000 BRT.

7. 4. Die Besatzung des internierten Hilfskreuzers *Cormoran* versenkt ihr Schiff im Hafen von Guam, um es nicht dem Gegner übergeben zu müssen.

18. 4.	Der Hilfskreuzer *Seeadler* rundet Kap Horn und verlegt seine Tätigkeit in den Pazifik.
25.–26. 6.	Der Hilfskreuzer *Wolf* legt Minen vor der Nordspitze Neu-Seelands.
27.–28. 6.	Der Hilfskreuzer *Wolf* legt Minen zwischen den beiden Hauptinseln Neu-Seelands.
3.–4. 7.	Der Hilfskreuzer *Wolf* legt in der Bass-Straße (zwischen Australien und Tasmanien) Minen.
2. 8.	Der Hilfskreuzer *Seeadler* strandet auf dem Korallenriff vor der Insel Mopelia (Gesellschafts-Inseln, Polynesien). Aufbringungszahl: ca. 30 000 BRT.
23. 8.	Der Segelkutter mit Motor des Hilfskreuzers *Seeadler* geht von Mopelia nach entsprechendem Umbau und unter dem Namen *Kronprinzessin Cecilie* unter Führung des Kommandanten in Richtung Cook- und Fidji-Inseln in See, um ein Schiff zu kapern.
4.–5. 9.	Der Hilfskreuzer *Wolf* legt Minen auf dem Dampferweg Singapore-China.
5. 9.	Das Motorboot des Hilfskreuzers *Seeadler* kapert unter dem Befehl des Kommandanten von Mopelia Leutnant zur See d. R. Kling vor der Insel den französischen Schoner *Lutèce*. Noch am gleichen Tag tritt die Restbesatzung des Hilfskreuzers mit dem *Fortuna* getauften Schiff die Ausreise in Richtung auf die chilenische Oster-Insel an.
17. 9.	Die Besatzung des Kutters *Kronprinzessin Cecilie* läuft die Insel Wakaya an.
21. 9.	Die Besatzung des Kutters *Kronprinzessin Cecilie* wird auf der Insel Wakaya (Fidji-Inseln) von britischen Soldaten gefangen genommen.
3. 10.	Das in Bahia internierte Kanonenboot *Eber* wird von der eigenen Besatzung versenkt, um es nach der Kriegserklärung nicht in die Hände Brasiliens fallen zu lassen.
13. 12.	Kapitänleutnant Graf von Luckner gelingt es, mit 10 Mann aus dem neuseeländischen Gefangenenlager auf Motuihi auszubrechen und mit dem Motorboot *Perle* die Insel zu verlassen.
18. 12.	Die Besatzung des Motorbootes *Perle* kapert den neuseeländischen Schoner *Moa*.
21. 12.	Das Hilfsschiff *Moa* wird durch den neuseeländischen Regierungsdampfer *Iris* aufgebracht, die Besatzung gefangengenommen.

Der Krieg mit Überwasserstreitkräften im Atlantik, Indik und Pazifik.

3. 2. Ein chilenischer Schoner überführt die Besatzung des Hilfsschiffes *Fortuna* von der Oster-Insel nach Chile. Eintreffen in Talcahuano 2. 3. Dort geht sie in die Internierung.

17. 2. Der Hilfskreuzer *Wolf* trifft nach fünfzehnmonatiger Kreuzfahrt im Atlantik, Indik, Pazifik wieder in der Heimat ein. Aufbringungszahl: 38 400 BRT. Minenerfolge: ca. 74 000 BRT.

21. 6. Der von den Vereinigten Staaten unter den Namen *Carl Schurz* in Dienst gestellte Ungeschützte Kreuzer *Geier* sinkt auf dem Wege von Guam in die USA nach Kollision mit einem Tanker vor der Küste von North Carolina.

Der Handelskrieg mit U-Booten

1914 Okt. Deutsche U-Boote greifen gegnerische Handelsschiffe in Anlehnung an das bisher übliche Verfahren des Kreuzerkriegs über Wasser an.

1915 22. 2. Beginn des Handelskrieges mit U-Booten in der Nordsee, im Kanal und vor den Westküsten Englands und Irlands als Gegenmaßnahme gegen die britische völkerrechtswidrige Unterbindung des neutralen Schiffsverkehrs mit Deutschland. Der Befehl dazu vom 18. 2. enthält Vorschriften zur größtmöglichen Schonung der Neutralen.

April Ausdehnung des U-Boot-Handelskrieges auf die Ostsee.

9. 4. Aufstellung der U-Flottille Flandern, zu deren Aufgaben auch Handelskrieg gehört.

7. 5. *U 20* versenkt vor der irischen Küste den britischen Dampfer *Lusitania* von 30 000 BRT, der, obwohl er ca. 5400 Kisten hochexplosive Kartuschmunition an Bord hat und der deutsche Botschafter in Washington deshalb öffentlich vor der Benutzung gewarnt hat, von nordamerikanischen Staatsangehörigen zur Überfahrt benutzt wird. 1198 Menschen finden den Tod.

6. 6. Kaiser Wilhelm II. befiehlt, daß die Untersee-Boote bis auf weiteres keine großen Fahrgastdampfer versenken dürfen.

Mitte Juni Beginn des U-Bootkrieges im Mittelmeer durch deutsche und k.u.k. Einheiten. In Cattaro wird ein deutscher U-Boot-Stützpunkt eingerichtet. Die Boote verlegen z. T. von Deutschland mit eigener Kraft dorthin, z. T. werden sie zerlegt per Bahn nach Pola befördert und dort zusammengesetzt.

19. 8. *U 24* versenkt vor der irischen Küste den britischen Dampfer *Arabic* von 15 800 BRT, wobei 44 Menschen, darunter einige Nordamerikaner ertrinken.

30. 8. Kaiser Wilhelm II. erteilt den Befehl, daß die U-Boote Fahrgastdampfer aller Größen nur nach Warnung und Rettung aller an Bord befindlichen Menschen versenken dürfen.

18. 9. Zur Vermeidung weiterer Konflikte mit Neutralen schränkt der Chef des Admiralstabes den U-Boot-Handelskrieg soweit ein, daß er praktisch zum Erliegen kommt. Das Mittelmeer und die Ostsee werden davon nicht betroffen.

Anfang Nov. Bildung der deutschen U-Halbflottille Pola.

7. 11. *U 38* versenkt nordwestlich der Straße von Sizilien den italienischen Fahrgastdampfer *Ancona,* da dieser vor dem U-Boot zu entkommen sucht.

18. 11. Erweiterung der deutschen U-Halbflottille Pola zur Flottille.

4. 12. Befehl des deutschen Admiralstabes an die U-Flottille Pola zur warnungslosen Versenkung aller bewaffneten feindlichen Frachtdampfer, ausgenommen Fahrgastdampfer.

1916 23. 2. Wiederaufnahme des U-Boot-Handelskrieges in der Nordsee und in den britischen Gewässern.

24. 4. *UB 29* torpediert vor Boulogne den französischen Dampfer *Sussex* von 1353 BRT, wobei ein Nordamerikaner ums Leben kommt.

24. 4. Aufgrund des nordamerikanischen *Sussex*-Protestes wird der U-Boot-Handelskrieg gegen die Britischen Inseln erneut eingestellt.

9. 5. Anweisung des Admiralstabes an die U-Flottille Pola, Handelskrieg nur über Wasser zu führen, Fahrgastdampfer nicht anzugreifen, unter Wasser nur Kriegsschiffe anzugreifen.

20. 8. *U 35,* Kapitänleutnant von Arnauld de la Perière kehrt von einer am 26. 7. begonnenen Feindfahrt nach Cattaro zurück. Mit 54 versenkten Handelsschiffen und 90 150 BRT ist diese die ertragreichste Unternehmung, die im 1. Weltkrieg von einem U-Boot im Handelskrieg durchgeführt worden ist.

1. 9. Wiederaufnahme des Handelskrieges durch die U-Flottille Flandern und zwar nach Prisenordnung.

17. 9. Das U-Boot *U 53* tritt die Ausreise nach der Ostküste der USA an, um die beim Wiederauslaufen des Handels-U-Bootes *U-Bremen* zur Bekämpfung dort zu erwartenden britischen Kriegsschiffe anzugreifen. Das U-Boot trifft am 7. 10. in

Newport ein und läuft nach Besichtigung durch Angehörige der US-Marine und durch die Bevölkerung wieder aus. *U-Bremen* ist verschollen, *U 53* läuft am 28. 10. wieder in Helgoland ein.

19. 9. *U 43, U 46* und *U 48* laufen in das Nördliche Eismeer, um die Zufuhr von Kriegsmaterial nach Rußland zu stören.

12. 10. Die U-Flottille Pola erhält Befehl, Handelskrieg nach Prisenordnung zu führen, bewaffnete feindliche Frachtdampfer unter Wasser anzugreifen, Fahrgastdampfer unbehelligt zu lassen. Am 2. 12. 1916 und 12. 1. 1917 werden diese Befehle modifiziert.

18. 10. *UC 20* tritt von Helgoland die Ausreise zur marokkanischen Westküste an, landet vom 12.–14. 1. 1917 eine vierköpfige Expedition, die Araberstämme gegen Frankreich aufwiegeln soll. Diese Aufgabe läßt sich jedoch nicht lösen.

26. 11. *U 52* versenkt auf der Höhe von Lissabon das französische Linienschiff *Suffren*.

1917 9. 1. *U 32* versenkt nahe Malta das britische Linienschiff *Cornwallis*.

22. 1. Die USA erklären die Bewaffnung von Handelsschiffen für zulässig.

1. 2. Beginn des uneingeschränkten U-Boot-Handelskrieges.

27. 3. Bildung der U-Kreuzer-Flottille aus den vorhandenen großen U-Booten.

6. 4. Die USA erklären den Kriegszustand mit Deutschland.

5. 6. Bildung der Organisation »Befehlshaber der U-Boote« in Wilhelmshaven.

7. 6. Großeinsatz von U-Booten im Handelskrieg vor der nordamerikanischen Ostküste.

9. 6. Bildung der Organisation »Führer der U-Boote im Mittelmeer«.

1. 10. Bildung der Organisation »Führer der U-Boote Flandern«.

22. 11. Erweiterung des Sperrgebietes um England, im Atlantik und im Mittelmeer.

14. 12. *UC 38* versenkt im Golf von Patras den französischen Großen Kreuzer *Chateaurenault,* sinkt danach aber selbst durch Feindeinwirkung.

1918 1. 1. Aufteilung der U-Flottille Mittelmeer in:
I. U-Flottille Mittelmeer, Pola
II. U-Flottille Mittelmeer, Cattaro

21. 10. Einstellung des U-Boot-Handelskrieges. Der Admiralstab befiehlt die Rückkehr aller U-Boote in die Heimat.

23. 10. Räumung der U-Boot-Stützpunkte Cattaro und Pola. Rück-

marsch aller fahrbereiten U-Boote; die übrigen werden gesprengt.

6.–14. 11. Die U-Halbflottille Konstantinopel geht nach Sewastopol und stellt dort außer Dienst.

9. 11. *UB 50* versenkt auf dem Rückmarsch in der Straße von Gibraltar das britische Linienschiff *Britannia*.

10. 11. *UB 67* versenkt in der Nordsee den britischen Minensucher *Ascot*. Letzter erfolgreicher Torpedoschuß eines deutschen U-Bootes im 1. Weltkrieg.
Versenkungsziffer an Handels- und Hilfsschiffen 1914–1918: durch deutsche U-Boote ca. 12 000 000 BRT, durch k.u.k. U-Boote ca. 300 000 BRT.

Die Kämpfe der Landtruppen der Kaiserlichen Marine in Flandern

1914 29. 8. Großadmiral von Tirpitz schlägt die Besetzung und Befestigung der flandrischen Küste durch die Marine vor, um eine Basis für Angriffe gegen das von ihm als Hauptgegner erkannte Großbritannien zu haben. Nach mehreren Vorbesprechungen ergeht der Befehl zur Aufstellung einer Marinedivision mit dem Nahziel der Unterstützung des Heeres bei der Niederringung Belgiens und dem Fernziel des Kleinkrieges von der belgischen und nordfranzösischen Küste aus gegen England. Die Oberleitung erhält Admiral von Schröder. Bereitgestellt werden zunächst ca. 18 000 Mann, darunter die Seebataillone, Teile der Matrosen-, Werft- und Torpedodivisionen, Seewehrmänner.

5. 9. Eintreffen des ersten Teils der Marinedivision im Raum Brüssel.

7. 9. Beginn des Einsatzes der Marinedivision im Raum Antwerpen.

9.–14. 9. Abwehr eines groß angelegten Angriffs belgischer Truppen von Antwerpen aus, unter Mitwirkung von Teilen der Marinedivision.

27. 9. Beginn der Belagerung der Festung Antwerpen unter Mitwirkung der Marinedivision.

10. 10. Kapitulation der Festung Antwerpen; Besetzung durch die Marinedivision.

21. 10. Brügge wird für die Dauer des Krieges Hauptquartier der Marinedivision.

3. 11. Erweiterung der Marinedivision zum Marinekorps.

11. 11. Teile des Marinekorps erstürmen unter großen Opfern den

von überlegenen gegnerischen Truppen besetzten Raum Lombardzyde. Damit ist Ostende bis zur Räumung Flandern 1918 vor der unmittelbaren Bedrohung von Land gesichert. Der Küstenstreifen, 50 km lang, mit den Häfen Ostende und Zeebrügge wird unter Verwendung von Geschützbatterien aller Kaliber zur Verteidigung und zur Bindung gegnerischer Seestreitkträfte befestigt.

Dez.	Einrichtung einer Marinewerft in Zeebrügge.
5. 12.	Einrichtung einer Seeflugstation in Zeebrügge.
1915 Mai	Beginn des Einsatzes von 38 cm-Marinegeschützen in Flandern, Nordfrankreich, Champagne, Verdun, Lothringen, Elsaß. Es folgen Geschütze der Kaliber 15, 17, 21 und 24 cm.
8. 5.	Teile des Marinekorps nehmen an den Kämpfen um Ypern teil.
1916 Herbst	Einrichtung von Marinewerften in Brügge und Ostende.
1. 10.	Einsatz von Teilen des Marinekorps an der Somme zur Unterstützung der Heerestruppen.
1916 Nov.–Jan. 1917	Wiederholte Einsätze von Teilen des Marinekorps an der Somme.
1917 Frühj.	Einrichtung einer Marinewerft in Gent.
10. 7.	Teile des Marinekorps erobern nach schwerer artilleristischer Vorbereitung einen militärisch wichtigen Küstenstreifen östlich der Yser-Mündung.
Okt.–Nov.	Einsatz von Teilen des Marinekorps während der Schlacht in Flandern zur Entlastung der schwer ringenden Heeresverbände.
1918 23. 3.	Beginn der Beschießung der Festung Paris durch 21 cm-Marinegeschütze von Laon aus auf etwa 125 km Entfernung.
März–April	Einsatz von Teilen des Marinekorps in der Großen Schlacht in Frankreich.
Sommer	Die seit Monaten andauernden Luftangriffe auf die Marineanlagen an der flandrischen Küste erreichen ihren Höhepunkt.
Sept.	Teile des Marinkorps greifen in die Kämpfe vor der Siegfriedstellung ein.
29. 9.	Die oberste Heeresleitung kündigt der Seekriegsleitung die Notwendigkeit der Räumung Flanderns an. Daher wird der sofortige Abbau der U-Boot-Stützpunkte Ostende und Zeebrügge, sowie der Rückmarsch der Torpedoboote in die Heimat befohlen.
30. 9.	Befehl der Seekriegsleitung zum Abbau aller Marineanlagen in Flandern einschl. der an der belgischen Küste. 16 nicht

fahrbereite Torpedoboote und 3 U-Boote werden gesprengt, Werftanlagen, Seeschleusen und Artilleriestellungen zerstört, die Gewässer vermint.

15. 10. Das Marinekorps beginnt auf Befehl der Obersten Heeresleitung mit der Räumung seines Besetzungsbereiches. Die Aufgabe wird, unbemerkt vom Gegner, in voller Disziplin und unter Mitführung des größten Teils des transportfähigen Materials durchgeführt. Die Verbände bleiben bis zum Eintreffen in der Heimat intakt und werden dort aufgelöst.

Die Mitwirkung der Kaiserlichen Marine bei den Kämpfen in den deutschen Schutzgebieten.

Kiautschou

1914 21. 7. Der k.u.k. Kleine Kreuzer *Kaiserin Elisabeth* erhält in Tschifu Weisung, nach Tsingtau zu gehen.

27. 7. Das deutsche Ostasiatische Marinedetachement setzt sich befehlsgemäß von Peking und Tientsin nach Tsingtau in Marsch.

29. 7. S.M.S. *Kaiserin Elisabeth* wird von der Mobilisierung verständigt, erhält den Befehl, in Tsingtau zu bleiben, und versetzt sich in Klarschiffszustand. Die Wachen in Peking und Tientsin werden einberufen.

31. 7. Das Reichsmarineamt ordnet telegrafisch Sicherungsmaßnahmen an. Daraufhin wird der Eingang zur Bucht überwacht.

1. 8. S.M.S. *Kaiserin Elisabeth* erhält Weisung, 8 Offiziere heimzusenden.

2. 8. S.M.S. *Tsingtau* wird von der Besatzung in Kanton aufgelegt.

3. 8. Das Gouvernement beruft in Tsingtau und den näher gelegenen Orten Ostasiens die Reservisten sowie die Landwehr I. und II. Aufgebots ein.

6. 8. Nach der Kriegserklärung Österreich-Ungarns an Rußland unterstellt der Kommandant S.M.S. *Kaiserin Elisabeth* sein Schiff gemäß der Mob-Order dem Gouverneur. Es wird zum Wachdienst vor dem Hafen eingesetzt.

6.–7. 8. Der Minenleger *Lauting* legt vor der Bucht zwei Sperren.

8. 8. China erklärt seine Neutralität. Japan läßt eine chinesische Anfrage bezügl. seiner Neutralität unbeantwortet.

16. 8. Japan fordert vom Deutschen Reich ultimativ die bedingungslose Räumung des Schutzgebietes und Übergabe an Japan, ferner Zurückziehung des Kreuzergeschwaders. Das

Ultimatum bleibt unbeantwortet. Österreich-Ungarn soll auf deutschen Wunsch in einem etwaigen Krieg mit Japan neutral bleiben.

18. 8. Der Gouverneur, Kapitän zur See Meyer-Waldeck drahtet an Kaiser Wilhelm II.: »Einstehe für Pflichterfüllung bis zum äußersten«.

S.M.S *Vaterland* wird in Nanking zum Schein an eine deutsche Firma verkauft und erhält den Namen *Landesvater*. Die Besatzung setzt sich nach Tsingtau in Marsch.

S.M.S. *Otter* wird in Nanking zum Schein an eine deutsche Firma verkauft und erhält den Namen *München*.

22. 8. Der Minenleger *Lauting* legt weitere Sperren aus. Das die Unternehmung deckende Torpedoboot *S 90* gerät mit dem britischen Zerstörer *Kennet* in Gefechtsberührung.

23. 8. Ablauf des japanischen Ultimatums.

Der Minenleger *Lauting* legt die letzten vorhandenen Minen aus, läuft dabei auf eine britische Mine, kann aber eingeschleppt werden.

S.M.S. *Kaiserin Elisabeth* erhält aus der Heimat den Befehl, in Tsingtau abzurüsten und die Besatzung auf dem Landwege nach Peking und Tientsin zu senden. Gleichzeitig beantragt die Regierung in Wien bei der japanischen freies Geleit für den Kreuzer zur Abrüstung in Schanghai.

26. 8. Der Abrüstungsbefehl für S.M.S. *Kaiserin Elisabeth* wird widerrufen und Mitwirkung bei der Verteidigung der Festung befohlen, da Kaiser Wilhelm II. in Unkenntnis der Vorgänge vom 23. 8. dem k.u.k. Marine-Attaché in Berlin gegenüber äußert, der Kreuzer würde tapfer mitkämpfen. 310 Mann gelingt es, in Zivilkleidern zurückzukehren.

27. 8. Japan erklärt die See-Blockade Kiautschous und besetzt die beiden der Bucht vorgelagerten Inseln. Die Aufforderung zum Auslaufen S.M.S. *Kaiserin Elisabeth* als neutrales Kriegsschiff bleibt unbeantwortet. Japan erklärt Österreich-Ungarn den Krieg.

31. 8. Der japanische Zerstörer *Schiotayen* strandet vor der Insel Lientau.

Sept./Okt. Laufender Einsatz S.M.S. *Kaiserin Elisabeth* gegen Seeziele.

2. 9. Beginn japanischer Truppenlandungen auf der Halbinsel Schantung, also auf neutralem chinesischen Gebiet.

5. 9. Beginn japanischer Luftangriffe auf die Festung.

23. 9. Beginn britischer Truppenlandungen auf der Halbinsel Schantung.

25. 9. Eindringen japanischer Hauptkräfte in das Schutzgebiet.

Die deutschen Kriegsschiffe geben ebenso wie S.M.S. *Kaiserin Elisabeth* weitgehend Artillerie und Mannschaften an die Festung ab. Der Kreuzer, S.M.S. *Jaguar* und *S 90* greifen in die Landkämpfe ein.

28. 9. Die Verteidiger müssen sich nach erbitterten Kämpfen bis zur Hauptverteidigungslinie zurückziehen. Völlige Einschließung der Festung. Japanische Kriegsschiffe greifen in die Landkämpfe ein.

28.–29. 9. S.M.S. *Cormoran, Iltis, Luchs, Taku* und *Lauting* werden durch Werftpersonal versenkt.

12. 10. Verlustreicher deutscher Ausfall bei Hisautsuntschuang.

17. 10. S.M.S. *S 90* versenkt aus der Blockadeflotte den Kleinen Kreuzer *Takatschio*. Da die Rückkehr in den Hafen nicht möglich ist, sprengt die Besatzung das Boot an der chinesischen Küste und geht in die Internierung.

29. 10. S.M.S. *Tiger* wird durch Werftpersonal versenkt.

2. 11. S.M.S. *Kaiserin Elisabeth* wird durch die Besatzung versenkt, es sinkt mit wehenden Flaggen auf 57 m Tiefe um 2.55.

6. 11. Oberleutnant zur See Plüschow verläßt mit seinem Flugzeug Tsingtau, um Berichte, Briefe und die Spitze der Fahnen des III. Seebataillons in das neutrale Ausland zu bringen. Er erreicht am 13. 7. 1915 die Heimat.

Ein von Linienschiffsleutnant Klobucar-Rukavina v. Bunic auf der Werft konstruiertes Flugzeug wird nicht mehr rechtzeitig fertig.

6.–7. 11. S.M.S. *Jaguar* wird als letztes der an der Verteidigung der Festung beteiligten Kriegsschiffe von der Besatzung versenkt.

7. 11. Nach Erschöpfung aller Verteidigungsmittel bietet der Gouverneur Übergabeverhandlungen für die nunmehr offene Stadt an. Die Japaner gehen darauf ein.

14. 11. Der Gouverneur verläßt als letzter der Besatzung das Schutzgebiet.

Stärke der deutschen Festungsbesatzung: 4680 Mann

Verluste der Festungsbesatzung: Deutsche 189 Tote, 500 Verwundete. Österreich-Ungarn je 10 Tote und Verwundete.

Stärke des japanischen Belagerungsheeres: 53 000 Mann (einschl. 1500 Briten)

Kriegsschiffe für die Festungsverteidigung:

1 Kleiner Kreuzer

2 Kanonenboote

2 Torpedoboote

1 Minenleger

Blockadeflotte: 4 Linienschiffe (einschl. 1 britisches)

2 Küstenpanzer

3 Panzerkreuzer

8 Kleine Kreuzer

2 Kanonenboote

11 Zerstörer und Torpedoboote

9 Troßschiffe

Dez. 1914–
Jan. 1915

Hauptmann i. G. Freiherr Rabe von Pappenheim und Unteroffizier d. R. im III. Seebataillon Professor Pferdekämper unternehmen mit 6 Begleitern von Peking aus eine Expedition quer durch die Innere Mongolei zur Sprengung der transsibirischen Eisenbahnlinie. Im Operationsgebiet werden sie von Eingeborenen überfallen und getötet.

1917 20. 3.

China beschlagnahmt in Nanking S.M.S. *Vaterland* und *Otter* und reiht sie als *Li Sui* und *Li Tscheh* in seine Marine ein.

21. 3.

S.M.S. *Tsingtau* wird in Kanton von der eigenen Besatzung gesprengt.

Die Wachkommandos der Flußkanonenboote, je 2 Obermaate, sowie je 2 Obermatrosen werden von den Chinesen zusammen mit der Gesandtschaftswache in Peking = 1 Feldwebel, 50 Seesoldaten vom III. Seebataillon, im Sommersitz des Prinzen Tsai-toa bei Peking interniert.

Deutsch-Ostafrika

1914 31. 7.

S.M.S. *Königsberg* verläßt auf die Nachricht von militärischen Vorbereitungen auf der Insel Sansibar Daressalam, um die Bewegungsfreiheit zu behalten und im Kriegsfalle Handelskrieg zu führen. Es begegnet 3 britischen Kleinen Kreuzern, die, obwohl noch kein Kriegszustand besteht, die allerdings vergebliche Verfolgung aufnehmen. S.M.S. *Möwe* übernimmt die Regelung des Nachschubes für den Kreuzer.

7. 8.

S.M.S. *Königsberg* übernimmt vom Dampfer *Zieten* die auf S.M.S. *Planet* abgelösten Mannschaften in Stärke von 98 Mann.

8. 8.

Großbritannien eröffnet unter Mißachtung der Kongo-Akte von 1885 mit der Beschießung von Daressalam die Kampfhandlungen gegen Deutsch-Ostafrika.

S.M.S *Möwe* wird während der britischen Beschießung Daressalams von der eigenen Besatzung versenkt.

12. 8.

Ein Vortrupp S.M.S. *Möwe* bemannt in Kigoma (Tanganjika-See) den Gouvernementsdampfer *Hedwig von Wißmann* und armiert ihn mit 3 Revolverkanonen 3,7 cm.

13. 8. Der britische armierte Dampfer *Gwendolen* nimmt in Sphinx-Hafen (Njassa-See) die Besatzung des Gouvernementsdampfers *Hermann von Wißmann*, der vom Kriegsausbruch noch nichts weiß, gefangen und macht diesen einzigen deutschen Dampfer auf dem See unbrauchbar.

23. 8. *Hedwig von Wißmann* greift den überlegenen belgischen Dampfer *Alexandre Delcommune* vor der Lukuga-Mündung an und zwingt ihn, sich auf Grund zu setzen.
Der britische Kleine Kreuzer *Pegasus* beschießt Bagamojo.
S.M.S. *Königsberg* verläßt den nördlichen Indik, wo keine Erfolgsaussichten auf Handelskrieg bestehen, und geht in die Gewässer um Madagaskar.

30. 8. Die Besatzung S.M.S *Möwe* trifft in Kigoma ein. Der Kommandant Korvettenkapitän Zimmer wird Befehlshaber am Tanganjika- und Kiwu-See.

3. 9. S.M.S. *Königsberg* läuft zur Überholung der Antriebsanlage in die Rufiji-Mündung ein.

18. 9. Das einzige auf dem Kiwu-See vorhandene armierte deutsche Motorboot erobert eines der beiden belgischen Boote.

19.–22. 9. Das deutsche Motorboot auf dem Kiwu-See greift in die Landkämpfe ein und erbeutet das zweite belgische Boot.

20. 9. S.M.S. *Königsberg* vernichtet im Hafen von Sansibar den britischen Kleinen Kreuzer *Pegasus* und beschießt die Funkstation. Danach läuft es zur Beendigung der Reparatur in den Rufiji zurück.

26. 9. Errichtung der Abteilung Delta mit dem armierten Gouvernementsdampfer *Rovuma* und dem Zollkreuzer *Wami* zur Sicherung der Mündungsarme des Rufiji.

5. 10. Das armierte Motorboot *Peter* beschießt belgische Stellungen bei Baraka (Tanganjika-See).
Ein Landungstrupp der *Hedwig von Wißmann* beschädigt den bei Albertville aufgeslipt liegenden belgischen Dampfer *Alexandre Delcommune* durch Sprengladungen.

19. 10. *Hedwig von Wißmann* greift in die Landkämpfe am Nordufer des Tanganjika-See ein.

22. 10. Deutsche Seestreitkräfte zerstören den belgischen Dampfer *Alexandre Delcommune* durch Geschützfeuer vollends.

30. 10. Britische Seestreitkräfte entdecken den Liegeplatz S.M.S. *Königsberg* in Rufiji-Mündungsdelta.

2. 11. Britische Seestreitkräfte beginnen mit der Beschießung S.M.S. *Königsberg*.

10. 11.	Vergeblicher britischer Versuch, in die Rufiji-Mündung einzudringen. Indienststellung des von Daressalam nach Kigoma überführten armierten Zollkreuzers *Kingani*.
18. 11.	Deutsche Seestreitkräfte zerstören bei Kituta (Tanganjika-See) den aufgeslipten britischen Dampfer *Good News*.
20. 11.	Deutsche Seestreitkräfte zerstören bei Kasakalawe den aufgeslipten britischen Dampfer *Cecil Rhodes*. Damit besitzen sie die absolute Herrschaft auf dem Tanganjika-See.
22. 11.	Die Briten setzen Flugzeuge zur Beobachtung S.M.S. *Königsberg* ein.
10. 12.	Die Abteilung Delta schießt über der Rufiji-Mündung ein britisches Flugzeug ab.
23. 12.	Erneuter vergeblicher Versuch der Briten, in die Rufiji-Mündung einzudringen.
1914 Dez. – Dez. 1915	Die deutschen Seestreitkräfte auf dem Tanganjika-See greifen wiederholt britische und belgische Landstellungen an, unterstützen die Operation der Schutztruppe durch Artilleriefeuer und Transport von Truppen und Material.
1915 6. 2.	Der von den Briten in neutralen portugiesischen Gewässern aufgebrachte deutsche Dampfer *Adjutant* wird bei dem Versuch, unter britischer Flagge in die Rufiji-Mündung einzudringen, von der Abteilung Delta zur Übergabe gezwungen.
6. 3.	Auf dem Victoria-See sinkt der armierte Dampfer *Muansa* vor Nasaro im Feuer des überlegenen britischen Dampfers *Winifred*. Er wird am nächsten Tage von seiner Besatzung geborgen und später instandgesetzt.
11. 4.	Der am 6. 2. erbeutete Dampfer *Adjutant* wird als Hilfskriegsschiff in Dienst gestellt.
14. 4.	Das vom Admiralstab mit Waffen und Material für S.M.S. *Königsberg* und die Schutztruppe entsandte Hilfsschiff *Rubens* läuft in die Mansa-Bucht ein. Es wird dort von britischen Kriegsschiffen beschossen und von der eigenen Besatzung bis zum Oberdeck versenkt. Die Ladung wird zum größten Teil geborgen.
1. 5.	S.M.S. *Königsberg* stellt sein Landungskorps der Kaiserlichen Schutztruppe zur Verfügung.
5. 6.	Das Hilfskriegsschiff *Wami* versucht vergeblich einen Torpedoangriff auf die Blockadeflotte vor der Rufiji-Mündung.
9. 6.	In Kigoma stellt der neue Gouvernementsdampfer *Graf Götzen* in Dienst.
6. 7.	Beginn des allgemeinen Angriffs der Blockadeflotte auf S.M.S. *Königsberg*.

11. 7.	S.M.S. *Königsberg* wird nach schweren Treffern, großflächigen Bränden und nach Ausfall aller Geschütze von der eigenen Besatzung gesprengt. Der Kommandant stellt die Besatzung für die Verteidigung des Schutzgebietes zur Verfügung.
12. 7.–18. 9.	Bergung alles verwendbaren Materials aus dem Kreuzer für die Landkriegführung.
14. 7.	Britische Landstreitkräfte besetzen Muansa. Die deutschen Schiffe werden vorher von ihren Besatzungen versenkt. Die deutsche Flagge verschwindet für immer vom Victoria-See.
1. 10.	Errichtung des Kommandos der Marinetruppen unter Fregattenkapitän Looff.
9.–10. 10.	Das Hilfstorpedofahrzeug *Wami* bricht vom Rufiji nach Daressalam durch.
1. 11.	Fregattenkapitän Looff wird »Ostbefehlshaber« für den Küstenbereich und Chef der Etappenleitung für das ganze Schutzgebiet.
26. 12.	Das Hilfskriegsschiff *Kingani* gerät im Gefecht mit den neu herangeführten britischen Kanonenbooten *Mimi* und *Toutou*, sowie dem belgischen Dampfer *Dix Tonnes* bei Ngubwa in die Hände der Gegner und wird von den Briten Anfang 1916 unter dem Namen *Fifi* in Dienst gestellt.
1916 9. 2.	Untergang der *Hedwig von Wißmann* im Gefecht mit überlegenen britischen und belgischen Seestreitkräften bei Kap Kungwe.
19. 2.	Das Hilfskriegsschiff *Adjutant* bricht vom Rufiji nach Daressalam durch und wird nach Kigoma überführt.
9. 3.	Kriegsausbruch zwischen Deutschland und Portugal.
16. 3.	Als zweites Hilfsschiff mit Waffen und Material für Deutsch-Ostafrika läuft der Dampfer *Marie* in die Ssudi-Bucht ein. Die Ladung wird trotz Beschießung durch britische Kriegsschiffe geborgen.
14. 4.	Das deutsche Motorboot auf dem Kiwu-See wird von überlegenen belgischen Einheiten erobert.
22. 4.	Der Dampfer *Marie* läuft aus der Ssudi-Bucht aus und erreicht 20 Tage später Batavia (Java).
Anfang Mai	Indienststellung des von Daressalam überführten Zollkreuzers *Wami* in Kigoma.
12. 5.	Die deutschen Truppen verlassen den Kiwu-See. Damit verschwindet die deutsche Flagge für immer von diesem See.
6. 6.	Beginn belgischer Luftangriffe auf Kigoma.
20. 7.	Räumung Kigomas durch die Abteilung Möwe auf Befehl des Kommandeurs der Schutztruppe, nachdem *Adjutant* ausgeglüht und *Graf Götzen* versenkt worden ist.

24. 7.	Gefecht der Abteilung Möwe bei Kasulu nordöstlich Kigoma.
	Gefecht der Abteilung Königsberg bei Malangale (Uhehe).
27. 7.	Wami verläßt Kigoma mit den letzten Truppen und Material und versenkt sich nach deren Ausschiffung weiter südlich selbst. Damit verschwindet die deutsche Flagge für immer vom Tanganjika-See.
28. 7.	Zweites Gefecht der Abteilung Möwe bei Kasulu.
12.–13. 8.	Gefecht der Abteilung Möwe am Malagarassi.
4. 9.	Die Stammabteilung Königsberg verläßt Daressalam.
6. 9.	Gefecht der Feldabteilung Königsberg bei Dabaga (Uhehe).
8. 9.	Auflösung der Abteilung Möwe.
9. 9.	Auflösung der Feldabteilung Königsberg.
19. 9.	Kapitän zur See Looff wird Südbefehlshaber mit der Aufgabe, die zum Angriff auf Deutsch-Ostafrika angetretenen Portugiesen abzuwehren.
27. 11.	Siegreiches Gefecht der Truppen des Südbefehlshabers gegen weit überlegene portugiesische Truppen bei Newala.
Anfang Dez.	Alle in Deutsch-Ostafrika eingedrungenen portugiesischen Truppen sind über den Rowuma zurückgedrängt und zu neuen Angriffen nicht mehr fähig.
1917 20. 11.	Auflösung des Kommandos der Marinetruppen. Kapitän zur See Looff und Korvettenkapitän Zimmer werden schwer erkrankt den Briten übergeben.
21. 11.	Das Marineluftschiff L 59 verläßt den Flughafen Jamboli in Bulgarien, um der Schutztruppe Rüstungsmaterial zu überbringen. Es wird über dem Sudan zurückgerufen, da der Admiralstab nach Informationen des Reichskolonialamtes glaubt, die Schutztruppe befinde sich in einer hoffnungslosen Lage.
25. 11.	Die Reste der Schutztruppe, darunter 60 Mann Marinetruppen, überschreiten den Rowuma, um in Portugiesisch-Ostafrika den Kampf fortzusetzen und möglichst viele gegnerische Kräfte zu binden.
28. 11.	Der Rest der Stammabteilung Königsberg gerät im Verband der Westabteilung der Schutztruppe am Rowuma in britische Gefangenschaft.
1918 28. 9.	Die Schutztruppe, darunter 38 Mann Marinetruppen, kehrt nach Deutsch-Ostafrika zurück.
21. 10.	Die Schutztruppe marschiert in Britisch-Rhodesien ein.
13. 11.	Einstellung der Kampfhandlungen in Ostafrika gemäß dem in Europa abgeschlossenen Waffenstillstand. Vertragswidrige Gefangensetzung der deutschen Soldaten durch die Briten.

1919 1. 3.   Der Rest der weißen Soldaten der Schutztruppe unter Generalmajor von Lettow-Vorbeck und 31 Mann Marinetruppen unter Kapitän zur See Looff ziehen in Berlin ein.

Kamerun

1914 6. 8.   Frankreich beginnt unter Mißachtung der Bestimmungen der Kongo-Akte von 1885, wonach Mittelafrika aus europäischen Kriegen herauszuhalten ist, mit dem Angriff auf Kamerun.

August   Die Gouvernementsdampfer *Nachtigal*, *Herzogin Elisabeth* und *Soden* stellen als Hilfskriegsschiffe in Dienst. Sie haben die Aufgabe, zusammen mit einigen kleinen Fahrzeugen die Landung feindlicher Truppen im Mündungsgebiet des Kamerun-Flusses solange wie möglich zu verhindern.

4. 9.   Gefecht des Hilfskriegsschiffes *Nachtigal* gegen britische Kriegsschiffe vor Victoria.

14. 9.   Vergeblicher Angriff behelfsmäßig hergestellter Schlepptorpedos auf das britische Kanonenboot *Dwarf*.

16. 9.   Das Hilfskriegsschiff *Nachtigal* rammt in einem Mündungsarm des Kamerun-Flusses das weit überlegene britische Kanonenboot *Dwarf* und beschädigt es schwer, sinkt aber im Geschützfeuer des Gegners. Sein Fockmast wird nach dem Kriege geborgen und 1931 in Frankfurt/Oder aufgestellt. Er stand dort bis 1945.

27. 9.   Das Hilfskriegsschiff *Herzogin Elisabeth* wird von der eigenen Besatzung im Wuri-Fluß versenkt.

Kriegsende

1918 12. 11.   Gründung der Marine-Offizier-Hilfe, die 1921 in Marine-Offizier-Verband, 1938 in Marine-Offizier-Hilfe umbenannt, 1966 in Marine-Offizier-Vereinigung und Marine-Offizier-Hilfe aufgegliedert wird.

15. 11.   Der Admiralstab wird dem Reichsmarineamt unterstellt. Konteradmiral Meurer trifft auf S.M.S. *Königsberg* im Firth of Forth ein, um die Durchführung des Artikels 23 der Waffenstillstandsbedingungen mit dem britischen Flottenchef Admiral Sir Beatty zu vereinbaren. Auf den Funkspruch, der Kreuzer würde um 4.00 nachm. an dem vereinbarten Treffpunkt stehen, antwortet Beatty, seine Schiffe hätten Befehl, den Kreuzer beim Zusammentreffen sofort zu versenken, sofern auch nur das geringste rote Abzeichen sichtbar wäre. Nach dem Ankern im Firth of Forth erklärt der

britische Parlamentäroffizier beim Betreten des Kreuzers im Auftrage seines Flottenchefs, dieser lehne jegliche Verhandlung mit den an Bord befindlichen 6 Vertretern des Obersten Soldatenrates ab.

18. 11.   Auslaufen der ersten 20 von 122 laut Waffenstillstandsvertrag auszuliefernden U-Boote nach Harwich.

19. 11.   Der Überführungsverband unter Konteradmiral von Reuter, 11 Linienschiffe, 5 Panzerkreuzer, 8 Kleine Kreuzer, 50 Torpedoboote, verläßt die Heimat. Liegehafen ist entgegen den Waffenstillstandsbedingungen, die einen neutralen Staat vorsehen, die Bucht von Scapa Flow. Auf dem Wege dorthin sinkt das Torpedoboot *V 30* nach einem Minentreffer.

22. 11.   Dr. Ing. Reimpell stellt nach eingehenden Vorarbeiten in der Technischen Hochschule Berlin in seiner Dissertation »Die Unterbringung von Flugzeugen an Bord«, die technische Möglichkeit dar, den in Hamburg unfertig am Kai liegenden italienischen Dampfer *Ausonia* zu einem Flugzeugschiff, kombiniert als Träger im heutigen Sinne und für Seeflugzeuge, umzubauen. Erstes deutsches Flugzeugträger-Projekt.

28. 11.   Kaiser Wilhelm II. entbindet in seiner Abdankungsurkunde Offiziere, Unteroffiziere und Mannschaften ihres Treueides.

27. 12.   Der sozialdemokratische Reichstagsabgeordnete Noske wird Reichswehrminister.

1919 Febr.   Bildung je einer Haff- und Flußflottille aus armierten Fahrzeugen in Labiau, Tilsit und Königsberg/Pr zum Einsatz gegen kommunistische Aufstände und bolschewistische Angriffe. Auflösung 1. 10. 1919.

13. 2.   Der Chef der Marinestation der Nordsee ruft auf Weisung der Regierung zur Meldung von Freiwilligen für eine Marine-Brigade Wilhelmshaven auf.

17. 2.   Der Chef der Marinestation der Nordsee beauftragt Korvettenkapitän Ehrhardt mit der Bildung der Marine-Brigade Wilhelmshaven. Diese erreicht im April eine Stärke von 1200 Mann und ist gegliedert in je eine Offiziers-, Fähnrichs- und Aspiranten-Kompanie, später in 3. und 4. Marineregiment = 2. Marinebrigade.
Vizeadmiral Rogge wird Chef des Reichsmarineamtes.

15. 3.   Das U-Boot *UC 48* wird vor dem spanischen Internierungshafen Ferrol von der Besatzung versenkt, um die Auslieferung an die Entente zu vermeiden.

26. 3.   Vizeadmiral von Trotha wird Chef der neu errichteten Admiralität.

Frühjahr	Beginn der Minenräumarbeiten in der Nord- und Ostsee.

Frühjahr Beginn der Minenräumarbeiten in der Nord- und Ostsee.
Das Vermessungsschiff *Hyäne,* das Hilfsschiff *Triton,* später auch das zum Vermessungsschiff umgebaute Kanonenboot *Panther* beginnen zusammen mit einigen Peilbooten die Neuvermessung der deutschen Küstengewässer.
Bildung einer Weichselschutzflottille aus armierten Eisbrechern, Schraubendampfern, Raddampfern und Motorbooten mit den Stützpunkten Danzig und Thorn.

16. 4. Die Nationalversammlung in Weimar verabschiedet das Gesetz über die Bildung der »Vorläufigen Reichsmarine« mit Gültigkeit bis 31. 3. 1920. Daraufhin Neuorganisation:
Marinestation der Nordsee, Wilhelmshaven:
   Kreuzer *Königsberg, Graudenz*
   I. (Eiserne) Torpedobootsflottille
   Seefliegerabteilung
   Minensuch- und -räum-Flottillen
   2. Marinebrigade (Ehrhardt)
Marinestation der Ostsee, Kiel:
   Kreuzer *Regensburg*
   II. Torpedobootsflottille
   Seeflieger-Abteilung
   Minensuch- und -räum-Flottillen
   1. Marinebrigade (v. Roden und Eiserne Division)
   3. Marinebrigade (v. Loewenfeldt)

31. 5. Die in Scapa Flow internierten Kriegsschiffe setzen zum Gedenken an die Seeschlacht vor dem Skagerrak entgegen der Anordnung der Briten Flaggen der Kaiserlichen Marine.

21. 6. Die Besatzung der in Scapa Flow internierten Hochseeflotte versenken auf Befehl des Konteradmirals von Reuter ihre Schiffe mit gesetzten Flaggen der Kaiserlichen Marine, da
   sie von den Briten über die politische Entwicklung im unklaren gelassen werden,
   der Waffenstillstand am 20. 6. mittags abläuft und von da ab wieder Kriegszustand herrscht,
   Anzeichen für die völlige Beschlagnahme der Schiffe seitens der Briten bestehen,
   keine Aussicht besteht, auch nur eines der Schiffe in die Heimat zurückzuführen.
Der Kommandant S.M.S. *Markgraf* und 8 Mann werden von Briten getötet, die übrigen 1860 Mann in die Gefangenschaft abgeführt.

28. 6. Unterzeichnung des in Friedensvertragsform gekleideten Diktates für das Deutsche Reich in Versailles.

10. 9. Unterzeichnung des in Friedensvertragsform gekleideten Diktates für Österreich in St. Germain.

Während des ersten Weltkrieges sinken vor dem Feind:

Deutsches Reich: 1 Linienschiff, 7 Große Kreuzer, 17 Kleine Kreuzer, 10 Kanonenboote, 110 Torpedoboote, 198 U-Boote, 29 Minensuchboote, 6 Spezialschiffe, 17 Hilfskreuzer, 170 Hilfsschiffe, 30 Marineluftschiffe, 170 Marineflugzeuge.

Österreich-Ungarn: 3 Schlachtschiffe, 2 Kleine Kreuzer, 4 Zerstörer, 2 Torpedoboote, 7 U-Boote, 47 Marineflugzeuge.

Die Reichsmarine und die Kriegsmarine vom Ende des Ersten bis zum Beginn des Zweiten Weltkrieges 1919–1939

1919 15. 7.   Erlaß des Reichspräsidenten, wonach das Reichsmarineamt, verbunden mit der bisherigen Admiralität, die Bezeichnung »Admiralität« erhält. Sie ist die oberste Kommando- und Verwaltungsbehörde der Reichsmarine.

2. 11.   Das Hilfskanonenboot *Möwe* der Weichselschutzflottille zwingt den über die Grenze vorgestoßenen polnischen armierten Dampfer *Rozycki* bei Schillno zur Streichung der Flagge. Letztes Seegefecht unter der Kriegsflagge der Kaiserlichen Marine.

1920–1926   Das Vermessungsschiff *Panther* führt Untersuchungen der Gezeitenbewegungen in der offenen Nordsee durch.

1920 7. 1.   Der 1857 von Stapel gelaufene Aviso *Grille*, das langlebigste Kriegsschiff der Marine, wird aus der Liste der Kriegsschiffe gestrichen.

27. 1.   Die Weichselschutzflottille verläßt ihren Einsatzraum und läuft über Danzig nach Pillau.

10. 3.   Die Feuerwerks- und Torpedooffiziere werden in das Zivilbeamtenverhältnis überführt.

27. 3.   Vizeadmiral Michaelis wird Chef der Admiralität, Dr. Geßler Reichswehrminister.

31. 3.   Heimkehr der Besatzungen der in Scapa Flow versenkten Kriegsschiffe.

15. 4.   Auflösung der Weichselschutzflottille.

12. 5.   Die 2. Marinebrigade (Brigade Ehrhardt) wird in die Schiffsstammdivision der Nordsee umgewandelt. Auch die 1. und 3. Marinebrigade werden nach und nach in andere Marineeinheiten umgewandelt.
Die 1919 aufgestellten Freiwilligen-Verbände der Marine fanden vielfältige Verwendung. Sie wurden zur Niederschlagung von Kommunistenaufständen im Reich und gegen den Terror polnischer Insurgenten zur gewaltsamen Beeinflussung der Abstimmung in Oberschlesien eingesetzt. Die Brigade Ehrhardt war auch in den Kapp-Putsch verwickelt.

31. 8.   Admiral Behnke wird Chef der am 15. in »Marineleitung« umbenannten Admiralität.

| 1921 | 1. 1. | Die Sanitätsoffiziere der Reichsmarine erhalten die vollen Offiziersrechte und bilden kein besonderes Korps mehr. |

1921 1. 1. Die Sanitätsoffiziere der Reichsmarine erhalten die vollen Offiziersrechte und bilden kein besonderes Korps mehr.

23. 3. Der Reichstag verabschiedet das neue Wehrgesetz, das auch die Bildung der endgültigen Reichsmarine beinhaltet.

Der Vertrag von Versailles begrenzt die Stärke der Reichsmarine auf je 6 Linienschiffe und Kleine Kreuzer, 24 Torpedofahrzeuge, dazu wenige Reserve-Einheiten, 1000 Offiziere, 14 000 Mannschaftsdienstgrade und schreibt als Dienstzeit für Offiziere 25 Jahre, für Unteroffiziere und Mannschaften 12 Jahre vor.

Aufgaben der Reichsmarine:

Ausbildung mit Ziel:

Verteidigung der deutschen Küsten

Abwehr von Blockademaßnahmen

Sicherstellung der Seeverbindung nach Ostpreußen

Schutz der deutschen Ostseeinteressen

Auslandsreisen:

zur seemännisch-militärischen Schulung der Besatzungen

zu Kontakten mit den Auslandsdeutschen

zur Entkräftung der Propaganda der ehemaligen Gegner

Der Handelsmarine nutzend und helfend zur Seite stehen

See- und Küstenvermessungen

Nautisch-wissenschaftliche Arbeiten

Beseitigung von Seeminen

1921 Juli–Aug. *Hamburg* und 2 Minensuchflottillen beseitigen Minensperren im Nördlichen Eismeer. Das von einem russischen Küstenfort an der Kola-Bucht eröffnete Feuer wird erwidert.

1922 Drei deutsche Werften gründen in Den Haag die N.V.-Ingenieurskontoor vor Scheepsbouw zur Weiterentwicklung der deutschen U-Boots-Typen.

1. 1. Die von der Reichsmarine bisher geführte Kriegsflagge der Kaiserlichen Marine wird durch eine schwarz-weiß-rote mit Eisernem Kreuz in der Mitte und liekseitiger schwarz-rot-goldener Ecke ersetzt.

Januar Erlaß der Marineleitung über die berufswissenschaftliche Weiterbildung der Marineoffiziere anstelle der 1914 geschlossenen und gemäß dem Vertrag von Versailles aufgelösten Marineakademie.

Medusa leistet Handelsschiffen im Rigaischen Meerbusen Eishilfe.

Februar *Hamburg* und *Arcona* sowie *Hay* leisten Handelsschiffen

	im Kattegatt, in der westlichen und mittleren Ostsee sowie im Rigaischen Meerbusen Eishilfe.
März	*Hannover* leistet Handelsschiffen im Rigaischen Meerbusen Eishilfe.
Frühjahr	Ein Dampfer birgt im Frühjahr 1915 vor der Südostküste Brasiliens die Leiche eines Matrosen S.M.S. *Scharnhorst*, an der eine 21 cm-Kartuschbüchse befestigt ist. Diese enthält die laut der Klarschiffrolle im achteren Turm aufbewahrte Reserve-Toppflagge. Durch Sammlungen wird die verlangte Kaufsumme von £ 300,– aufgebracht und die Kriegsflagge der Marineleitung übergeben. Diese überweist sie dem Museum für Meereskunde in Berlin, wo sie unter der Ehrenwand im Lichthof aufgestellt wird. Seit Kriegsende 1945 ist die Flagge verschollen.
Sommer	Die Reichsmarine beginnt mit Auslandsreisen der Kriegsschiffe. *Braunschweig, Hamburg, Arcona* und die II. Torpedobootsflottille besuchen Norwegen und knüpfen damit an die Sommerreisen der Hochseeflotte an. *Hannover* und *Medusa* besuchen finnische und estnische, *Hannover* und *Berlin* schwedische Häfen.
2. 7.	*Berlin* stellt als erstes Schulschiff der Marine nach dem Kriege in Dienst.
Okt.	Beendigung der Minenräumarbeiten in Nord- und Ostsee.
1923 30. 4.	Indienststellung des Segelschulschiffes *Niobe* für die Ausbildung der Seekadetten und Unteroffizierschüler.
Sommer	*Berlin* nimmt in der Nordsee Untersuchungen zur Ermittlung des Wasserhaushaltes der nördlichen Erdhälfte vor.
Okt.	Bildung der Kommandostelle »Oberbefehlshaber der Seestreitkräfte« unter Vizeadmiral Zenker.
1924 17. 1.	*Berlin* tritt als erstes Kriegsschiff nach dem Kriege eine Überseereise über die Enge Dover-Calais hinaus an, und zwar nach den Kanarischen Inseln.
Sommer	Die Reichsmarine stellt erstmalig nach dem Kriege ein Spezialfahrzeug für den Fischereischutz in Dienst (*Zieten*).
1. 10.	Admiral Zenker wird Chef der Marineleitung, Vizeadmiral Mommsen Flottenchef (Umbenennung der bisherigen Kommandostelle »Oberbefehlshaber der Seestreitkräfte«).
1925	Bildung der ersten Minensuch-Halbflottille. Bildung eines U-Boot-Referates im Marinekommandoamt aus inaktiven Offizieren.
7. 1.	Stapellauf des Kreuzers *Emden*, des ersten Neubaus der Reichsmarine nach dem Kriege auf der Marinewerft Wilhelmshaven. Erstmalige Anwendung des Schweißverfahrens

im deutschen Kriegsschiffbau anstelle der Vernietung. Erzielung einer wesentlichen Gewichtseinsparung. Der Bau basiert auf Vorarbeiten aus dem ersten Weltkrieg.

Febr./März   *Braunschweig* befreit in der Ostsee 44, *Medusa* 10 Seeschiffe aus Eisnot.

16. 4.   Beginn der Deutschen Atlantischen Expedition auf dem als Kanonenboot begonnenen und als Vermessungsschiff fertiggebauten *Meteor* unter Korvettenkapitän Spiess, die von Reichsmarine und Notgemeinschaft der deutschen Wissenschaft gemeinsam veranstaltet wird. Wissenschaftlicher Leiter Professor Dr. Merz, nach dessen Tode der Kommandant. Aufgaben: Systematische physikalische, chemische, biologische, geologische und morphologische Erforschung des südlichen Atlantiks; Untersuchung seiner Lufthülle. Leistungen (u. a.): 14 Überquerungen des Atlantiks, Gesamtfahrstrecke 67 535 sm, 310 Beobachtungsstationen, 67 000 Tiefsee-Echolotungen. Dauer 777 Tage. Die Expedition ist eine der bedeutendsten in der Geschichte der Erforschung der Meere.

Sommer   *Berlin* untersucht auf der Großen Fischbank in der Nordsee den Einfluß der Gezeitenbewegung.

9. 9.   *Berlin* beginnt eine Ausbildungsreise rund um Südamerika.

Herbst   *Zieten* holt die Forschungsexpedition Grotewahl von Spitzbergen ab.

1926 Jan.   *Hessen* führt eine schwierige Hilfsaktion für im Finnischen Meerbusen vom Eis eingeschlossene Frachter durch.

14. 2.   *Hamburg* beginnt als erstes deutsches Kriegsschiff nach dem Kriege eine bis 1927 dauernde Erdumsegelung.

24. 3.   Stapellauf des ersten Torpedoboot-Neubaus der Reichsmarine nach dem Kriege *Möwe* auf der Marinewerft Wilhelmshaven.

Mai–Juni   Ausbildungsreise der Flotte nach Spanien und in das Mittelmeer.

Aug.–Sept.   Forschungsfahrt des Fischereischutzbootes *Zieten* in das Seegebiet vor der Murmanküste.

14. 11.   *Emden* beginnt eine Erdumsegelung, die bis zum März 1928 dauert. Sie entdeckt dabei östlich Mindanão die bis dahin größte bekannte Meerestiefe von 10 793 m. Diese erhält die Bezeichnung »Emden-Tief«.

1927   Einrichtung von U-Boot-Kursen für ältere Fähnriche zur See. Erstellung einer Ausbildungsinstruktion für U-Boot-Ingenieure. Beginn systematischer Ausbildung von Führergehilfen anstelle der im Vertrag von Versailles verbotenen

	Marineakademie. Indienststellung des ersten ferngelenkten Zielschiffes, des ehemaligen Linienschiffes *Zähringen*. Zugehöriges Fernlenkboot ist der Schnellschlepper *Blitz* ex Torpedoboot *S 141*.
März–Juni	Ausbildungsreise der Flotte nach Spanien, Portugal und in den Nordatlantik.
26. 3.	Stapellauf des Kreuzers *Königsberg*, der als erstes deutsches Kriegsschiff schnellaufende Dieselmotore in die Antriebsanlage eingebaut und Geschützaufstellung in Drillingstürmen erhält. Bauwerft: Marinewerft Wilhelmshaven.
April	*Zieten* untersucht die Fischereigründe in der Barents-See, nachdem sie eine Expedition zur Erforschung der höheren Luftschichten über dem Polarmeer nach Island gebracht hat.
31. 5.	Die Reichsmarine stellt zum ersten Male am Skagerrak-Tag die Ehrenwachen in Berlin.
2. 6.	Beendigung der Deutschen Atlantischen Expedition.
Juli	Als erste deutsche Kriegsschiffe nach dem Kriege besuchen *Hessen* und 1 Torpedoboot die Freie- und Hansestadt Danzig.
1. 10.	Vizeadmiral Oldekop wird Flottenchef.
1. 12.	*Berlin* beginnt eine Reise nach Ostasien und Australien, die bis zum März 1929 dauert. Damit endet die rund 25jährige Dienstzeit dieses Schiffes.
1928 Jan.	Generalleutnant a. D. Dr. Groener wird Reichswehrminister.
21. 2.	Großadmiral von Köster, der »Exerziermeister« der Kaiserlichen Marine gestorben.
Sommer	Die *Meteor* untersucht zwischen Island und Grönland die oberen Luftschichten und nimmt Versuche zur Wettertelegraphie vor.
1. 10.	Admiral Dr. phil. h. c. Raeder wird Chef der Marineleitung.
26. 11.	Admiral Scheer, der deutsche Flottenchef während der Skagerrak-Schlacht, gestorben.
5. 12.	*Emden* beginnt eine weitere Erdumsegelung.
1929 13.–27. 8.	*Meteor* führt ozeanographische Untersuchungen in den isländischen Gewässern durch.
1930	Beginn systematischer U-Boot-Lehrgänge. Stapellauf der ersten Torpedo-Schnellboote der Reichsmarine.
6. 3.	Großadmiral von Tirpitz, der Schöpfer der Hochseeflotte, gestorben.
16. 7.–28. 8.	*Meteor* nimmt ozeanographische Untersuchungen in der Dänemark-Straße und in der Irminger-See vor.
1931 19. 5.	Stapellauf des ersten nach den Bestimmungen des Vertrages

von Versailles gebauten Panzerschiffes *Deutschland*. Grundsätzliche Eigenschaften: Kampfkräftiger als die gleich schnellen, schneller als die kampfkräftigeren Schiffe der anderen Seemächte. Bauwerft: Deutsche Werke, Kiel.

1. 10.	Vizeadmiral Gladisch wird Flottenchef.
1932 Juni	Generalleutnant Schleicher wird Reichswehrminister.
26. 7.	Untergang der *Niobe* in einer plötzlich aufgetretenen Sturmbö im Fehmarn-Belt. 69 Mann, darunter der größte Teil des jüngsten Seekadetten-Jahrgangs, finden den Tod.
15. 11.	Da die ehemaligen Gegner weder die sie betreffenden Abrüstungsvorschriften des Vertrages von Versailles durchführen, noch die Abrüstungskonferenz in Genf entsprechende Ergebnisse erzielt, genehmigt die Reichsregierung den von der Reichsmarine aufgestellten Umbauplan, der u. a. den Bau von 16 U-Booten bis 1938 sowie von Marineflugzeugen vorsieht.
Anf. 1933	Kommandierung von Marine-Attachés an die Botschaften in London, Paris und Washington.
30. 1.	Generaloberst von Blomberg wird Reichswehrminister.
14. 3.	Die schwarz-rot-goldene Ecke in der Kriegsflagge entfällt gemäß einer Verordnung des Reichspräsidenten.
20. 3.–4. 4.	*Meteor* nimmt ozeanographische Untersuchungen zwischen Grönland und Island vor.
3. 5.	Stapellauf des Segelschulschiffes *Gorch Fock*, des Ersatzbaus für die untergegangene *Niobe* bei Blohm & Voß, Hamburg. Den finanziellen Grundstock hat der Flottenbund deutscher Frauen gelegt.
1. 10.	Vizeadmiral Foerster wird Flottenchef. Errichtung der U-Boot-Schule Kiel-Wik.
Herbst	Seit 1919 haben deutsche Vermessungsschiffe und Peilboote in der Nord- und Ostsee über 27 000 qsm nautisch vermessen. Seit 1925 haben deutsche Kriegsschiffe im Atlantik, Indik, Pazifik, und Roten Meer über 97 000 Tiefseelotungen mit dem Echolot durchgeführt.
24. 12.	Den Marinejustizbeamten werden Offizierränge verliehen.
1934 20. 3.	Der Reichmarine gelingen die ersten Versuche der Erde zur Streckenmessung vermittels elektromagnetischer Wellen (Radar). Ein Wärmegerät für die Seitenpeilung wird bis 1945 nicht mehr frontreif.
12. 8.	Vor dem finnischen Hafen Lovisa wird ein Denkmal zu Ehren des U-Bootes *UC 57* errichtet, das im November 1917 mit Rüstungsmaterial für das finnische Befreiungsheer in der Ostsee verschollen ist.

1935 5.–19. 3. *Meteor* nimmt ozeanographische Untersuchungen zwischen Grönland und Island vor.

16. 3. Inkrafttreten der Allgemeinen Wehrpflicht.

21. 3. Umbenennung der Reichsmarine in Kriegsmarine, der Marineleitung in Oberkommando der Kriegsmarine, des Chefs der Marineleitung in Oberbefehlshaber der Kriegsmarine.

1. 6. Neuerrichtung der Marine-Akademie.

15. 6. Stapellauf von *U 1* dem ersten U-Boots-Neubau der Kriegsmarine. Bauwerft Deutsche Werke, Kiel.

18. 6. Deutsch-britisches Flottenabkommen, das die Bindung an den Vertrag von Versailles aufhebt und die Gesamttonnage der deutschen Marine auf 35 Prozent der Großbritanniens festsetzt. Das Verhältnis gilt für alle Schiffsgattungen von 600 t aufwärts bis auf U-Boote, für die zunächst 45 Prozent, später gleichgroße Tonnage vereinbart wird. Verpflichtung deutscherseit, U-Bootkrieg nur nach Prisenordnung zu führen.

18. 8. Stapellauf des ersten Zerstörerneubaus der Kriegsmarine *Leberecht Maaß (Z 1)* bei den Deutschen Werken, Kiel.

7. 11. Einführung der neuen bis 1945 gültigen Kriegsflagge.

25. 11. Vizeadmiral Foerster nimmt als Vertreter der Kriegsmarine an der Beisetzung des britischen Admirals of The Fleet Jellicoe Viscount of Scapa teil. Er wird dadurch ausgezeichnet, daß er als einziger Ausländer im Trauerzug einen Platz an der Seite des Sarges erhält.

1936 20. 4. Beförderung des Admirals Dr. h. c. Raeder zum Generaladmiral, einem neu geschaffenen Dienstgrad entsprechend dem Generaloberst im Heer.

30. 5. Einweihung des aus Spenden erbauten Ehrenmals zum Gedenken an die im ersten Weltkrieg Gebliebenen der Marine in Laboe.

18. 7. In Spanien erhebt sich ein Teil der Bevölkerung unter Führung des Generals Franco gegen ihre »Volksfrontregierung«.

24. 7. Da die in Spanien ansässigen Ausländer gefährdet sind, verlegen die Seemächte zu deren Schutz Kriegsschiffe in die iberischen Gewässer. Deutschland entsendet unter dem Befehl des Konteradmirals Carls *Deutschland, Admiral Scheer* und *Köln,* denen am nächsten Tage die 2. Torpedobootsflottille folgt. In den darauffolgenden Monaten werden rund 15 000 Europäer von deutschen Kriegsschiffen aus dem rotspanischen Machtbereich in Sicherheit gebracht und Handelsschiffe geleitet. In der neuaufgestellten »Legion Condor« be-

teiligen sich auch Marineangehörige an der Unterstützung der Franco-Verbände. Der größte Teil der deutschen Kriegsschiffe wird abwechselnd in die spanischen Gewässer entsandt.

17. 8.   H.M.S. *Neptune* übergibt der Kriegsmarine in feierlicher Form die in Scapa Flow geborgene Schiffsglocke S.M.S. *Hindenburg*, die auf *Deutschland* eingebaut wird.

19. 8.   Rotspanische Kriegsschiffe hindern den deutschen Dampfer *Kamerun* nach Durchsuchung am Anlaufen von Cadiz.

3. 10.   Stapellauf des ersten Schlachtkreuzers *Scharnhorst* auf der Marinewerft Wilhelmshaven.

30. 11.   Untergang des U-Bootes *U 18* infolge Rammstoßes des Torpedobootes *T 156*.

28. 12.   Rotspanische Kriegsschiffe bringen den deutschen Dampfer *Palos* auf. Als Gegenmaßnahme werden die spanischen Dampfer *Aragón* und *Marta Junquera* beschlagnahmt.

1937 1. 1.   Beendigung der im Vertrag von Versailles festgelegten Internationalisierung des Nordostsee-Kanals.

19. 1.   Untergang des Versuchsbootes *Welle* im Orkan bei Fehmarn.

4. 2.–31. 5.   Die Deutsche Nordatlantische Expedition auf *Meteor* führt wissenschaftliche Arbeiten als Anschluß an die Forschungsfahrt 1925–27 durch.

6. 2.   Stapellauf des ersten Schweren Kreuzers der Kriegsmarine *Admiral Hipper* bei Blohm & Voß, Hamburg.

12. 3.   Beginn der systematischen Überwachung der spanischen Gewässer durch die Seemächte. Deutscher Kontrollbereich: Kap Orepesa – Kap de Gata.

2. 4.   Rüstringen wird in Wilhelmshaven eingemeindet, die Stadt lt. Reichsgesetz von Preußen an Oldenburg zurückgegeben.

29. 5.   Nach wiederholter Gefährdung europäischer Kriegsschiffe durch Bombenwürfe rotspanischer Flugzeuge erfolgt ein Bombenangriff auf die vor Ibiza ankernde *Deutschland*. Zwei Treffer verursachen Material- und Personalverluste (31 Tote).

31. 5.   *Admiral Scheer*, *Seeadler* und *Albatros* beschießen den befestigten rotspanischen Hafen Almería als Vergeltung für den Angriff auf die *Deutschland*.

15. 6.   Wirkungsloser Angriff eines rotspanischen U-Bootes auf die *Leipzig* nördlich Oran. Da trotz Wiederholung des Angriffes am 18. 6. seitens des Nichteinmischungsausschusses keine Gegenmaßnahmen beschlossen werden, tritt Deutschland von der internationalen Seeüberwachung zurück und beschränkt sich auf den Schutz der eigenen Interessen.
Beginn der Verringerung der in spanischen Gewässern kreu-

zenden deutschen Kriegsschiffe.

17. 7. Eine Schnellboots- und eine Räumbootsflottille unternehmen eine mehrwöchige Fahrt den Rhein aufwärts.

1. 10. Admiral Carls wird Flottenchef.

4. 11. Inkrafttreten der Ergänzung des Londoner Flottenabkommens vom 18. 6. 1935 (Mitteilung der beabsichtigten Neubauten an den Vertragspartner, Bau von jährlich 20 U-Booten).

1938 23. 3. Nach dem Anschluß Österreichs an das Deutsche Reich werden die Flußkriegsfahrzeuge auf der Donau zur Donau-Flottille der Kriegsmarine zusammengefaßt. Übernahme der Traditionspflege der k.u.k. österreichisch-ungarischen Marine durch die Kriegsmarine.

5. 5. Das von der Kriegsmarine ausgerüstete Forschungsschiff *Altair* beteiligt sich an der internationalen Golfstrom-Untersuchung.

22. 8. Stapellauf des Schweren Kreuzers *Prinz Eugen* auf der Germaniawerft Kiel in Gegenwart des Reichsverwesers des Königreichs Ungarn Konteradmiral Horthy de Nagybanya. Ursprünglich vorgesehener Name: *Tegetthoff*.

1. 10. Admiral Boehm wird Flottenchef.

8. 12. Stapellauf des ersten deutschen, im wesentlichen nach den Plänen des Marineoberbaurats Hadeler gebauten Flugzeugträgers *Graf Zeppelin* bei den Deutschen Werken, Kiel.

15. 12. Zurückziehung der deutschen Kriegsschiffe aus den spanischen Gewässern, nachdem General Franco die Regierungsgewalt über das ganze Land übernommen hat.

1939 Januar Beginn des Ausbaus der Kriegsmarine nach dem »Z-Plan«, der u. a. 10 Großkampfschiffe, 4 Flugzeugträger und 249 U-Boote vorsieht.

14. 2. Stapellauf des ersten Schlachtschiffes der Kriegsmarine *Bismarck* bei Blohm & Voß, Hamburg.

22. 3. Beteiligung von Einheiten der Kriegsmarine bei der Wiederbesetzung des 1923 von Litauen annektierten Memel-Gebietes.

1. 4. Beförderung des Generaladmirals Dr. h. c. Raeder zum Großadmiral.

28. 4. Das Deutsche Reich kündigt das Flottenabkommen mit Großbritannien mit der Begründung der von diesem betriebenen Einkreisungspolitik.

22. 5. Abschluß eines Militärbündnisses zwischen dem Deutschen Reich und Italien.

22. 7. Hitler versichert Großadmiral Dr. h. c. Raeder an Bord der

Grille vor Swinemünde, er würde dafür sorgen, daß es keinesfalls zu einem Kriege mit England käme, denn das wäre »Finis Germaniae«.

22. 8. Abschluß eines Nichtangriffspaktes zwischen dem Deutschen Reich und Rußland.

Die Operationen der Kriegsmarine im Zweiten Weltkrieg 1939-1945

1939 19. 8. Beginn der Entsendung deutscher U-Boote in den Nordatlantik auf Wartepositionen wegen der bedrohlichen politischen Lage.

21. 8. *Admiral Graf Spee* läuft in den Süd-Atlantik auf Warteposition aus.

24. 8. *Deutschland* läuft in den Nord-Atlantik auf Warteposition aus.

25. 8. Erste Warnung an die deutschen Handelsschiffe in Übersee.

27. 8. Weisung an die deutschen Handelsschiffe in Übersee, möglichst innerhalb der nächsten vier Tage Häfen in der Heimat oder in befreundeten oder neutralen Staaten zu erreichen.

1. 9. Beginn der militärischen Operationen gegen Polen unter Mitwirkung von Einheiten der Kriegsmarine. Beginn der Beschießung der von den Polen auf Danziger Gebiet widerrechtlich befestigten Westerplatte durch *Schleswig-Holstein*.

2. 9. Zerstörer-Angriff auf polnische Kriegsschiffe und Beschießung der Befestigungen auf der Halbinsel Hela.

3. 9. Kriegserklärung Großbritanniens und Frankreichs an das Deutsche Reich. Die Kriegsmarine muß nun gegen erheblich überlegene Seemächte Krieg führen, denn die ihr 1935 vertraglich zugestandene und nach dem Z-Plan vorgesehene Stärke kann erst 1948 erreicht sein.
Verhängung der gegnerischen Blockade über die deutschen Küsten.
Beginn des deutschen Handelskrieges nach Prisenordnung mit Über- und Unterwasserstreitkräften. An U-Booten stehen dafür zunächst nur 39 Stück zur Verfügung.
U 30 versenkt das britische Fahrgastschiff *Athenia*, da dieses wegen Zickzack- und Abgeblendet-Fahrens als Hilfskreuzer angesehen wird.

3.–20. 9. Kreuzer, Zerstörer, Torpedoboote und Minenschiffe legen eine Minensperre in der Nordsee nördlich Terschelling in einer Länge von 150 sm als Fortsetzung des Westwalls. Beginn des offensiven und defensiven Minenkrieges unter Einsatz von Über- und Unterwasserstreitkräften.

7. 9.	Niederkämpfung der Westerplatte durch Heer und Kriegsmarine.
7.–13. 9.	*Schleswig-Holstein* beschießt täglich polnische Stellungen bei Hochredlau und auf Hela.
14. 9.	Einnahme von Gdingen, das zum Flottenstützpunkt Gotenhafen ausgebaut wird.
17. 9.	*U 29* versenkt westlich Irland den britischen Flugzeugträger *Courageous*.
	Ein Verband unter dem Befehl des F.d.M. Kapitän zur See Ruge beschießt mit Unterstützung der *Schleswig-Holstein* polnische Befestigungen an der Küste der Putziger Wiek.
24. 9.	Beginn des uneingeschränkten Handelskrieges gegen Frankreich.
25.–27. 9.	*Schlesien* und *Schleswig-Holstein* beschießen polnische Stellungen auf der Halbinsel Hela.
26. 9.	Beginn des Handelskrieges im Süd-Atlantik durch *Admiral Graf Spee*, im Nord-Atlantik durch *Deutschland*.
Okt.	Admiral Marschall wird Flottenchef.
1. 10.	Die Admiralität weist die britischen Handelsschiffe an, gesichtete deutsche U-Boote zu rammen.
	Die polnischen Befestigungen auf der Halbinsel Hela kapitulieren nach erneuter Beschießung durch Kriegsschiffe.
4. 10.	Beginn des vollen Waffeneinsatzes gegen gegnerische bewaffnete Handelsschiffe.
7.–9. 10.	Unternehmungen deutscher und britischer schwerer und leichter Seestreitkräfte in der Nordsee führen nicht zu Begegnungen.
10.–19. 10.	Erste Gruppen-Unternehmung deutscher U-Boote nach dem Konzept des F.d.U. Kapitän zur See Dönitz. Die Wirksamkeit der U-Boote wird langzeitig durch viele Torpedoversager wegen nicht ausgereifter Zünderkonstruktion erheblich eingeschränkt.
14. 10.	*U 47* dringt in die Bucht von Scapa Flow ein und versenkt dort das britische Schlachtschiff *Royal Oak*.
17. 10.	Beginn des vollen Waffeneinsatzes der deutschen U-Boote gegen gegnerische Handelsschiffe, ausgenommen Fahrgastschiffe, als Antwort auf die britische Anweisung vom 1. 10.
4. 11.	Die USA untersagen ihren Schiffen und Bürgern gesetzlich, in fest begrenzte Kampfzonen zu fahren.
17. 11.	Rückkehr der *Deutschland* vom Handelskrieg im Nord-Atlantik. Erfolge: 6962 BRT.
21.–27. 11.	Vorstoß von *Scharnhorst* und *Gneisenau* in den Nord-Atlantik zur Entlastung der im Süd-Atlantik operierenden *Admi-*

ral Graf Spee. Versenkung des britischen Hilfskreuzers *Rawalpindi.*

1. 12. Großbritannien führt für die neutrale Schiffahrt »Navicerts« ein, Bescheinigungen alliierter Vertreter in neutralen Abgangshäfen darüber, daß keine Bannware geladen ist.

13. 12. Gefecht der *Admiral Graf Spee* vor der La Plata-Mündung gegen den britischen Schweren Kreuzer *Exeter,* sowie die Leichten Kreuzer *Ajax* und *Achilles,* das nach z. T. schweren Beschädigungen der beteiligten Einheiten endet.

Das britische U-Boot *Salmon* erzielt vor dem Skagerrak Treffer auf *Leipzig* und *Nürnberg. F 9* geht verloren.

17. 12. Die zur Ausbesserung der Gefechtsschäden vom 13. 12. nach Montevideo eingelaufene *Admiral Graf Spee* wird von der Besatzung versenkt, da die von der Regierung zugestandene Zeit für die Reparatur nicht ausreicht. Der Kommandant gibt sich am 20. 12. selbst den Tod. Erfolge: ca. 50 000 BRT.

19. 12. Der Schnelldampfer *Columbus* versenkt sich im Nord-Atlantik selbst, als ein britischer Zerstörer in Sicht kommt, der von US-Einheiten durch offene Positionsmeldungen herangeführt worden ist.

Die USA haben seit Kriegsbeginn in einer Zone bis 1000 sm vom Kontinent entfernt »Neutralitätspatrouillen« eingerichtet, die alle Beobachtungen von deutschen Schiffsbewegungen offen über Funk melden und dadurch die britischen Maßnahmen wesentlich erleichtern.

Trotz der Neutralitätsakte von 1935 beginnen die USA die Unterstützung Großbritanniens durch die Produktion von Rüstungsmaterial als Auslandshilfe, zumal dadurch auch die Behebung der Arbeitslosigkeit und die Steigerung des Steueraufkommens erzielt wird.

1940 Febr. Umtaufe der *Deutschland* in *Lützow.* Der am 1. 7. 1939 vom Stapel gelaufene Schwere Kreuzer *Lützow* wird an die UdSSR verkauft.

5. 2. Großbritannien und Frankreich planen die Landung von Truppen in Norwegen, angeblich zur Unterstützung Finnlands gegen die UdSSR. Sie wird wegen des Friedensschlusses verschoben.

16. 2. Der britische Zerstörer *Cossack* überfällt in neutralen norwegischen Gewässern das deutsche Troßschiff *Altmark* und befreit 303 Besatzungsmitglieder von durch *Admiral Graf Spee* versenkten gegnerischen Handelsschiffen. Kein norwegisches Eingreifen.

22. 2. *Leberecht Maaß* und *Max Schultz* sinken auf dem Marsch

zur Doggerbank beim Ausweichen eines auf mangelhafte Koordination zurückführenden Angriffs deutscher Flugzeuge auf einer neu ausgelegten britischen Minensperre.

31. 3. Auslaufen des ersten deutschen Hilfskreuzers *Atlantis* zum Handelskrieg in Übersee.

5. 4. Britische Zerstörer legen, gesichert durch schwere Einheiten, eine Minensperre vor Bodö zur Unterbindung der deutschen Erzzufuhr aus Nord-Norwegen. Die eingeleitete gleichzeitige Truppenlandung unterbleibt, da starke deutsche Schiffsbewegungen bekannt werden.

6. 4. Auslaufen des Hilfskreuzers *Orion* zum Handelskrieg in Übersee.

7. 4. Beginn des Einsatzes der Kriegsmarine mit allen verfügbaren Einheiten zur Unterstützung des Heeres und der Luftwaffe bei der Besetzung von Norwegen und Dänemark. Elf Kriegsschiffgruppen mit Heerestruppen an Bord laufen bis zum 9. 4. in wichtige Häfen dieser Staaten ein.

8. 4. *Admiral Hipper* versenkt auf dem Marsch nach Trondhjem den britischen Zerstörer *Glowworm*.

9. 4. *Blücher* sinkt in der Dröbak-Enge (Oslo-Fjord) nach Artillerie- und Torpedotreffern mit schweren Personalverlusten. *Karlsruhe* sinkt nach dem Torpedotreffer eines britischen U-Bootes vor Kristiansand.
Zerstörer der Kriegsschiffgruppe 1 versenken in Narvik die norwegischen Küstenpanzerschiffe *Eidsvold* und *Norge*.

10. 4. *Königsberg* sinkt vor Bergen nach Bomentreffern britischer Flugzeuge.
Wilhelm Heidkamp und *Anton Schmitt* sinken im Ofotfjord während eines Gefechtes gegen britische Zerstörer. Von diesen gehen *Hardy* und *Hunter* verloren.

13. 4. Untergang der restlichen 8 Zerstörer der Kriegsschiffgruppe 1 im Gefecht mit überlegenen britischen Kriegsschiffen bei Narvik. Sie gehen teils durch Trefferwirkung, teils durch Selbstversenkung nach Erschöpfung der Treibstoff- und Munitionsbestände verloren.

15. 4. Britische Seestreitkräfte landen im Namsos zwei Heeresbrigaden.

17. 4. Britische Kriegsschiffe landen Heerestruppen in Andalsnes.

30. 4. *Leopard* sinkt nach einem Rammstoß des Minenschiffes *Preußen*.

6. 5. Auslaufen des Hilfskreuzers *Widder* zum Handelskrieg in Übersee.

8. 5. Die britische Admiralität befiehlt die warnungslose Versen-

kung aller im Skagerrak nachts angetroffenen Handelsschiffe.

10. 5. Beginn des deutschen Angriffs auf Frankreich, Belgien und die Niederlande.

15. 5. Kapitulation der niederländischen Streitkräfte.

24. 5. Beginn der Räumung Norwegens durch die alliierten Landstreitkräfte.

28. 5. Kapitulation des belgischen Heeres.
Beginn der Rückführung alliierter Truppen aus Frankreich nach England.

4.–10. 6. *Scharnhorst, Gneisenau, Admiral Hipper* und 4 Zerstörer versenken bei einer Unternehmung gegen die britischen Truppentransporte aus Norwegen den Flugzeugträger *Glorious,* 2 Zerstörer, 1 Bewacher und 2 Transporter. Die Unternehmung wird abgebrochen, nachdem *Scharnhorst* einen Torpedotreffer erhalten hat.

6. 6. Auslaufen des Hilfskreuzers *Thor* zum Handelskrieg in Übersee.

10. 6. Abschluß der Unternehmung gegen Norwegen und Dänemark. Verluste der Kriegsmarine: 1 Schwerer, 2 Leichte Kreuzer, 10 Zerstörer, 1 Torpedoboot, 4 U-Boote, 1 Minenräumboot, 1 Artillerieschulschiff und Hilfsschiffe.
Kriegserklärung Italiens an Großbritannien und Frankreich.
Beginn des U-Boot- und Minenkrieges im Mittelmeer, Roten Meer sowie westlichen Indik.

Mitte Juni Beginn der Arbeiten zur Nutzbarmachung der französischen Kanal- und Atlantikhäfen für die Kriegsmarine.

18. 6. Vizeadmiral Lütjens wird Flottenchef.

22. 6. Abschluß des deutsch-französischen Waffenstillstandvertrages.
Auslaufen des Hilfskreuzers *Pinguin* zum Handelskrieg in Übersee.

27. 6. Großbritannien erklärt die Blockade Europas vom Nordkap bis Spanien.

Juli Die USA beginnen ein Kriegschiffbau-Programm von 1 350 000 t, nach dessen Durchführung ihre Marine verdoppelt sein würde.

2. 7. Beginn der Vorbereitungen für die Landung in England. (Seelöwe). Vorgesehener Beginn 21. 9. 40.

3. 7. Auslaufen des Hilfskreuzers *Komet* zum Handelskrieg in Übersee unter Benutzung des sibirischen Seeweges.

17. 8. Deutschland erklärt die totale Blockade der Britischen Inseln.

30. 8.–9. 9. Erste erfolgreiche U-Boot-Operation gegen einen britischen Geleitzug nach der Rudeltaktik.

6. 9.	Die USA beginnen mit der leihweisen Überlassung von Kriegsschiffen an Großbritannien und setzen damit ihre feindseligen Akte gegen Deutschland fort. Als Gegenleistung erhalten sie Militär-Stützpunkte am Atlantik.
27. 9.	Unterzeichnung des Dreimächtepaktes zwischen Deutschland, Italien und Japan
23. 10.	Auslaufen der *Admiral Scheer* zum Handelskrieg in Übersee.
28. 10.	Italien beginnt die Kampfhandlungen gegen Griechenland.
29. 10.–2. 11.	Der von *Pinguin* ausgerüstete Hilfsminenleger *Passat* legt Sperren in der Bass-Straße (Tasmania).
5. 11.	*Admiral Scheer* vernichtet aus einem britischen Konvoi sechs Schiffe mit 38 720 BRT und den sichernden Hilfskreuzer *Jervis Bay*.
14. 11.	Rückkehr der *Widder* vom Handelskrieg im Mittel-Atlantik. Erfolge: 58 644 BRT.
	Warnung des Großadmirals Dr. h. c. Raeder vor dem geplanten Zweifrontenkrieg, statt Großbritannien niederzuzwingen.
30. 11.	Auslaufen der *Admiral Hipper* zum Handelskrieg im Atlantik.
Anf. Dez.	Die SKL warnt erneut vor einem Zweifrontenkrieg.
3. 12.	Auslaufen des Hilfskreuzers *Kormoran* zum Handelskrieg in Übersee.
6.–8. 12.	*Komet* und *Orion* versenken vor der ehemals deutschen Phosphat-Insel Nauru (Pazifik) 5 Handelsschiffe. Die vorgesehene Landung muß aus Witterungsgründen unterbleiben.
27. 12.	*Admiral Hipper* läuft nach einem Gefecht mit britischen Konvoi-Sicherungsstreitkräften in Brest ein.
	Komet beschießt die Phosphat-Anlagen auf der Insel Nauru.
1941	Einrichtungen von stationären Wetterbeobachtungsstationen auf Spitzbergen und Grönland.
22. 1.	Auslaufen von *Scharnhorst* und *Gneisenau* zum Handelskrieg im Atlantik.
1. 2.	Auslaufen der *Admiral Hipper* zum Handelskrieg im Atlantik.
14. 2.	*Admiral Hipper* läuft nach der Atlantik-Unternehmung in Brest ein. Erfolge: 34 042 BRT.
3. 3.	Britisches Kommando-Unternehmen gegen die Lofoten-Inseln. Zerstörung von Fischverarbeitungsanlagen, Versenkung von Fahrzeugen, Gefangennahme von Deutschen und Norwegern.
22. 3.	*Scharnhorst* und *Gneisenau* laufen nach der Atlantik-Unternehmung in Brest ein. Erfolge: 115 622 BRT.

27. 3.	Vereinbarung zwischen den USA und Großbritannien hinsichtlich der Kriegsführung gegen Deutschland für den Fall des Kriegseintritts der USA.
30. 3.	Die USA beschlagnahmen in ihren Häfen deutsche, italienische und dänische Handelsschiffe.
1. 4.	Rückkehr der *Admiral Scheer* vom Handelskrieg im Süd-Atlantik und Indik. Erfolge: 113 233 BRT.
10. 4.	Ein US-Zerstörer greift bei Island ein deutsches U-Boot mit Wasserbomben an.
30. 4.	Rückkehr der *Thor* vom Handelskrieg im Mittel-Atlantik. Erfolge: 96 602 BRT.
8. 5.	Untergang der *Pinguin*, des erfolgreichsten Hilfskreuzers des 2. Weltkrieges im Gefecht mit dem britischen Schweren Kreuzer *Cornwall* bei den Seychellen-Inseln im Indik. Erfolge: 154 619 BRT.
18. 5.	Auslaufen von *Bismarck* und *Prinz Eugen* unter dem Befehl des Flottenchefs Admiral Lütjens in den Atlantik zum Angriff auf Konvois, deren Sicherungsstreitkräfte und sonstige Kriegsschiffe.
24. 5.	*Bismarck* und *Prinz Eugen* versenken in der Dänemark-Straße den britischen Schlachtkreuzer *Hood* und beschädigen das Schlachtschiff *Prince of Wales* schwer. *Bismarck* erhält Treffer, die die Herabsetzung der Geschwindigkeit und eine Ölspur zur Folge haben.
24.–25. 5.	Britische Flugzeugangriffe auf *Bismarck* und *Prinz Eugen*.
25. 5.	Der Flottenchef entläßt *Prinz Eugen* zur selbständigen Handelskriegsführung. *Bismarck* nimmt Kurs auf Brest. Die Briten verlieren die Fühlung.
26. 5.	Wiederfinden der *Bismarck* durch die Briten. Ein Flugzeugtorpedo trifft deren Ruderanlage, wodurch sie manövrierunfähig wird.
26.–27. 5.	*Bismarck* wehrt Zerstörer-Angriffe ab.
27. 5.	Britische Kriegsschiffe lösen sich in der Beschießung ab. Nach Ausfall der Geschütze sinkt *Bismarck* um 10.35 durch Eigensprengung auf 48° 10 n/16° w. 1977 Mann, darunter der Flottenstab, fallen. 115 Überlebende werden von den Briten geborgen.
1. 6.	Admiral Schniewind wird Flottenchef. *Prinz Eugen* läuft in Brest ein.
Juni	Die Kriegsmarine erhält Weisung zur größtmöglichen Zurückhaltung gegenüber US-Kriegs- und Handelsschiffen.
19.–21. 6.	Deutsche Kriegsschiffe legen eine Minensperre zwischen Memel und Öland.

21.–26. 6.	Deutsche Kriegsschiffe legen Minensperren in wesentliche Seebereiche vor der sowjetischen Ostseeküste.
22. 6.	Beginn der deutschen Kampfhandlungen gegen die UdSSR. Beginn sowjetischer Operationen gegen den deutschen Nachschubverkehr in nordnorwegischen Gewässern. Beginn des Kampfeinsatzes der Donau-Flottille.
Juli	Die USA dehnen das Leih-Pacht-System auf die UdSSR aus.
12. 8.	Unterzeichnung der Atlantik-Charta zwischen den USA und Großbritannien. Teilweise Übernahme der Konvoisicherung durch US-Kriegsschiffe.
23. 8.	*U 48*, das erfolgreichste deutsche U-Boot des 2. Weltkrieges, läuft unter Kapitänleutnant Bleichrodt nach seiner letzten Feindfahrt in Kiel ein. Unter drei Kommandanten hat es über 322 000 t Schiffsraum versenkt.
	Orion läuft nach 510tägiger Kaperfahrt im Atlantik, Indik und Pazifik in die Gironde ein. Erfolge: 62 915 BRT.
4. 9.	Ein britisches Flugzeug und ein US-Zerstörer verfolgen das deutsche U-Boot *U 652*. Das Flugzeug wirft Wasserbomben, das U-Boot wehrt sich mit einem Torpedo auf den Zerstörer.
16. 9.–5. 10.	Sechs deutsche U-Boote treten als erste den Marsch zum Einsatz im östlichen Mittelmeer an.
20. 9.	Bildung der »Baltenflotte«, bestehend aus *Tirpitz, Admiral Scheer, Nürnberg, Köln*, 3 Zerstörern und einer Torpedobootsflottille mit Standort Aaland-See, *Leipzig, Emden* und S-Booten mit Standort Libau. Auflösung des Verbandes, nachdem die Kampfunfähigkeit der sowjetischen schweren Einheiten erkannt ist.
25.–27. 9.	*Leipzig, Emden* und 3 Torpedoboote greifen in die Kämpfe auf der Halbinsel Sworbe (Ösel) ein.
Anfang Nov.	Ein US-Kreuzer beschlagnahmt im Mittel-Atlantik einen deutschen Frachter mit einer Gummiladung für Deutschland unter dem Vorwand, des Verdachtes des »Sklavenhandels«.
19. 11.	Gefecht der *Kormoran* mit dem britischen Leichten Kreuzer *Sydney* vor der westaustralischen Küste, das mit dem Untergang beider endet. Der größte Teil der deutschen Schiffbrüchigen erreicht die Küste. Erfolge: 68 274 BRT.
22. 11.	*Atlantis* versenkt sich während eines Gefechtes mit dem britischen Schweren Kreuzer *Devonshire* bei der Insel Ascension (Süd-Atlantik). Erfolge: 145 697 BRT.
	U 126 schleppt die Boote mit der Besatzung der *Atlantis* und übergibt sie dem Versorger *Python*.
25. 11.	*U 331* versenkt im Mittelmeer nördlich Bardia das britische Schlachtschiff *Barham*.

30. 11.	Rückkehr der *Komet* nach 516tägiger Feindfahrt. Erfolge: 31 000 BRT.
1.–29. 12.	Der Versorger *Python* versenkt sich selbst bei der Begegnung mit dem britischen Schweren Kreuzer *Dorsetshire*. Seine Besatzung und die der *Atlantis* = 414 Mann werden von *U A* und *U 68* in Booten und Flößen geschleppt. Ab 3. 12. beteiligt sich auch *U 129*, ab 5. 12. *U 124*, zwischen dem 14. und 18. 12. auch vier italienische U-Boote an dieser Aktion. Alle Schiffbrüchigen erreichen St. Nazaire, die letzten am 29. 12.
7. 12.	Kriegsbeginn zwischen den USA und Japan.
11. 12.	Beginn des formellen Kriegszustandes zwischen dem Deutschen Reich und den USA.
16. 12.	Beginn des Einsatzes deutscher Schnellboote im Mittelmeer.
22.–31. 12.	Britische Kommando-Unternehmung gegen die Lofoten.
Ende Dez.	Auslaufen der *Thor* zum Handelskrieg in Übersee.
1942	Beginn des Einsatzes von S-Booten im Schwarzen Meer.
13. 1.	Beginn des Unternehmens »Paukenschlag«, Entsendung von U-Booten, darunter *U 109* Kapitänleutnant Bleichrodt, vor die nordamerikanische Ostküste von Neufundland bis Kap Hatteras sowie in den Golf von Mexico und in das Karibische Meer. Versorgungsboote (»Milchkühe«) erleichtern den Einsatz.
16. 1.	*Tirpitz* verlegt nach Norwegen.
Febr.	Die ehemaligen Kleinen Kreuzer *Medusa* und *Arcona* stellen als Schwimmende Flakbatterien für Wilhelmshaven in Dienst.
12.–13. 2.	*Scharnhorst, Gneisenau* und *Prinz Eugen* laufen, gesichert durch Zerstörer, Torpedoboote, Schnellboote, kleine Einheiten und Flugzeuge, von Brest durch den Kanal in die Heimat. Britische Zerstörer, Schnellboote und Flugzeuge können lediglich 1 Vorpostenboot versenken und 2 Torpedoboote beschädigen. 6 Torpedoflugzeuge werden abgeschossen. *Scharnhorst* erhält zwei, *Gneisenau* einen Minentreffer.
16. 2.	Ausdehnung des U-Boot-Krieges auf die Gewässer der südamerikanischen Nordostküste.
21. 2.	*Prinz Eugen* und *Admiral Scheer* verlegen nach Norwegen zur Störung der Kriegsmaterialtransporte nach der UdSSR. *Prinz Eugen* erhält einen Torpedotreffer am Heck.
26. 2.	*Gneisenau* erhält bei einem Luftangriff auf Kiel Bombentreffer, geht zur Reparatur und Umarmierung nach Gotenhafen, wird aber nicht mehr einsatzbereit.
6. 3.	Ergebnisloser Versuch der *Tirpitz* mit drei Zerstörern, einen britischen Konvoi im Nordmeer anzugreifen.

19. 3.	*Admiral Hipper* und drei Zerstörer verlegen nach Norwegen.
20. 3.	Auslaufen der *Michel* zum Handelskrieg in Übersee.
28. 3.	Bei einem Kommando-Unternehmen gegen St. Nazaire gelingt den Briten die Zerstörung eines Tors der großen Schleuse.
25. 4.	Beginn der Verlegung deutscher Kriegsschiffe in den Finnischen Meerbusen.
27.–28. 4.	Ergebnislose britische Luftangriffe auf die *Tirpitz* in Dronthjem.
16.–18. 5.	*Prinz Eugen* läuft nach provisorischer Reparatur in Dronthjem nach Kiel.
18. 5.	*Lützow* verlegt nach Norwegen.
20. 5.	Auslaufen der *Stier* zum Handelskrieg in Übersee.
17. 6.	Beginn des Einsatzes deutscher Schnellboote im Schwarzen Meer.
26. 6.	Deutschland erweitert das Sperrgebiet bis zur US-Ostküste.
Mitte	Die Alliierten haben ihre Werftkapazität so erweitert, daß sie monatlich mehr Handelsschiffs-Tonnage bauen können, als versenkt wird.
2.–6. 7.	Die beiden deutschen aus schweren und leichten Einheiten bestehenden Kampfgruppen in Norwegen operieren gegen einen stark gesicherten britischen Konvoi.
11. 8.	*U 73* versenkt im Mittelmeer den britischen Flugzeugträger *Eagle*.
16.–30. 8.	*Admiral Scheer* stößt in den östlichen Teil der Kara-See und nach Dickson zur Störung des Verkehrs auf dem sibirischen Seeweg vor, versenkt dabei sowjetische Schiffe und zerstört militärische Landanlagen.
19. 8.	Vergeblicher britischer Versuch, die Hafenanlagen von Dieppe zu zerstören.
12. 9.	*U 156* versenkt nördlich Ascension den britischen Truppentransporter *Laconia*, an dem nicht zu erkennen ist, daß er 1800 italienische Kriegsgefangene an Bord hat. Deutsche, britische und französische Kriegsschiffe laufen auf den offenen Funknotruf von *U 156* zur Untergangsstelle und retten 1083 Mann. Da ein US-Bomber das aufgetauchte U-Boot trotz erkannter Rotkreuzflagge angreift, ergeht am 17. 9. vom BdU der Befehl an alle U-Boote, die Rettung Schiffbrüchiger von versenkten Schiffen zu unterlassen.
24.–28. 9.	*Admiral Hipper* und die 8. Zerstörerflottille legen Minensperren vor Archangelsk und Nowaja Semlja.
27. 9.	Untergang der *Stier* nach einem Gefecht mit dem US-Frachter *Stephen Hopkins* im Süd-Atlantik. Die Besatzung er-

reicht auf dem Versorger *Tannenfels* die Gironde. Erfolge: 29 409 BRT.

14. 10.   *Komet* wird bei dem Versuch, von Le Havre durch den Kanal in den Atlantik zu laufen, von britischen Schnellbooten versenkt.

7. 11.   Inbetriebnahme der IV. Hafeneinfahrt von Wilhelmshaven unter dem Namen »Raederschleuse«.

27. 11.   Die französischen Kriegsschiffe in Toulon versenken sich selbst, als deutsche Truppen den Hafen besetzen.

30. 11.   Untergang der *Thor* in Yokohama infolge Explosion eines längsseits liegenden Troßschiffes. Erfolge: 56 037 BRT.

10.–17. 12.   *Lützow* verlegt nach Norwegen.

31. 12.   Angriff von *Admiral Hipper, Lützow* und 6 Zerstörern auf einen stark gesicherten Konvoi im Nordmeer.

1943   Die Schlacht im Atlantik, die sich steigernden Angriffe deutscher U-Boote auf Geleitzüge und die Verstärkung von deren Sicherungsstreitkräften führen auf beiden Seiten zu waffentechnischen Entwicklungen, mit denen Angriff und Abwehr wirksamer gestaltet werden können. Nach der Verbesserung der Zünderkonstruktion der deutschen Torpedos der Anfangszeit des Krieges werden lagenunabhängige »Lut«-Torpedos entwickelt, ferner »Fat«-Torpedos mit langer Laufstrecke, die Schleifen fabren und dadurch einen Konvoi mehrfach kreuzen können, wodurch die Treffermöglichkeiten steigen. Schließlich wird der »Zaunkönig«-Torpedo frontreif, der sich mittels eines Horchgerätes an Schraubengeräusche heransteuert. Ein Funkmeßbeobachtungsgerät (FuMB) warnt das U-Boot, sofern es durch Radar geortet wird. Das »Bold«-Gerät, ein Gefäß mit Blasen erzeugenden Chemikalien, leitet, durch ein Rohr ausgestoßen, das »Asdic«-Gerät des Gegners durch das falsche Echo fehl. Der Gegner setzt außer wirksameren Wasserbomben und »Hedgehog«-Raketen »Asdic«- und »Sonar«-Geräte ein, ferner automatische Kurzwellen-Sichtfunkpeilgeräte (HF/DF). Das beträchtliche Ansteigen der U-Boot-Verlustziffern bewirken vor allem die »H2S«-Radargeräte, die z. B. U-Jagdflugzeugen Überraschungsangriffe bei Nacht und aus geschlossener Wolkendecke sowie Ortungen auf Entfernungen bis 100 km ermöglichen, ehe das U-Boot den Angreifer überhaupt orten kann. Erst die Einführung des schon 1939 bekannten »Schnorchels« gestattet die Luft- bezw. Sauerstoffaufnahme, ohne auftauchen zu müssen. Vollkommenen Schutz bietet dieses Mittel aber nicht. Die Überlegenheit der gegnerischen Unterseebootsabwehr wächst ständig.

30. 1.   Admiral Dönitz, zum Großadmiral befördert, wird Ober-befehlshaber, Großadmiral Dr. h. c. Raeder Admiralinspek-teur der Kriegsmarine.

Frühjahr   Beginn des Einsatzes deutscher U-Boote im Schwarzen Meer.

Ende Mai   Vorübergehende Einstellung der U-Boot-Angriffe auf Kon-vois im Nord-Atlantik wegen der technischen Überlegenheit des Gegners.

1. 6.   Wiedereröffnung der bei Kriegsausbruch geschlossenen Ma-rine-Akademie zur Ausbildung von Führungsstabsoffizieren. Sie steht bis zur Auflösung im Frühjahr 1945 unter dem Kommando von Kapitän zur See Schulze-Hinrichs.

6.–9. 9.   *Tirpitz, Scharnhorst* und 10 Zerstörer zerstören in Barents-burg und anderen alliierten Stützpunkten auf Spitzbergen die von Briten und Norwegern betriebenen Kohlengruben, Verlade- und Energieanlagen, Nachrichtenstationen und Kü-stenbatterien.

18. 9.   Wiederaufnahme der U-Boot-Angriffe auf Konvois im Nord-Atlantik nach stärkerer Bestückung und Einbau von Ziel-suchtorpedos und Funßmeßbeobachtungsgeräten auf den U-Booten.

22. 9.   Britische Kleinst-U-Boote beschädigen im Alta-Fjord die *Tirpitz* schwer durch Grundminen.

23. 9.   *Lützow* verlegt von Norwegen nach Gotenhafen.

17. 10.   Untergang der *Michel* östlich Yokohama nach dem Angriff eines US-U-Bootes. Erfolge: 121 994 BRT.

14. 11.   Indienststellung von *U 794,* dem ersten U-Boot mit Walter-Antrieb, einer mit Perhydrol angetriebenen Turbine, die vom Aufladen durch Schnorchel oder im aufgetauchten Zustand unabhängig ist. Unterwassergeschwindigkeit: 26 kn.

22. 12.   Der 1925 an Jugoslawien verkaufte Kleine Kreuzer *Niobe* fährt bis zur Übernahme durch Italien 1941 als Schulkreuzer *Dalmacija.* Ab 11. 9. 1943 fährt das in *Cattaro* umgetaufte Schiff unter dem alten Namen *Niobe* mit deutscher und kroa-tischer Besatzung. Bei Zara wird es von zwei britischen Motortorpedobooten versenkt.

26. 12.   *Scharnhorst* sinkt nördlich des Nordkaps im Gefecht mit bri-tischen schweren Sicherungseinheiten eines Konvois nach schweren Artillerie- und Torpedotreffern. Der Gegner ist in der Lage, radargelenkt zu feuern.

1944 22. 3.   Beendigung des Einsatzes von U-Boot-Gruppen gegen Kon-vois im Nordatlantik wegen der erheblichen Überlegenheit des Gegners.

3. 4.	Ein Angriff britischer Trägerflugzeuge auf *Tirpitz* verursacht schwere Bombenschäden.
20.–21. 4.	Einsatz von 37 Kleinst-U-Booten Typ *Neger* bei Anzio gegen die Invasions-Einheiten. Keine Erfolge; 24 Boote gehen verloren.
6. 6.	Beginn der alliierten Invasion an der Küste der Normandie.
20. 8.	*Prinz Eugen*, 4 Zerstörer und 2 Torpedoboote unterstützen im Rigaischen Meerbusen die Abwehrkämpfe des Heeres.
24. 8.–2. 9.	Selbstversenkung der deutschen im Schwarzen Meer stationierten Kriegsschiffe.
29.–30. 8.	Einsatz von Kleinst-U-Booten Type *Biber* in der Seine-Bucht.
Aug./Sept.	Transport von Soldaten und Zivilisten aus dem Baltikum über die Ostsee nach Deutschland.
4.–21. 9.	Transport von Soldaten und Kriegsmaterial aus Finnland über die Ostsee nach Deutschland wegen dessen Ausscheiden aus dem Krieg.
6.–13. 10.	*Prinz Eugen*, 2 Zerstörer und 3 Torpedoboote unterstützen im Raum Memel die Abwehrkämpfe des Heeres.
9. 10.	Erster Einsatz von Langstreckentorpedos »Dackel« auf S-Booten im Kanal.
22.–24. 10.	*Prinz Eugen*, 2 Zerstörer und 3 Torpedoboote unterstützen die Abwehrkämpfe des Heeres auf Ösel.
31. 10.	Selbstversenkung der deutschen in der Ägäis stationierten Kriegsschiffe in Saloniki.
12. 11.	*Tirpitz* kentert im Alta-Fjord nach durch einen Luftangriff verursachten Sprengbombenschäden. In dem kieloben liegenden Schiff finden 902 Mann den Tod, 880 werden gerettet. In einem der Räume, die die Rettungsmannschaften nicht rechtzeitig öffnen können, singen 24 eingeschlossene Seeleute solange das Deutschlandlied, bis der letzte von ihnen tot ist.
19. 12.	Das Zielschiff *Zähringen* sinkt nach Bombentreffern in Gotenhafen.
1945 6. 1.–10. 5.	Rückmarsch der deutschen U-Boote aus Ostasien in die Heimat.
11. 1.–19. 3.	Die deutschen U-Boote verlassen die östliche Ostsee.
25. 1.–8. 5.	Deutsche Kriegs- und Hilfsschiffe überführen über 1,5 Millionen Zivilisten, Verwundete und Soldaten aus der Danziger Bucht und Pommern vor den Sowjets in das von diesen nicht besetzte Deutschland. Größte Evakuierungsaktion der Geschichte. Nur 1 Prozent geht bei gegnerischen Angriffen verloren.
29.–30. 1.	*Prinz Eugen*, *Admiral Scheer*, 2 Zerstörer und 2 Torpedo-

boote unterstützen im Raum Ostpreußen die Abwehrkämpfe des Heeres.

7. 3.–15. 4. *Prinz Eugen, Lützow, Schlesien, Leipzig* und kleine Einheiten unterstützen die Abwehrkämpfe des Heeres im Raum Danzig–Gotenhafen.

21. 2. *Schleswig-Holstein* wird in Gotenhafen von der Besatzung gesprengt.

28. 3. *Gneisenau* wird in Gotenhafen von der Besatzung gesprengt.

30. 3. *Köln* sinkt nach Bombentreffern nach einem Luftangriff auf Wilhelmshaven.

9. 4. *Admiral Scheer* kentert nach Fliegerbombentreffern in Kiel.

10. 4. Die unfertige *Seydlitz* wird in Königsberg gesprengt.

24. 4. Die unfertige *Graf Zeppelin* wird in Stettin gesprengt.

1. 5. Generaladmiral von Friedeburg wird Oberbefehlshaber der Kriegsmarine. *Gorch Fock* sinkt vor Stralsund.

3. 5. *Admiral Hipper* wird in Kiel von der Besatzung gesprengt. *Arcona* und *Medusa* werden in Wilhelmshaven von den Besatzungen versenkt. Das Schwesterschiff *Thetis*, das seit März 1941 in Kiel, Flensburg und Norwegen als Flakkreuzer eingesetzt ist, wird an Norwegen abgegeben.

4. 5. Unterzeichnung der Kapitulation der deutschen Truppen in Nordwestdeutschland, Dänemark und den Niederlanden. Einstellung des U-Boot-Krieges. *Schlesien* und *Lützow* werden nach Bombentreffern in Swinemünde von den Besatzungen versenkt.

7. 5. Unterzeichnung der bedingungslosen Kapitulation der deutschen Wehrmacht.

8. 5. Aus Windau und Libau werden 25 400 Soldaten über die Ostsee in den von Sowjets nicht besetzten Teil Deutschlands überführt.

9. 5. Außerdienststellung der Donau-Flottille in Linz.

9.–19. 5. Die in See befindlichen U-Boote laufen alliierte Häfen an. Von größeren Einheiten der Kriegsmarine sind nur noch *Prinz Eugen, Nürnberg* und 14 Zerstörer vorhanden. Die Handelsflotte der Gegner hat 21 Millionen BRT Schiffsraum verloren, 70 Prozent durch U-Boote. An U-Booten sanken auf Feindfahrten 630, gingen durch Selbstversenkung verloren 215, wurden durch Bomben usw. im Heimatgebiet zerstört 123 und nach der Kapitulation an die Gegner übergeben 153. Von 39 000 Mann U-Boot-Besatzungen sind 33 000 auf See geblieben. Insgesamt hat die Kriegsmarine 250 000 Gefallene zu beklagen.

Die deutsche Beteiligung an der Räumung der Seeminen in den europäischen Gewässern 1945–1957

1945 8. 5. Von den während des 2. Weltkrieges durch die kriegführenden Staaten in europäischen Gewässern gelegten Minen und Sperrschutzmitteln müssen nach Beendigungen der Kampfhandlung rund 616 000 Stück geräumt werden. Unmittelbar nach Kriegsende wird in London das International Mine Clearance Board (IMCB) gebildet, das zentral für' die Beseitigung im Interesse der Handelsschiffahrt und Fischerei sorgen soll. Deutschland werden für diese Aufgabe (unter britischer Aufsicht) folgende Räume zugewiesen: Deutsche Nordseeküste, Niederländische Küste, Dänische Westküste, Skagerrak, Kattegatt, Sund, Belte, Norwegische Küsten- und Schärengewässer, westliche Ostsee bis zur Linie Travemünde–Gjedser. Die Einbeziehung deutscher Einheiten in diese Minenräumarbeiten ist auch in den Waffenstillstandsvereinbarungen festgelegt.

21. 7. Der British Navel Commander in Chief Germany erläßt nach Abschluß von Vorbesprechungen mit deutschen Marineoffizieren die Weisung zur Aufstellung des »Deutschen Minenräumdienstes« (DMRL) (German Mine Sweeping Administration, GM/SA) unter Einbeziehung noch vorhandener Verbände der Kriegsmarine. Zuvor wird schon der Nordostseekanal auf Geheiß örtlicher Behörden geräumt.

27. 7. Aufstellung der 1. und 2. Minenräumdivision in Kiel bzw. Cuxhaven aus vorhandenen Fahrzeugen der verschiedensten ursprünglichen Verwendungszwecke, die entsprechend auszurüsten sind. Nach und nach werden die 3. in Kopenhagen, die 4. in Oslo, die 5. in Ymuiden aufgestellt. Besatzungen insgesamt ca. 16 000 Mann, Fahrzeugpark (nur 1., 2., 3. Division) zusammen ca. 300 Einheiten. In Kiel und Cuxhaven werden je eine Ersatzabteilung aufgestellt (zusammen ca. 1600 Mann). Die Divisionen sind in Flottillen unterteilt. Die Besatzungen gelten formell als Kriegsgefangene, sind aber außerdienstlich weitgehend frei. Flaggenführung anfangs »Nanni« und »8«, später »Caesar«. Besoldung, Urlaub, Landgang, Disziplinarwesen, Grußpflicht, Beförderung, Be-

kleidung, Verpflegung und Versorgung werden durch Vorschriften geregelt.

Herbst Der zunächst in Flensburg, dann in Glücksburg stationierte deutsche und britische Stab erhalten als endgültigen Standort Hamburg. Beide bilden die zentrale Leitung aller Verbände.

1946 15. 4. Umgliederung des DMRL:
Deutscher Minenräumdienst (DMRD)
1. DMR Div.: Kiel-Friedrichsort
2. DMR Div.: Cuxhaven
3. DMR Div.: Kopenhagen
4. DMR Div.: Oslo
5. DMR Div.: Ymuiden
6. DMR Div.: US-Enklave Bremerhaven
  –   –   : Frankreich unter französischem Kommando
Darüberhinaus bestehen fünf Behörden für Aufgaben innerhalb der Bereiche und Standorte.

1946 Okt. Auflösung der 4. DMR Div.

1947 27. 9. Auflösung der 6. DMR Div.

Dez. Auflösung der 1. und 3. DMR Div.
Auflösung des DMRD.
Maximaler Fahrzeugbestand: 840 Stück, Personal: 27 000 Mann.

1948 1. 1. Aufstellung des Deutschen Minenräumverbandes Cuxhaven unter Aufsicht des britischen Frontier Control Service (F.C.S.). Organisatorisch dem Zollgrenzschutz zugeordnet. Aufgabenstellungen durch Verkehrsministerium, Abteilung See, Hamburg. Besatzungen: ca. 560 Mann (Freiwillige). Fahrzeugpark: 17 Einheiten, z. T. aus dem DMRD stammen.

1950 1. 4. Übernahme der Kosten durch die Länder Hamburg und Niedersachsen. Die Besatzungen werden Angestellte. Flaggenführung: Kontrollrats-Flagge.

1951 Febr. Verhandlungen zwischen USA und Großbritannien über die Fortsetzung des Minenräumens durch Amerikaner unter deutscher Mitwirkung.

30. 6. Auflösung des Deutschen Minenräumverbandes bis auf fünf Einheiten mit ca. 150 Mann, die als britische »Marinedienstgruppe« organisiert werden.

1. 7. Beginn der Aufstellung der US-Labour-Service Unit (B), Bremerhaven zur Durchführung von Minenräumaufgaben. Organisation entsprechend den Richtlinien des US-Kriegsministeriums für fremde Hilfseinheiten. Gliederung: 3 Flottillen = 27 Boote, 14 Hilfsschiffe, 990 Offiziere und Mannschaften.

Dez. Auflösung des IMCB.

1956 Beginn der Abgabe von Fahrzeugen und Besatzungen an die Deutsche Bundesmarine.

1957 Auflösung des LSU (B). Weitgehende Übernahme der Bestände an Personal und Material durch die Deutsche Bundesmarine.

Gesamtverluste 1945–57: 384 Personen, 8 Fahrzeuge.

Der Bundesgrenzschutz (See) 1951–1956 und ab 1964

1951	16. 3.	Gesetz über den Bundesgrenzschutz und die Errichtung von Bundesgrenzschutzbehörden.
	1. 7.	Errichtung des Referates »Seegrenzschutz« im Bundesinnenministerium, Bonn.

1. 7. Beginn der Aufstellung des Seegrenzschutzverbandes, (ca. 500 Mann) in Neustadt/Holstein. Aufgabe: Sicherung der Seegrenze der Bundesrepublik im Rahmen der Europäischen Verteidigungsgemeinschaft. Beginn der Bereitstellung ehemaliger deutscher Kriegsfischkutter und kanadischer Hilfsminensucher zum Umbau in Wach- und Patrouillenboote, kanadischer Korvetten zum Umbau in Begleitschiffe. Übernahme von 118 Offizieren und Mannschaften vom DMRD.

Beginn der Aufstellung der Schul- und Reparaturgruppe in Neustadt/H.

Sept. Einstellung der ersten Freiwilligen.
Verlegung der Schul- und Reparaturgruppe nach Kiel-Wik.

21. 11. Indienststellung des ersten (Segel-) Schulbootes *Nordwind*.

1952 25. 3. Indienststellung des ersten Wachbootes *W 13*.

Juni Aufstellung der 3. Flottille (Sechs Wachboote) in Neustadt/H.

12. 7. Indienststellung des ersten Patrouillenbootes *P 1*.

1. 9. Erste Verbandsübung in der Kieler Bucht.

Okt. Verlegung der Schul- und Reparaturgruppe nach Cuxhaven. Errichtung der Technischen und nautischen Schule in Cuxhaven.

1953 5. 1. Aufstellung der 1. Flottille (4 Patrouillenboote) in Neustadt/H.

Febr. Erste Navigationsbelehrungsfahrt in Nord- und Ostsee.

12. 7. Aufstellung der 2. Flottille (6 Patrouillenboote) in Neustadt/H.

30. 8.–17. 9. Erste Alarmübung vor der ostholsteinischen Küste.

1. 9. Indienststellung des Begleitschiffes *Eider*.

1954 27. 1. Indienststellung des Begleitschiffes *Trave*.

Frühjahr Unterstellung des Grenzschutzes (See) unter das neu errichtete Grenzschutzkommando Küste.

1. 7.   Organisation:
      I. Seegrenzschutzverband Neustadt/H.
         1. Flottille
         2. Flottille
           Begleitschiff *Eider*
      II. Seegrenzschutzverband Kiel-Wik
         3. Flottille
         4. Flottille
           Begleitschiff *Trave*
      Instandsetzungs- und Ausrüstungsstelle Kiel-Wik
         Tanker *Eutin*
         Schlepper *Plön*
      Stammabteilung Cuxhaven
         Schulboote *W 19, Nordwind, Falke.*

	Sept.	Erste Großübung des Grenzschutzkommandos Küste.
1956	Frühj.	Abgabe der Fahrzeuge mit dem größten Teil der Besatzungen an die Deutsche Bundesmarine.
1964	Mitte	Wiedererrichtung des Bundesgrenzschutzes (See) für den Bereich Lübeck–Fehmarn. Stab in Bad Bramstedt.
	9. 9.	Indienststellung des ersten Streifenbootes *BG 1* ex *KW 15* der Bundesmarine.
1965	1. 9.	Aufstellung der 1. Flottille (4 Streifenboote) in Neustadt/H.
1970	19. 3.	Indienststellung des ersten Patrouillenbootes *Eschwege*.
	28. 8.	Aufstellung der 1. Flottille Patrouillenboote in Neustadt/H.
1971	16. 4.	Aufstellung der 2. Flottille (4 Streifenboote).

Die Marine der Bundesrepublik Deutschland ab 1956

1948 17. 3.   Fünfmächtevertrag Großbritanniens, Frankreichs, Belgiens, der Niederlande und Luxemburgs zur gegenseitigen Hilfe und Unterstützung bei einem Angriff anderer Staaten.

1949 4. 4.   Errichtung der North Atlantic Organisation (Nato) durch 12 Staaten.

1951 10. 1.   Erste Fühlungnahme von Vertretern der drei westlichen Besatzungsmächte mit den Militärexperten der Bundesregierung, den Generalen Speidel und Heusinger auf dem Petersberg bei Königswinter. Präzisierung der gegenseitigen Auffassungen über einen deutschen Verteidigungsbeitrag, ausgelöst durch die Bildung des Ostblocks, die Blockade West-Berlins und den Überfall auf Süd-Korea. Berater für Marinefragen ist Kapitän zur See Zenker von der Dienststelle Blank, dem Vorläufer des Bundesministeriums der Verteidigung.

Anf. 1952   Neugründung des Deutschen Marinebundes.

1953 30. 5.   Das Marine-Ehrenmal in Laboe wird dem Deutschen Marinebund zurückgegeben.

1954 Sommer   Einrichtung des Militärarchivs im Bundesarchiv Koblenz.

30. 8.   Der Vertrag über die Europäische Verteidigungsgemeinschaft scheitert an der Ablehnung Frankreichs.

19.–23. 10.   Die Vertragspartner vom 17. 3. 1948 bilden unter Einbeziehung der Bundesrepublik und Italiens die West-Europäische Union (WEU). Verzicht der Bundesrepublik u. a. auf ABC-Waffen, Minenfernzündungen, Kriegsschiffe über 3000 t, U-Boote über 350 t. Festlegung einer Höchstgrenze für die Streitkräfte. Ausnahmen sind auf Antrag möglich. (Pariser Verträge)

1955 5. 5.   Inkrafttreten der Pariser Verträge.

15. 5.   Aufnahme der Bundesrepublik in die Nato als politische Voraussetzung für den Aufbau deutscher Streitkräfte. Innerhalb vier Jahren sind Verbände mit zusammen 170 Schiffen und 20 000 Mann aufzustellen, darunter Zerstörer, Minenleger, Minensucher, U-Boote, Geleitschiffe, Schnellboote,

Landefahrzeuge, Küstenwachboote, Schulschiffe, Spezialschiffe, Kampfschwimmer- und Minentaucher-Formationen und Flugzeuge. Gleichzeitig Aufbau der Marine-Organisation, die im Laufe der Jahre den jeweiligen Bedürfnissen angepaßt wird.

1956 2. 1.   Eintreffen der ersten Marinerekruten in Wilhelmshaven.

16. 1.   Aufstellung der Marine-Lehrkompanie aus 140 Freiwilligen zur Ausbildung der ersten Offiziers- und Unteroffiziers-Anwärter in der Ebkeriege-Kaserne in Wilhelmshaven, das damit erste Garnisonstadt der Bundesmarine wird. Aufgaben der Bundesmarine:

im Frieden: Auslandsfahrten zur Unterstützung der deutschen Außenpolitik und Diplomatie, zu menschlichen Kontakten mit Landsleuten und deren Unterstützung bei Katastrophen und Unruhen; Seenothilfe; Meeresforschung; Hafenbesuche.

im Kriege: Mitwirkung bei der Sicherung der Ostseezugänge und der westlichen Ostsee; Abwehr gegnerischer Landungen im Ostseeraum; Unterbindung gegnerischer Seeverbindungen in der Ostsee; Mitwirkung bei der Sicherung der Nordsee; Nachschubsicherung in der Nordsee.

6. 3.   Vizeadmiral Ruge wird zum Inspekteur der Bundesmarine und damit zu deren höchstem Offizier ernannt.

Frühjahr   Übernahme von 26 Einheiten des Bundesgrenzschutzes (See) mit dem größten Teil der Besatzungen durch die Bundesmarine.

30. 4.   Auflösung der Marine-Lehrkompanie, da sie ihre Aufgabe erfüllt hat. Der 3. Zug wird die Marineoffizier-Crew I/56.

Mai   Der Bundestag billigt den im Vorjahre aufgestellten Plan für den Bau von Kampf- und Schulschiffen.

29. 5.   Indienststellung der ersten Schnellboote *Silbermöve, Sturmmöwe* und *Wildschwan*, die vom Bundesgrenzschutz (See) übernommen wurden.

5. 6.   Indienststellung der ersten Minensuchboote *Merkur* ex *R 134*, *Sirius* ex *R 144*, *Rigel* ex *R 135* und *Mars* ex *R 136*, die von den USA zurückgegeben wurden.

1. 7.   Errichtung der Marine-Unteroffizier-Schule.

2. 7.   Indienststellung der ersten Hafenschutzboote und der ersten

Schulschiffe *Eider* und *Trave,* die vom Bundesgrenzschutz (See) übernommen wurden.

1. 11. Die Marineschule bezieht den Gebäude- und Anlagenkomplex in Flensburg-Mürwik. Damit beginnt auch der Aufbau ihrer Historischen Sammlung, um deren Organisation und Ausbau sich vor allem einer der Lehrer für Seekriegsgeschichte, Korvettenkapitän Dr. Heinsius verdient macht. Sie ist eine der bedeutendsten Sammlungen deutscher Marinegeschichte in der Bundesmarine und zusammen mit der Marineschulbibliothek eine der wichtigsten historischen Quellen für wissenschaftliche Arbeiten.

12. 11.–8. 12. Die Schulschiffe *Eider* und *Trave* treten die erste Ausbildungsreise in das Ausland an.

1957 Der Bundestag billigt den Schiffbauplan für Troß- und Spezialschiffe.

Einführung des in der deutschen Marine bis dahin nicht verwendeten Dienstgrades »Flottillenadmiral«. Sie führen die Admiralsflagge mit drei Kugeln.

Anfang Ernennung von Marine-Attachés in Washington, London, Paris, Rom, Den Haag und Ankara.

12. 2. Indienststellung der ersten Geleitboote (Fregatten) *Brummer* ex *M 85* und *Bremse* ex *M 253,* die von Frankreich zurückgegeben wurden.

1. 4. Das 1. und 2. Minensuchgeschwader werden als erste deutsche Verbände der Nato zur Verfügung gestellt.

Die 84 Fähnriche zur See der Crew I/56 werden zu Leutnanten zur See ernannt.

18.–23. 6. Erste nationale Flottenübung in Nord- und Ostsee.

2.–11. 7. Erste Teilnahme von Verbänden der Bundesmarine an Nato-Manövern.

15. 8. Indienststellung von *Hai* ex *U 2356,* dem ersten U-Boot der Bundesmarine.

2. 10. Eröffnung der Führungsakademie der Bundeswehr in Bad Ems.

16. 11. Indienststellung des ersten Neubaus der Bundesmarine, des Schnellbootes *Jaguar.*

1958 17. 1. Übergabe des ersten von den USA geliehenen Zerstörers *Z 1* in Charleston.

7. 5. Wiedereröffnung der Abteilung Seeschiffahrt im Deutschen Museum, München. Sie ist eine der umfassendsten historischen Spezialsammlungen Deutschlands.

1. 8. Eintreffen der ersten zwei Marine-Fliegerstaffeln im Fliegerhorst Jagel nach Beendigung der Ausbildung in England.

5. 9.	Indienststellung der ersten sechs in den USA gekauften Landungsfahrzeuge.
29. 9.	Verfügung zur Errichtung der Führungsakademie der Bundeswehr, Abteilung Marine.
18. 10.	Indienststellung der ersten Fregatte, der von Großbritannien gekauften *Gneisenau*.
17. 12.	Indienststellung des Segelschulschiffes *Gorch Fock*.
1959 10. 1.	Erste Auslandsreise eines Geschwaderverbandes in das Mittelmeer (1 Geleit-, 2 Minensuchgeschwader, 2 Begleitschiffe).
1. 4.	Aufstellung der Logistik-Lehrkompanie (See).
1. 6.	Errichtung des Kommandos der Troßschiffe in Bremerhaven.
Mitte	Erste amphibische Übung der Bundesmarine in der Eckernförder Bucht.
	Das am 1. 4. 1958 in Wilhelmshaven aufgestellte Marinepinonierbataillon wird unter Änderung seiner bisherigen Aufgaben dem Kommando der Amphibischen Streitkräfte unterstellt. Es erhält den Traditionsnamen »Seebataillon«.
1. 10.	Das 1. Geleitgeschwader wird zum Schulgeschwader für die Ausbildung von Offiziersanwärtern umgebildet. (*Wespe, Hummel, Brummer, Bremse, Biene*).
20. 12.	Neueinweihung der evangelischen Marinegarnisonkirche (Christus- und Garnisonkirche) in Wilhelmshaven.
1960 12. 10.–	Das 3. Minensuchgeschwader unternimmt von Kiel aus eine
3. 11.	Reise den Rhein aufwärts bis Frankfurt/M.
6. 11.	Großadmiral Dr. h. c. Raeder gestorben.
25. 11.	Die Marineschule in Flensburg-Mürwik feiert ihr 50jähriges Bestehen.
1961	Vizeadmiral a. D. Heye wird Wehrbeauftragter des Bundestages.
	Die WEU erweitert die Vorschriften für die Bundesmarine von 1954 auf 8 Zerstörer bis je 6000 t, Hilfsschiffe bis je 6000 t und Fernzündeminen.
15. 4.	Indienststellung des ersten Fregatten-Neubaus *Köln*.
1. 7.	Indienststellung des ersten U-Bootjägers *Thetis*.
1. 10.	Der erste Inspekteur der Bundesmarine, Vizeadmiral Ruge, tritt in den Ruhestand. Unter seiner Führung hat die Bundesmarine den Stand von 164 Einheiten und 24 500 Mann erreicht. Es bestehen 2 Zerstörer-, 4 Schnellboot-, 4 Küstenminensuch-, 2 Küstenwachboot- und 1 Landungsgeschwader, dazu 100 Flugzeuge. Nachfolger wird Konteradmiral Zenker.
1962	Aufbau einer Wanderausstellung der Bundesmarine »Unsere Marine«, mit deren Hilfe die Bedeutung der See und die

Notwendigkeit der Verteidigung unserer Küsten- und Hoch-seeinteressen der Bevölkerung nahegebracht werden sollen.

20. 3. Der erste U-Boot-Neubau der Bundesmarine *U 1* stellt in Dienst.

1963 25. 5. Der Schulschiff-Neubau *Deutschland*, die bis dahin größte Einheit der Bundesmarine, stellt erstmalig in Dienst.

8. 7. Das Schulgeschwader, bestehend aus *Hummel, Brummer* und *Bremse*, tritt in Kiel seine 24. und gleichzeitig letzte Ausbildungsreise an. Eingeschifft sind die Reserveoffizier- und Zeitoffizier-Bewerber der Crew X/62. Reiseroute: Norrköping, Frederikshavn, Stornoway, Cardiff, Santander, Lissabon, Brest, Greenock, Bergen, Flensburg, Kiel. Kommandeur Kapitän zur See Erhard, Kommandanten: *Hummel* Oberleutnant zur See Freiherr von Ledebour, *Brummer* Kapitänleutnant Kollenbaum, *Bremse* Kapitänleutnant Hauenstein.

17. 9. Die britische Marine-Luftwaffe enthüllt in Gegenwart deutscher Marineangehöriger in Lassiemouth einen Gedenkstein für den am 14. 6. vor der schottischen Küste abgestürzten deutschen Marinefliegeroffizier Kapitänleutnant Lange.

25. 9. Das Schulgeschwader läuft in Kiel-Wik ein, die Seekadetten der Crew X/62 R gehen von Bord, die Schiffe stellen zum letzten Male außer Dienst, das Geschwader wird aufgelöst.

1964 23. 3. Indienststellung des ersten Zerstörer-Neubaus der Bundesmarine, *Hamburg*.

2. 12. Die Bundesrepublik übereignet der Marine von Tansania kostenlos vier ehemalige Küstenwachboote als Grundstock für eine Kriegsmarine.

1965 Norwegen übergibt der Bundesmarine das U-Boot der Kriegsmarine *U 995* für historische Zwecke.

23. 4. Verleihung von Fahnen an die Landformationen der Bundesmarine.

30. 8. Feierliche Übergabe der Schiffsglocken S.M.S. *Friedrich der Große* und *Derfflinger* in Faslane (Schottland) an die Fregatte *Scheer*.

23. 9. Stapellauf des Wehrforschungsschiffes *Planet* auf der Norderwerft Hamburg.

1966 14. 9. Das Schul-U-Boot *Hai* sinkt 138 sm nordwestlich Helgoland bei schwerem Wetter. Von der Besatzung ertrinken 19 Mann, darunter der Kommandant; nur 1 Mann kann gerettet werden. Das Boot wird geborgen.

1967 19. 1. Beginn der Probefahrten des Wehrforschungsschiffes *Planet*.

11.–17. 6. Das 2. Zerstörergeschwader besucht die Weltausstellung in Montreal.

9. 7.	Das Marineflieger-Geschwader 3 in Nordholz erhält den Namen *Graf Zeppelin.*
1. 10.	Konteradmiral Jeschonnek wird Inspekteur der Bundesmarine.
23. 10.	Das Kommando der Troßschiffe wird in »Versorgungsflottille« umbenannt. Standort Brake. Dort liegt auch das 2. Versorgungsgeschwader, während das 1. Kiel als Liegehafen erhält.
1968	Das Wehrforschungsschiff *Planet* führt als erste Aufgabe eine Forschungsfahrt mit einem internationalen Wissenschaftler-Team an Bord in das Mittelmeer durch.
9. 8.	Die Bundesmarine übernimmt den wiederhergestellten Vorhafen der IV. Einfahrt Wilhelmshaven als größten Stützpunkt.
1969 14. 1.	Das Wehrforschungsschiff *Planet* läuft zur Beteiligung an einer internationalen Atlantik-Expedition aus.
22. 3.	Indienststellung des ersten Lenkwaffenzerstörers der Bundesmarine, *Lütjens.*
4. 6.	Das 6. Minensuch-Geschwader verlegt nach Wilhelmshaven. Der bisherige Liegehafen Cuxhaven hört damit nach 70 Jahren auf, Marinestützpunkt zu sein.
Ende Sept.	Die Seenotstaffel des Marinefliegergeschwaders 5 in Kiel-Holtenau hat seit Dezember 1958 648 Menschen aus Seenot gerettet und dabei 5 Flieger verloren.
1971 Anfang	Umgliederung des Führungsstabes der Streitkräfte und der Marine nach den Erfahrungen und Erkenntnissen der vergangenen 15 Jahre. Angleichung der Offiziersuniformen der Bundesmarine an die der meisten Kriegsmarinen.
März	Mitwirkung des 1. Landungsgeschwaders bei der Ermittlung abbauwürdiger Bodenschätze im Nordseeschelf.
Aug.	Beendigung der Minenräumarbeiten in Nord- und Ostsee bis auf einige Minensperrgebiete, die weiterhin bestehen bleiben.
1. 10.	Konteradmiral Kühnle wird Inspekteur der Bundesmarine.
1972 15. 1.	Beginn der Beteiligung des Wehrforschungsschiffes *Planet* an weiteren ozeanographischen Untersuchungen im Atlantik.
13. 3.	Aufstellung von *U 995* am Strand vor dem Ehrenmal von Laboe.
18. 3.	Der am 17. 1. 1958 in Dienst gestellte Zerstörer *Z 1* stellt als erstes größeres Schiff der Bundesmarine letztmalig außer Dienst.
22. 3.	Das Troßschiff *Angeln* wird an die Türkei verkauft.

1. 4.	Admiral Zimmermann wird Generalinspekteur der Bundeswehr. Damit wird erstmalig ein Marineoffizier deren militärische Spitze. Die althergebrachte Bezeichnung »Flaggleutnant« wird durch »Adjutant« ersetzt.
5. 11.	Am 11. 7. 1873 war der deutsche Schoner *R. S. Robertson* im Taifun vor der Insel Tai-pin-san der Liu (Riu)-kiu-Gruppe gestrandet. Die Bewohner bargen die Schiffbrüchigen, versorgten sie mit Lebensmitteln und Kleidung und bemühten sich um die Bergung der Ladung. Diese im Gegensatz zu dem damals vor der chinesischen Küste herrschenden Piratenunwesen stehende Tat der Nächstenliebe veranlaßte die deutsche Regierung zur Entsendung des Kanonenbootes *Cyclop* mit Ehrengeschenken für die Inselbewohner und einer dort aufzustellenden Gedenktafel. In feierlicher Form erfolgte unter Teilnahme der Spitzen der Behörden im März 1876 die Übergabe der Geschenke und die Aufstellung der Tafel. Der 100. Jahrestag dieser Ereignisse wird von den Bewohnern und Behörden feierlich begangen, woran der deutsche Botschafter in Tokio auf besondere Einladung teilnimmt.

1973 1. 1.	Herabsetzung der Wehrpflicht von 18 auf 15 Monate.
1. 7.	Aufstellung einer Marinekompanie beim Wachbataillon in Siegburg.
30 .11.	Die Bundesmarine verfügt über 178 Kriegsschiffe, 98 Hilfsschiffe, 27 Reserve-Einheiten, 166 Flugzeuge und 37 600 **Mann**.

Literatur zur älteren deutschen Marinegeschichte

Anmerkung: Die Unterteilung macht Überschneidungen unvermeidlich.

Seekriegsgeschichte, Gesamtüberblick

Claussen, Einführung in das Gebiet der Seekriegsgeschichte, 1924
Comby, Geschichte der Schiffahrt, 1962
Czibulka, Die großen Kapitäne, 1933
Hailey, Clear for action, 1964
von Henk, Die Kriegführung zur See, 1884
Hünemörder, Deutsche Marine- und Kolonialgeschichte, 1903
Kinau, Der Kampf um die Seeherrschaft, 1938
Kirchhoff, Seemacht in der Ostsee, 1907/08
–, Seehelden und Admirale, 1910
van Loon, Männer und Meere, 1936
Mahan, Der Einfluß der Seemacht auf die Geschichte, 1896
Mayer, Helden, Reisen, Schiffe, 1934
Meurer, Seekriegsgeschichte in Umrissen, 1925
Rittmeyer, Seekriege und Seekriegswesen, 1907/11
Rodenberg, Seemacht in der Geschichte, 1972
Roskill, Der Seekrieg im Wandel der Zeiten, 1964
Schultze, Meeresscheue und seetüchtige Völker, 1937
Stenzel, Seekriegsgeschichte in ihren wichtigsten Epochen, 1907/21
Thomer, Sprung an die Küste, 1963
Treue, Invasionen 1066–1944, 1955
von Waldeyer-Hartz, Kreuzertaten der Seekriegsgeschichte, 1942
Warner, Große Seeschlachten, 1963
von Werner, Berühmte Seeleute, 1882/84
Wolfslast, Herrscher der See, 1960
Wolter, Die See – Schicksal der Völker, 1970
–, Seeschlachten als Wendepunkte der Geschichte, 1972
Zechlin, Völker und Meere, 1944
–, Maritime Weltgeschichte, 1947
Zeidler, Windstärke 9 – Segel fest!, 1940

Mittelalter

Barthold, Die Geschichte der deutschen Hanse, 1909
Cohn, Die Geschichte der sizilianischen Flotte, 1920/21
Eck, Unfreiheit der Meere, 1943
Genzmer, Germanische Seefahrt und Seegeltung, 1944
Jorberg, Beiträge zum Studium des Hanseschiffes, 1955
Ledroit, Die römische Schiffahrt im Stromgebiet des Rheins, 1930
Pagel, Die Hanse, 1942

Deutsche Marinegeschichte, Gesamtüberblick

Bidlingmaier, Seegeltung in der deutschen Geschichte, 1967
Busch, Das Buch von der Kriegsmarine, 1936
–, Traditionshandbuch der Kriegsmarine, 1937
Busch/Ramlow, Deutsche Seekriegsgeschichte, 1942
Demeter, Das deutsche Offizierkorps 1650–1945, 1965
Deutsches Seegeltungswerk, Die deutschen Kriegsschiffe, Namen und Schicksale, 1941
Gadow, Die deutsche Marine in Vergangenheit und Gegenwart, 1925
–, Geschichte der deutschen Marine, 1943
Giese, Kleine Geschichte der deutschen Marine, 1966
–, Die alte und die neue Marine, 1957
Gröner, Die deutschen Kriegsschiffe 1815–1945, 1966/68
Hansen, Die Schiffe der deutschen Flotten, 1973
von Halle, Die Seemacht in der deutschen Geschichte, 1907
Herzog, Die deutschen U-Boote 1906–1945, 1959
Höver, Deutsche Seegeschichte, 1942
von Holleben, Deutsches Flottenbuch, 1894
Hubatsch, Der Admiralstab und die obersten Marinebehörden 1848–1945, 1958
Kircher/Killinger, Deutschlands Flotte vom dritten Jahrhundert bis zum Dritten Reich, 1934
Koch, Beiträge zur Geschichte unserer Marine, 1900/1922
–, Geschichte der deutschen Marine, 1902
Krohne, Geschichte deutscher Seegeltung
Kroschel/Evers, Die deutsche Flotte 1848–1945, 1962
Kuntze, Volk und Seefahrt, 1939
Lange, Klar zum Gefecht, 1905
Laverrenz, Deutschlands Kriegsflotte, 1906
Lohmann, Denkwürdige Tage, 1928
–, Grundlagen deutscher Seegeltung, 1942

von Mantey, Marine-Geschichtsfibel, 1939
–, Unsere Kriegsmarine, 1939
I. Matrosendivision, Marinegeschichte, 1904
Mielke, SOS – Schicksale deutscher Schiffe, 1953/60
Müller-Angelo, Deutschland zur See, 1894
Petersen, Deutschlands Ruhmestage zur See
Röhr, Handbuch der deutschen Marinegeschichte, 1963
Satow, Deutsche Flagge sei gegrüßt, 1904
Schäfer, Geschichte der deutschen Kriegsmarine, 1901
Schlieper, Kolonie und Flotte, 1918
Tesdorpf, Geschichte der Kaiserlich Deutschen Kriegsmarine, 1889
Teutsch-Lerchenfeld, Deutschland zur See, 1911
von Trotha/König, Deutsche Seefahrt, 1928
von Trotha, Seegeltung – Weltgeltung, 1940
Vogel, Deutschlands Lage zum Meere im Wandel der Zeiten, 1913
–, Die Deutschen als Seefahrer, 1949
–, Deutschlands Zurückdrängung von der See, 1916
von Waldeyer-Hartz, Männer und Bilder deutscher Seefahrt, 1934
von Werner, Das Buch von der Norddeutschen Flotte, 1869
–, Das Buch von der Deutschen Flotte, 1880
–, Erinnerungen und Bilder aus dem Seeleben, 1881
–, Bilder aus der deutschen Seekriegsgeschichte, 1899
–, Deutschlands Ehr im Weltenmeer, 1902
Wischetzky, Die Marine, 1927
Wislicenus, Deutschlands Seemacht sonst und jetzt, 1896/1909
Wittmer, Deutschlands Taten zur See, 1915
Zienert, Unsere Marineuniform, 1970

Brandenburg, Schleswig-Holstein, Deutsche Flotte von 1848

Arenhold, Die deutsche Reichsflotte 1848–1852, 1906
Bär, Die deutsche Flotte von 1848–1852, 1898
Großer Generalstab, Brandenburg-Preußen an der Westküste Afrikas, 1912
Häußler, Das Ende der ersten deutschen Flotte, 1937
Hubatsch, Eckpfeiler Europas, 1953
Jordan, Geschichte der brandenburgisch-preußischen Kriegs-Marine, 1857
Oettinger, Unter kurbrandenburgischer Flagge, 1886
Roessel, Die erste brandenburgische Flotte, 1903
Saring, Churbrandenburgische Schiffahrt, 1938
Scherer, Fregatten unter dem Roten Adler, 1940
Stein, Über die Marine-Verwaltung des Großen Kurfürsten, 1929
Stubenrauch, Groß-Friedrichsburg, 1884

Szymanski, Brandenburg-Preußen zur See 1605–1815, 1939
Voigt, Groß-Friedrichsburg, 1913
–, Die Anfänge der brandenburgisch-preußischen Marine, um 1930
–, Reliquien und Erinnerungen aus der Zeit der kurbrandenburgischen Marine, 1911

Österreich und Österreich-Ungarn

Asolani, Wilhelm von Tegetthoff, 1886
Bayer von Bayersburg, Die Marinewaffen im Einsatz 1914–1918, 1968
–, Die k.u.k. Kriegsmarine auf weiter Fahrt, 1958
–, Schiff verlassen, 1965
–, Österreichs Admirale 1719–1866, 1960
–, Österreichs Admirale 1867–1918, 1962
–, Unter der k.u.k. Kriegsflagge, 1959
Birch Freiherr von Dahlerup, In österreichischen Diensten, 1911
Descovich/Seeliger, Das U-Boot, 1915
Fontana, Tagebuch des k.k. Schiffes *Joseph und Theresia*, 1782
Gerolami, Navi e servizi del Lloyd Triestino, 1956
–, Trieste e il Mare, 1955
–, L'arsenale triestino, 1953
Gogg, Österreichs Kriegsmarine 1440–1918, 1967/72
Handel-Mazetti/Sokol, Wilhelm von Tegetthoff, 1952
von Höhnel, Mein Leben zur See, 1926
von Horthy, Ein Leben für Ungarn, 1953
von Jedina, An Asiens Küsten und Fürstenhöfen, 1891
–, Um Afrika, 1877
K.K. Kriegsarchiv, Geschichte der k.k. Kriegsmarine 1500–1866
Keimel, Josef Ressel, 1971
Kriegs-Archiv, Österreich-Ungarns Seekrieg 1914–18, 1933
Lehnert, Um die Erde, 1878
Martiny, Bilddokumente aus Österreich-Ungarns Seekrieg 1914–1918, 1939
Mielke, Anfang und Ende der ersten k.u.k. Kriegsmarine, 1957
–, Im Netz gefangen, 1955
–, Handstreich gegen Porto Corsini, 1958
–, Kampf mit melanesischen Kannibalen, 1958
Pereira-Arnstein, Meine Erinnerungen von der Seeschlacht bei Lissa, 1906
Podhorsky, Die k.u.k. Marine-Akademie und der Jahrgang 1913/16, 1966
Ranzenhofer, Mit der Kriegsmarine kreuz und quer im Mittelmeer, 1913
Remenyi, Zur Geschichte der Donauflottille, 1888
Rohrer, Als Venedig nach österreichisch war
Sobieczky, Die Küstenentwicklung der österreichisch-ungarischen Monarchie, 1911

Sokol, Seemacht Österreich, 1972
Swoboda, Traurige Helden des Umsturzes in der Adria, 1928
Scherzer, Reise der oesterreichischen Fregatte *Novara* 1864/1866
Schmalenbach, Kurze Geschichte der k.u.k. Marine, 1970
Schmidtke, Völkerringen um die Donau, 1927
Schomaekers, K.u.k. Korvettenkapitän Georg Ritter von Trapp, 1964
Schöndorfer, Wilhelm von Tegetthoff, 1958
Stark, Eine versunkene Welt, 1959
von Sterneck, Erinnerungen aus den Jahren 1847–1897, 1901
Steyskal, Die Seeschlacht bei Lissa 1866, 1966
von Trapp, Bis zum letzten Flaggenschuß, 1935
Wagner, Die obersten Behörden der k.u.k. Kriegsmarine, 1961
Wallisch, Die Flagge Rot-Weiß-Rot, 1942/1956
–, Sein Schiff hieß Novara, 1966
–, Wilhelm von Tegetthoff, 1964
Winterhalder, Die österreichisch-ungarische Kriegsmarine im Weltkriege, 1921
–, Kämpfe in China, 1902
Wulff, Die Österreichisch-Ungarische Donauflottille im Weltkriege 1914 bis 1918, 1934
Zahorsky-Suchodolski, Triest, 1962
Zatschek, Das Heeresgeschichtliche Museum in Wien, 1960
Dienst-Reglement für die k.k. Kriegsmarine, 1879
Visioni di Trieste
Trieste 1854–1954, 1954
Il nuovo bacino di carenaggio dell'arsenale triestino, 1959
Cantieri Riuniti dell' Adriatico, 1957
Museo navale La Spezia
Guida al museo de mare di Trieste, 1961
Das Heeresgeschichtliche Museum in Wien, 1961
Almanach für die k.u.k. Kriegsmarine, 1916

Preußische Marine, Marine des Norddeutschen Bundes, Kaiserliche Marine 1815–1914

Admiralstab, Das Marine-Expeditionskorps in Südwestafrika, 1905
–, Die Tätigkeit des Landungskorps S.M.S *Habicht,* 1905
Ahrenhold, Erinnerungsblätter an die Kgl. Preußische Marine 1848–1860, 1904
Allers/Graf Bernstorff, Unter deutscher Flagge, 1900
Altenburg, Die Anfänge der preußischen Kriegsmarine in Stettin, 1936
v. Bargen, Admiral von Trotha, 1938
Batsch, Prinz Adalbert von Preußen, 1890

–, Nautische Rückblicke, 1892

–, Deutsch' Seegras, 1892

Bauer, Geschichte des Marinesanitätswesens bis 1945, 1958

Graf Bernstorff, Unser blauen Jungen, 1899

v. d. Boeck, Prinz Heinrich in Central-Amerika

v. Brandt, Dreiundreißig Jahre in Ostasien, 1901

Busch, Großadmiral Dr. h. c. Erich Raeder, 1963

Caprivi, Reden, 1894

Chevalier, Le marine française et allemande 1870–1871, 1873

Claussen/Nanninger, 50 Jahre Norddeich, 1957

v. Dambrowski, Herzog Friedrich Wilhelm zu Mecklenburg, 1898

Dönitz, Mein wechselvolles Leben, 1968

Ebert, Südsee-Erinnerungen, 1924

Elster, Graf Albrecht von Roon, 1942

Erdmann, Die deutsche Kriegsmarine in 12. Stunde, 1897

Graf zu Eulenburg, Ost-Asien 1860–62, 1900

Fleck, Mit S.M.S. *Seeadler* in der deutschen Südsee 1899–1900, 1925

Foerster, Politische Geschichte der Preußischen und Deutschen Flotte bis zum
  ersten Flottengesetz von 1898, 1928

v. Gayl, Deutschland in China 1900–1901, 1902

Goedel, Durch die Magellan-Straße, 1914

Görlitz, Der Kaiser, 1965

Grün/Jacobs, Unser Wilhelmshaven, 1965

Güßfeld, Kaiser Wilhelms II. Reisen nach Norwegen 1889–1892, 1892

Güth, 100 Jahre Akademie-Ausbildung 1872–1972, 1972

Haas/Evers, Wilhelmshaven 1853–1945, 1961

Hallmann, Der Weg zum deutschen Schlachtflottenbau, 1933

Harms, Unter der Kriegsflagge des Deutschen Reiches, 1885

v. Hase, Seewind, 1961

v. Hassel, Tirpitz, 1920

Helbing, Die deutsche Marinepolitik 1908–1912 im Spiegel der österreichisch-
  ungarische Diplomatie, 1961

v. Henk, Zur See, 1895

Henning, Mit äußerster Kraft voraus!, 1927

Hirschberg, Ein deutscher Seeoffizier, 1902/07

Hopmann, Das Logbuch eines deutschen Seeoffiziers, 1924

Hubatsch, Die Ära Tirpitz, 1955

–, Der Admiralstab und die obersten Marinebehörden in Deutschland 1848
  bis 1945, 1958

Irmer, Kiautschou, 1932

Jacobsen, Frei ist die See, 1932

Johansen, Gegen die Flottenverstärkung, 1897

Koch, 40 Jahre schwarz-weiß-rot, 1908

Koenig, Über See, 1926
Kohlhauer/Meville, Um die Erde mit S.M.S. *Leipzig*, 1899
Kohlschütter, Nautische Vermessungen, 1910
Krohne, Ein Volk sucht die See, 1937
Kroschel/Evers, Die deutsche Flotte 1848–1945, 1962
Laverrenz, Unter deutscher Kriegsflagge, 1900
Leberecht, Auf, über, unter Wasser, 1914
Livonius, Die Marine des Norddeutschen Bundes, 1869
Lohmeyer, Unter dem Dreizack, 1902
Lohmeyer/Wislicenus, Auf weiter Fahrt, 1902/09
Graf von Luckner, Aus siebzig Lebensjahren, 1955
Lübbert, Forschungsreise S.M.S. *Planet* 1906/07, 1909
Marienfeld, Wissenschaft und Schlachtflottenbau in Deutschland 1897–1906,
    1957
Metz, Die deutsche Flotte in der englischen Presse, 1965
Meuß, Die deutsche Flagge, 1918
–, Die preußische Flagge, 1916
Müller-Eberhart, Tirpitz-Dollar und Völkertragödie, 1936
Nitzschke, Die Festungsanlagen des Reichskriegshafens Kiel in der Zeit von
    1865 bis 1888, 1972
–, Der Kieler Hafen 1870/71, 1971
Oberpostdirektion Hamburg, 50 Jahre Norddeich-Radio, 1957
Odendahl, Offizier-Vereinigung der Marine-Infanterie, 1964
Paschen, Aus der Werdezeit zweier Marinen, 1908
Pfeiffer, Der Krieg zur See im deutsch-dänischen Feldzug, 1864, 1922
Plüschow, Gunther Plüschow, 1933
v. Prittwitz und Gaffron, Geschichte des I. Seebataillons, 1912
v. Radowitz, Briefe aus Ostasien, 1926
Raeder, Mein Leben, 1956/57
Ratzeburg, Skizzen aus dem Tagebuch eines Seeoffiziers, 1864
Reuter, Preußische Übungsschiffe, 1926
Richter, Die ältesten Schiffe der preußisch-deutschen Marine, 1911
Schäfer, Geschichte der deutschen Kriegsmarine im 19. Jahrhundert, 1901
Scheer, Vom Segelschiff zum U-Boot, 1925
Scheibe, Tirpitz, 1934
Scheibert, Der Krieg in China 1900–1901, 1901
Schlenzka, Auf S.M.S. *Möwe*, 1913
Schlieper, Meine Kriegserlebnisse in China, 1902
Schlubach, Reisebriefe aus dem Fernen Osten, 1959
Schniewindt, Seeleute und Soldaten, 1932
Schottelius/Deist, Marine und Marinepolitik 1871–1914, 1972
Schulze-Hinrichs, Großadmiral Alfred von Tirpitz, 1958
Schüßler, Weltmachtstreben und Flottenbau, 1956

v. Selchow, Hundert Tage aus meinem Leben, 1936
Spengemann, Südseefahrer, 1952
–, Afrikafahrer, 1954
Sperling, Aus dem Loggbuch eines Kriegsseemannes, 1906
–, Eine Weltreise unter deutscher Flagge, 1907
Freiherr Spiegel von und zu Peckelsheim, Meere, Inseln, Menschen, 1934
v. Stosch, Denkwürdigkeiten des Admirals von Stosch, 1904
–, Vom Seekadetten zum Seeoffizier, 1913
–, In Fjord und Mittelmeer, 1914
Stöwer, Kaiser Wilhelm II. und die Marine, 1913
–, Zur See mit Pinsel und Pallette, 1929
Teltz, Zur See, 1930
Tesdorpf, Bewegte Lebens-Erinnerungen, 1906
Thamm, Von Kiel bis Samoa, 1889
v. Tirpitz, Erinnerungen, 1919
–, Politische Dokumente, 1925/26
v. Trotha, Admiral Scheer, 1933
–, Großadmiral von Tirpitz, 1937
Türk, Korallen und Seetang, 1930
–, 75 Tage an Bord des Kreuzers *Restaurador,* 1904
Valois, Die Kreuzfahrt S.M.S. *Augusta,* 1903
v. Waldeyer-Hartz, Ein Mann – Admiral von Schröder, 1934
Wandel, Beiträge zur Geschichte der Preußischen Marine, 1875
Wang/v. Merscheidt-Hüllessem, In und um Peking, 1902
Warnke, Das war Graf Luckner, 1967
v. Wenckstern, Auf Scholle und Welle, 1900
–, Mein Auge war auf's hohe Meer gezogen, 1900
Wermann, Die Schantung-Frage, 1931
Zum 100. Geburtstag Georg von Neumayers, 1926
Die Garnisonskirche in Wilhelmshaven 1872–1972, 1972
Rang- und Quartierliste der Preußischen Marine
General v. Caprivi, 1890
Eine starke Flotte, 1897
Unvergessenes Heldentum, 1924
75 Jahre Marinewerft Wilhelmshaven, 1931
Marine-Album, 1910
Denkschrift betreffend die Entwicklung des Kiautschou-Gebietes
Die Beteiligung der deutschen Marine an den Kämpfen in China, 1901

Geschichte einzelner Kriegsschiffe

Busch, Drei kleine Kreuzer, 1936
Forstmeier, Emden, 1973

von Mantey, Die beiden Meteore der deutschen Marine, 1926
–, S.M.S. *Hohenzollern*, 1927
Nagel, *Oldenburg*, 1913
–, *Nymphe*, 1926
–, *Amazone*, 1927
–, *Königsberg*, 1929
Röhr/Mielke, S.M.S. *Amazone*
–, S.M. Kanonenboot *Iltis* (I)
–, S.M. Kanonenboot *Iltis* (II)
–, *Hedwig von Wißmann*
–, *Hermann von Wißmann*
Ruge, *B 110*, 1973
–, *Seydlitz*, 1973
Westphal, Linienschiff *Hessen*
S.M.S. *Gefion*

Marine-Politik, -Strategie, -Taktik, -Recht, -Organisation

Aßmann, Deutsche Seestrategie in zwei Weltkriegen, 1957
Bauer, Das Unterseeboot, 1931
Behncke, Unsere Marine im Weltkrieg und ihr Zusammenbruch, 1919
Beyer, Das Leitbild des deutschen Offiziers, 1965
Dinse, Der Seeraub, 1910
Dittmer, Taktik der Widderschiffe, 1870
Ferber, Organisation und Dienstbetrieb der Kaiserlichen Marine, 1905
Galster, England, deutsche Flotte und Weltkrieg, 1925
Gladisch/Schulze-Hinrichs, Seemannschaft 1943
Glodschey, Stürme im Mittelmeer, 1939
Groos, Seekriegslehren im Lichte des Weltkrieges, 1929
Guichard, Histoire du Blocus Naval 1914–18, 1929
Haushofer, Weltmeere und Weltmächte, 1937
Holzhauer, Kohlenversorgung und Flottenstützpunkte, 1908
Kaiserliche Admiralität, Instruction für den Kommandanten, 1872
Kiefer, Europäische Seegeltung im Mittelmeerraum, 1940
Koch, Kriegsrüstung und Wirtschaftsleben, 1911
Lange, Wege zum Weltmeer
–, Meere um Mitteleuropa, 1939
Lorey, Der I. Offizier an Bord eines Kriegsschiffes, 1929
Lütken, Einige Gedanken über den Gebrauch der Kanonenboote, 1849
von Maltzahn, Der Seekrieg, 1905
von Mantey, Seeschlachten-Atlas, 1937
Merz, Meereskunde, Wirtschaft und Staat, 1926

Ohnesorge, Aufgaben aus dem Dienstbetrieb der Kriegsmarine, 1943
Ratzel, Erdenmacht und Völkerschicksal, 1941
Reichsmarineamt, Seekriegsrecht im Weltkriege, 1918
–, Infanterie-Exerzier-Reglement für die Marine, 1907
Rohden, Seemacht und Landmacht, 1944
Ruge, Seemacht und Sicherheit, 3. Aufl. 1968
–, Politik und Strategie, 1967
Sethe, Die ausgebliebene Seeschlacht, 1933
Sorge, Der Marineoffizier als Führer und Erzieher, 1943
Triepel, Konterbande, Blockade und Seesperre, 1918
Vogel, Grotius und der Ursprung des Schlagwortes von der Freiheit der
    Meere, 1918
Wegener, Die Seestrategie des Weltkrieges, 1941
Wiese, Kleine Seemachtstheorie, 1968
Willms, Die seekriegsrechtliche Bedeutung von Flottenstützpunkten, 1918
Winkler, Nauticae Res, 1911
Wittmer, Zusammensetzung und Taktik der Schlachtflotten, 1911
Wolgast, Seemacht und Seegeltung, 1944
Wolter, See und Seefahrt, 1968
Wüst, Kleine Wehrgeographie des Weltmeeres, 1938
Zieb, Logistik-Probleme der Marine, 1961
Grundzüge der deutschen Land- und Seemacht, 1903
Organisatorische Bestimmungen für die Kaiserliche Marine, 1885
Leitfaden für den Unterricht in der Dienstkenntnis, 1901
Befehle für Bootssteuerer, 1913

Bau, Technik und Waffen der Kriegsschiffe

Bartsch, Was man über Kriegsschiffs-Typen wissen muß, 1941
Bethge, Der Brandtaucher, 1968
Blohm & Voß, Hamburg 1877–1927, 1927
Bürkner, Erinnerungen und Gedanken eines alten Kriegsschiffbauers, 1940
Chromica, Entwicklung der Panzerschiffe, 1968
v. Ehrenkrok, Die Fisch-Torpedos, 1878
Evers, Kriegsschiffbau, 1931
Foß, Marine-Kunde, 1908
Gaade, Torpedos und Minenboote, 1874
Galster, Die Schiffs- und Küstengeschütze der deutschen Marine, 1885
Georgen, Geschichte des Kriegsschiffsbaus, 1919
Gercke, Die Torpedowaffe, 1898
Giese, Kleine Geschichte des deutschen Schiffbaus, 1969
Hadeler, Kriegsschiffbau, 1968

–, Der Flugzeugträger, 1968
Hauff, Die unterseeische Schiffahrt, 1915
Heinsius/Rohlfing, Marine-Fibel, 1957
Holzhauer, Unterseeboote, 1907
Huning, Die Entwicklung der Schiffs- und Küstenartillerie, 1912
Jorberg/Höckel, Schiffsrisse zur Schiffbaugeschichte, 1957
Johow, Die Kreuzer-Korvette *Problem*, 1889
Koch, Die deutsche Eisenindustrie und die Kriegsmarine, 1943
Kreutzer, Die deutsche Admiralitätskarte, 1943
Krieger, Das Kriegsschiff, 1913
von Kronenfels, Die Marine, 1878
Lawerenz, Die Entstehungsgeschichte der U-Boote, 1968
Leckebusch, Die Beziehungen der deutschen Seeschiffswerften zur Eisenindustrie, 1963
Lorey, Der I. Offizier an Bord eines Kriegsschiffes, 1929
von Mantey, Marinefibel, 1934
Marine-Archiv, Die Überwasserstreitkräfte und ihre Technik, 1930
Maydorn, Der Brandtaucher
Michelsen, Unterseeboot-Unfälle, 1911
Persius, Schlachtschiff und Unterseeboot, 1914
Plüddemann, Modernes Seekriegswesen, 1902
Radunz, 100 Jahre Dampfschiffahrt, 1907
Schmalenbach, Die Geschichte der deutschen Schiffsartillerie, 1968
v. Schreibershofen, Seeminen, 1915
Schubart/Garbe, See-Atlas, 1944
Schwarz, Die Entwicklung des Kriegsschiffbaus, 1909
Siemens & Halske AG, Die elektrische Kommandoanlage S.M.S. *Pommern*, 1907
Spieß, Das deutsche Seekarten-Werk, 1926
Techel, Der Bau von Unterseebooten auf der Germaniawerft, 1940
Thomer, Torpedoboote und Zerstörer, 1965
v. Uechtritz und Steinkirch, Unsere Kriegsschiffe und ihre Waffen
v. Werner, Deutsches Kriegsschiffsleben und Seefahrtkunst, 1891
Wislicenus, Die Entwicklung der Seekriegswaffen, 1909
Wittmer, Kriegsschiffsbesatzungen in Vorgeschichte und Gegenwart, 1910
–, Die Torpedowaffe, 1909
Wrobbel, Weltfahrt eines Schiffbauers, 1951
Marine-ABC, 1934

Flotten-Übersicht

Allers, Unsere Marine, 1890
Böckel, Marine-Taschenbuch, 1900

Breyer, Schlachtschiffe und Schlachtkreuzer 1905–1970, 1970
Eissenhardt, Die Kriegsflagge
Friedag, Führer durch Heer und Flotte, 1914
Gröner, Die deutschen Kriegsschiffe 1815–1945, 1966/68
Gröner/Bredt, Die deutschen Kriegsschiffe, 1931
von Kronenfels, Die Marine 1878
von Liliencron, Die deutsche Marine, 1899
Neudeck/Schröder, Das kleine Buch von der Marine, 1898/1911
Pavel, Die deutsche Kriegsmarine, 1881
Prochnow, Deutsche Kriegsschiffe in zwei Jahrhunderten, 1969
Reibisch, Die deutsche Kriegsflotte, 1940
Graf Reventlow, Die deutsche Flotte, 1901
Toeche-Mittler, Die deutsche Kriegsflotte 1914–15, 1914
Wetterhahn, Flotten-Revue, 1948
Weyer, Taschenbuch der Kriegsflotten
Die Kaiserlich Deutsche Marine, 1888
Die deutsche Marine- und Kolonialtruppe, 1890
Deutschlands Kriegsmarine, 1912
Die deutsche Kriegsmarine, 1913
Marinkalender
Deutschland zur See
Almanach für die k.u.k. Kriegsmarine

Jahrbücher, Fachzeitschriften

Allgemeine Schweizerische Militärzeitung
Archiv für Seewesen
Deutsches Soldaten-Jahrbuch
Flotte
Jahrbuch der deutschen Kriegsmarine
Jahrbuch der Schiffbautechnischen Gesellschaft
Kalender des Deutschen Flottenvereins
Köhlers Flottenkalender
Leinen los/Atlantische Welt
Marine
Marine Rundschau
Schiff und Zeit
Schiffahrtsarchiv 1949
Seekiste
Skagerrak-Jahrbuch
Unimare-Nachrichten 1950/52

Verzeichnis der Personennamen

254

256

Verzeichnis der Schiffsnamen

Anmerkung: Mehrfach verwendete Schiffsnamen sind mit laufenden römischen Ziffern, Namen ausländischer Schiffe, die auch in Deutschland verwendet wurden, mit Kurzbezeichnungen der betreffenden Staaten versehen.